派生図

- 中イラン語
  - ホラズミア語
  - ソグディアナ語
  - トムシュク語
  - ホータン語
  - バクトリア語
  - パルティア語
  - 中ペルシア語

- 近代イラン語
  - ヤグノブ語
  - クルド語
  - バローチー語
  - パシュトゥー語
  - オセット語
  - ペルシア語

- 近代インド語
  - ヒンディ・ウルドゥ語
  - ベンガル語
  - パンジャブ語
  - グジャラート語
  - ロマニー語
  - カシミール語
  - シンハラ語
  - マラーティー語

- 中インド語
  - プラークリット語

- 東ゲルマン語
  - ブルグンド語
  - ヴァンダル語
  - ゴート語 ── 東ゴート語 / 西ゴート語

- 西ゲルマン語
  - 古高地ドイツ語 ── 中高地ドイツ語 ── イディッシュ語 / 現代標準ドイツ語 / フクセンブルク語
  - 古低地ドイツ語
    - 古英語 ── 中英語 ── 近代英語 ── 現代英語
      - スコッツ語
    - 古フリジア語 ── フリジア語
    - 古低フランコニア語 ── 中オランダ語 ── オランダ語 ── フラマン語 / アフリカーンス語
    - 古サクソン語 ── 中低地ドイツ語 ── 現代低地ドイツ語

- 北ゲルマン語
- 古ノルド語
  - 古西ノルド語
    - ノルウェー語
    - アイスランド語
    - フェロー語
    - ノルン語
  - 古東ノルド語
    - デンマーク語
    - スウェーデン語
    - ゴットランド島語

- 大陸ケルト語
  - ケルト・イベリア語
  - ガリア語
  - レポンティック語

- ブリソン語
  - ピクト語?
  - ウェールズ語
  - コーンウォール語
  - ブルトン語

- ゲール語 ── 古アイルランド語
  - アイルランドゲール語
  - スコットランドゲール語
  - マン島語

詳細不明の言語
- フリギア語
- スラキア語
- 古代マケドニア語
- イリュリア語
- ヴェネト語
- メサビ語
- ルシタニア語

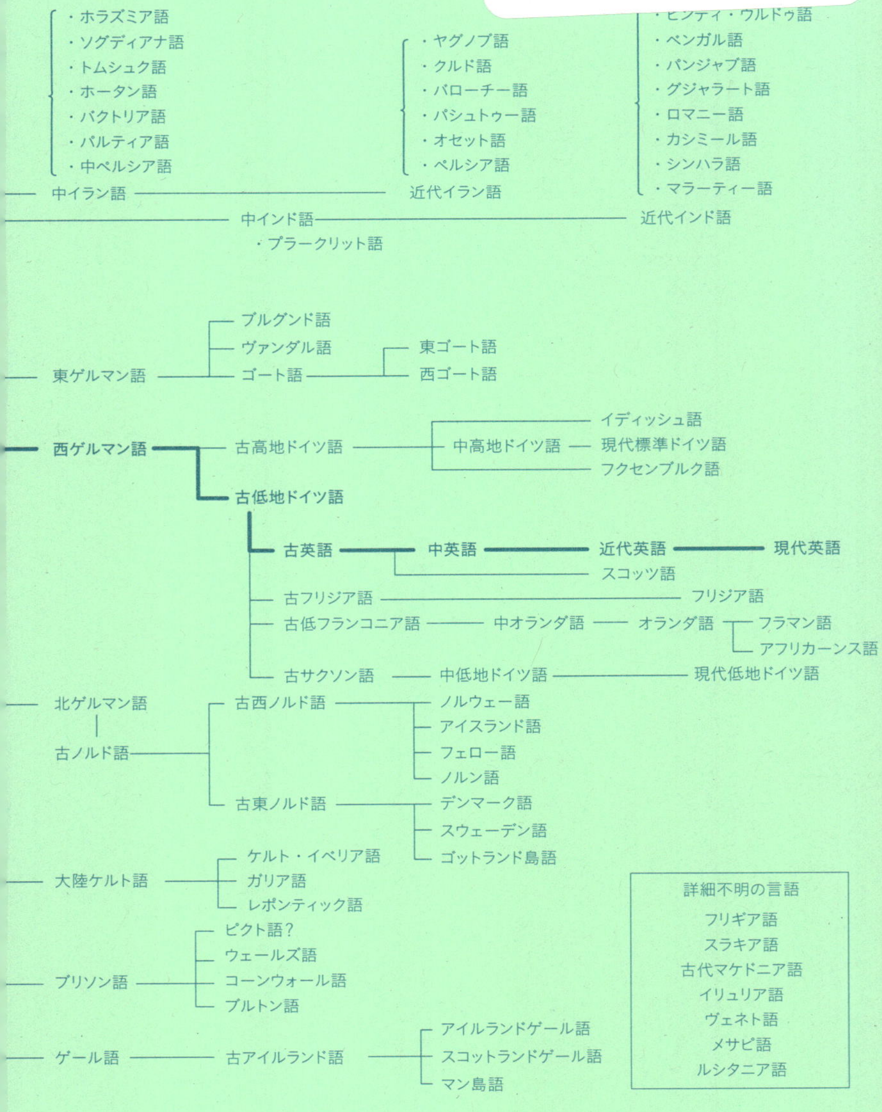

The Making of World Englishes

世界の英語ができるまで ◎ もくじ

はじめに　4

第1章 イングランドにおける英語盛衰史

黎明期　４５０－１０６６年　8
試練の時代　１０６６－１３５０年　24
復権の時代　１３５０－１５００年　35
試行錯誤の時代　１５００－１７５０年　51

第2章 イギリス諸島における英語の広がり

イングランドの標準語と方言　82
スコットランド英語の歴史　103
アイルランド英語の歴史　114
ウェールズ英語の歴史　123

第3章 英語の世界進出
アメリカおよびカナダの英語

北米大陸への英語の伝播１：アメリカ英語の歴史　141
北米大陸への英語の伝播２：カナダ英語の歴史　183

第4章 南半球に伝わった英語
オーストラリア、ニュージーランド、南アフリカ

オーストラリア英語の歴史　194
ニュージーランド英語の歴史　210
南アフリカ英語の歴史　218

第5章 英語から新たな言語へ
カリブ海地域およびアフリカの英語

カリブ海地域の英語の歴史　232
アフリカの英語　247

第6章 アジアに伝わった英語
南アジアおよび東南アジアの英語

南アジアの英語　263
東南アジアの英語　273

おわりに　279
参考文献　282
索引　284

はじめに

　英語は世界の共通語と言われるほど広く使われているが、もちろんはじめからそのような地位にあったわけではない。それどころか、その大本となった言語は、北西ヨーロッパの片隅、現在のユトランド半島やオランダ・ドイツ北部沿岸地域で細々と使われる言語にすぎなかった。

　約1500年ある英語の歴史の最初の1000年かそれ以上の間、英語がここまで広く世界で使われる言語になろうとは、英語話者を含め、世界の誰にも想像もつかなかっただろう。それどころか、長い間、英語は表現力のない粗野で野蛮な言語、秩序のない混沌とした言語とされ、他のヨーロッパの言語よりも劣っていると捉える人が多かったのである。

　オランダやドイツの一部地域で使われているフリジア語（Frisian）という言語がある。恐らく日本人のほとんどは、名前すら聞いたことがないだろう。英語史を勉強すると、英語と最も系統の近い言語としてその名を耳にする。そこで調べてみると、現在の話者は約50万人で、そのほとんどがオランダ語あるいはドイツ語との二言語併用者であるということが分かる。

　英語の元になった言語と、フリジア語の元になった言語とは、もともと隣接地域で使われる方言同士だった。つまり、英語とフリジア語とは、言語的にも地理的にも、事実上同じところから出発した言語だと言ってよい。しかし、それぞれが現在までに辿ってきた道のりは大きく異なっている。

　フリジア語がその当時から現在まで大体同じ土地で、かつてと同じように細々と使われているのに対し、英語はもとの土地から離れ、まずブリテン島に根付き、そこから世界中へと広まっていった。フリジア語はその本拠地においてすら、オランダ語やドイツ語など、より広く使われる言語に地位を脅かされがちで、外国でこれを学ぼうという人はまずいないのに対し、英語は、これを生活の上でほとんど必要としない日本のような

国も含め世界中で教えられ、母語話者がいない国でも公用語や共通語とされていることが珍しくない。

　双子同士と言ってよいような英語とフリジア語の運命が、1500年の時を経て、ここまで大きく違ってきているというのは非常に興味深い。世界の共通語となった英語は、華々しい出世を遂げたと言えるかもしれない。しかし、英語が辿ってきた道は、順風満帆のエリート街道ではなく、茨の道だった。フリジア語がどうしたら世界の共通語になれるか考えてみれば、それがいかに大変なことか、感覚的に分かるだろう。英語の歴史は、「どこの馬の骨とも分からない」言語が、苦難の道を乗り越え、ついには比類ない地位を築くサクセス・ストーリーと見ることもできる。

　本書はそのような観点から、「世界の英語」ができるまでの道筋を見ていくものである。英語にどのような歴史があったのか、英語の通用する地域はいつ頃どのようにして拡大していったのか、広まった先々でどのように発達したか、といった問題について、紙面の許す限り見ていくことにしたい。

　英語史の概説書は日本でも多く出版されている。そして、本書の前半も、一般的な英語史の内容に準じたものである。ただ、従来の英語史では英語が世界にどのように広まり、各地でどう発展しているのかは、ごく簡単にしか扱われてこなかった。本書ではそこを英語の歴史の一部として捉え、大きく扱っている。

　近年では「世界の英語」(World Englishes) についての関心が高まり、これについて盛んに研究が行われ、概説書が書かれている。そのような時代には、「新しい英語史」が必要だろうとの思いから書かれたのが本書である。

第1章

イングランドにおける英語盛衰史

黎明期
450-1066年

英語のルーツ

　英語はインド・ヨーロッパ語族に属する言語で、ヨーロッパの他の多くの言語とは親戚関係にある（詳しくは見返しの印欧諸語派生図を参照）。紀元前4000年から紀元前2500年頃まで、黒海の北側のステップ地帯には、インド・ヨーロッパ祖語（Proto-Indo-European）と呼ばれる言語を話す人々が暮らしていた。この言語がユーラシア大陸に広く分布する多くの言語の大本であると考えられている。

　原住地を離れ各地に人が移動していったことで、インド・ヨーロッパ祖語からは、ゲルマン語派、イタリック語派、ケルト語派など10の語派が分岐する。

　英語はゲルマン語派（Germanic）、西ゲルマン語、低地ドイツ語に分類され、フリジア語やオランダ語と最も近い関係にある。同じ西ゲルマン語の高地ドイツ語に分類される標準ドイツ語とも近い関係にある。

　このように、英語はインド・ヨーロッパ祖語に端を発し、北ヨーロッパに根付いたゲルマン語の一方言にそのルーツを持つということができる。

英語の歴史のはじまり

　日本語に古語があるのと同じように、英語にも古い言葉がある。そして、英語の歴史を考える時には、およそ以下のような時代区分に従う。

450-1100年	古英語（Old English, OE）
1100-1500年	中英語（Middle English, ME）
1500-1900年	近代英語（Modern English, ModE）
1900年以降	現代英語（Present-day English, PE）

　最古の時代の英語は古英語（Old English）といい、5世紀にアングロ・サクソン人たちによってイングランドにもたらされた。彼らの原住地は現在のドイツ北部やデンマークの辺りであり、古英語はドイツ語、オランダ語、北欧語など、ゲルマン系の言語と同系統である（見返しの印欧諸語派生図を参照）。

　ブリテン島には、それ以前からケルト系の言語・文化を持つ人々が暮らしていたが、アングロ・サクソン人は彼らから主要部の支配権を奪い、イングランドの基礎を築いた。そして、この土地に自分たちの言葉である古英語を根付かせた。これがイングランド、そして英語の歴史の始まりである。

ブリテン島の先住民族とアングロ・サクソン人

　当時イングランドでは、先住民族のケルト語とアングロ・サクソン人の古英語との間に少なからず言語接触があったと思われるが、一般に、ケルト系言語が古英語に与えた影響は非常に小さかったと考えられている。このことは当時のケルト語借用語の少なさに最もよく反映されている。

　『オクスフォード英語辞典オンライン版』（OED Online）に収録された語で、古英語期（1100年以前）にケルト系言語から借用された語は、いずれも一般的な語彙ではないbannock「丸く平たいパン（の形）」、brat「マント、ジャケット」、mind「アイルランドの金製の首飾り」、pen「丘の頂上」の4語しかない。

　一方、より遅い時期に取り入れられ、英語語彙として広く一般に使われるようになっている主なケルト語借用語には以下のようなものがある（（　）内の数字は初出年）。

bard (1449)	(古代ケルトの)詩人
bog (1513以前か)	沼地
clan (1425頃)	氏族
crag (1300以前)	険しい岩山
glen (1489)	深い渓谷
gull (1430頃)	カモメ
loch (1427)	湖、入江
penguin (1577)	ペンギン
shamrock (1571頃)	シャムロック、クローバー
slogan (1513)	スローガン
usquebaugh (1581)	ウィスキー
whisky (1715)	ウィスキー

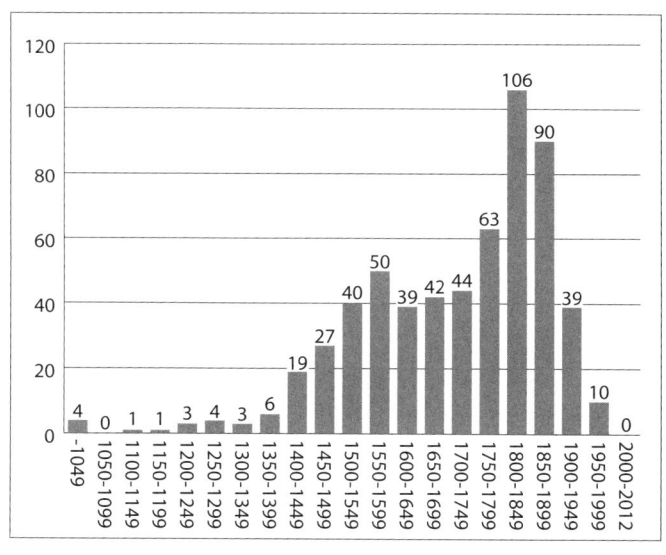

ケルト系言語からの語彙借用の推移（*OED Online* に基づく）

　最近では、文法面に関して、ケルト系言語から古英語へかなりの影響が及んだのではないかとする説もあるが、はっきりしたことは分かっていない。

　イングランドとは対照的に、ウェールズ、スコットラン

ド、アイルランドには、一部の地域を除きアングロ・サクソン人の支配は及ばなかった。また、イングランド内にも、コーンウォールのような辺境地を中心に、彼らの支配を免れた地域もあった。

そのような土地では、先住民族のケルト系言語が使われ続け、中にはウェールズ語（Welsh）、スコットランド・ゲール語（Scottish Gaelic）、アイルランド・ゲール語（Irish Gaelic）などとして現在まで存続しているものもある。20世紀まで存続したマン島語（Manx）や、19世紀頃まで存続し現在ではリバイバル運動が進んでいるコーンウォール語（Cornish）もこの系統の言語である（フランスのブルターニュ地方で使われるブルトン語（Breton）もこの系統の言語である）。

アングロ・サクソン人の支配が及ばず、先住民族の言語・文化が生き残った地域では、英語が浸透するまでにかなりの時間を要した。この当時の英語は、世界に進出するどころか、イギリス諸島内にすら隅々までは行き届かない、ヨーロッパの片隅で用いられる、ゲルマン語の一方言に過ぎなかったのである。

アングロ・サクソン人とは？

イングランドの基礎を築いた「アングロ・サクソン人」とは、5世紀以降ブリテン島に侵入・定住したゲルマン人を指す総称であるが、彼らは出身地別に、アングル人、サクソン人、ジュート人という3つのグループに大別される。

アングル人はユトランド半島の付け根近くに位置するドイツ最北部のアンゲルン地方を原住地とすると考えられている。彼らはイングランドの中部から北部に住み着き、マーシア（Mercia）、イースト・アングリア（East Anglia）およびノーサンブリア（Northumbria）という国を作った。

サクソン人はドイツ北部、現在のニーダーザクセン州付近を原住地とする。ブリテン島侵入後はイングランド南部に住み着き、エセックス（Essex）、ウェセックス（Wessex）、サ

セックス（Sussex）という国を作った（「-セックス」は「サクソン」の約まった形である）。

　ジュート人は、現在ではデンマークとなっているユトランド半島の北部をおそらく原住地とすると考えられている。彼らはイングランドの南東端に住み着き、ケント（Kent）という国を作った（この他、彼らはワイト島にも住み着いた）。

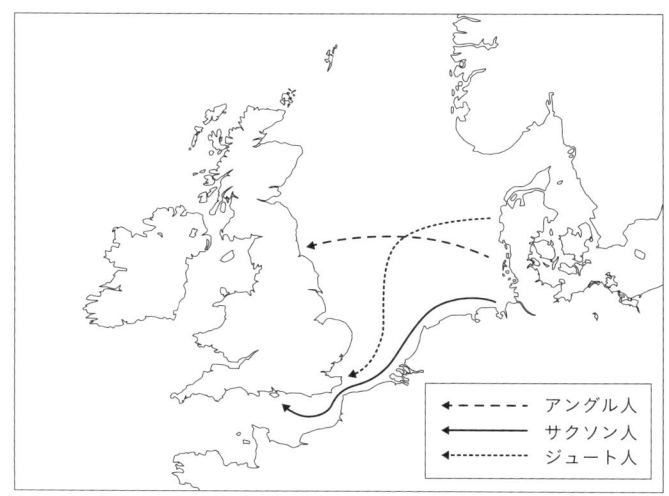

古英語とは？

　アングロ・サクソン人が話していた古英語はゲルマン語の一方言であり、ゲルマン語の特徴をよく示す言語である。同じくゲルマン語の一方言であった古高地ドイツ語（Old High German）に端を発する現代標準ドイツ語には、ゲルマン語的な文法のシステムがよく留められていることから、古英語がどのような言語であったかを考える際には、およそ現代ドイツ語のようであったと考えるとイメージが湧きやすい。以下で見るように、古英語は現代の英語とは別の言語といっていいほど性質が異なり、ネイティブスピーカーでも特別な訓練を受けない限り理解するのは難しい。

現代ドイツ語と同様、古英語の名詞には文法性（男性、中性、女性）があり、数（単数、複数）や格（主格、属格、与格、対格）に応じた語形変化の体系が整っていた。冠詞、指示詞、形容詞もかかる名詞の性・数・格に応じて語形変化した。

　he-his-him のような人称代名詞の格変化、days や oxen に含まれる複数形語尾の -s や -en、today's newspaper に見られる所有格の -'s は、そのような語形変化の伝統が現代まで残ったものであるが、古英語期には全ての名詞、代名詞、冠詞、指示詞、形容詞がより複雑かつ体系的に語形変化したのである。

　以下の表に見られるように、現代では常に the で済ますことのできる定冠詞についても、古英語期には名詞の性、数、格に応じた様々な形が使い分けられていた。なお、強変化名詞の男性複数主格・対格に見られる -as、および弱変化名詞の複数主格・対格に見られる -an は、それぞれ現代英語の複数形語尾 -s（例 dogs）, -en（例 children）に対応する。

数	格	強変化名詞		
		男性	中性	女性
単数	主格	se dæg	þæt gear	seo lufu
	属格	þæs dæges	þæs geares	þære lufe
	与格	þæm dæge	þæm geare	þære lufe
	対格	þone dæg	þæt gear	þa lufe
複数	主格	þa dagas	þa gear	þa lufa
	属格	þara daga	þara geara	þara lufa
	与格	þæm dagum	þæm gearum	þæm lufum
	対格	þa dagas	þa gear	þa lufa

(se dæg = the day / þæt gear = the year / seo lufu = the love)

数	格	弱変化名詞		
		男性	中性	女性
単数	主格	se guma	þæt eage	seo sunne
	属格	þæs guman	þæs eagan	þære sunnan
	与格	þæm guman	þæm eagan	þære sunnan
	対格	þone guman	þæt eagan	þa sunnan

	主格	þa guman	þa eagan	þa sunnan
複数	属格	þara gumena	þara eagena	þara sunnena
	与格	þæm gumum	þæm eagum	þæm sunnum
	対格	þa guman	þa eagan	þa sunnan

(se guma = the man / þæt eage = the eye / seo sunne = the sun)

　名詞等の場合と同じように、古英語の動詞には、法、人称、数、時制等に応じた語形変化の体系が整っていた。be動詞については、現代までこの種の語形変化がある程度留められているが、以下の表に見られるように、古英語期には一般動詞も様々に語形変化した。現代英語では、一般動詞の人称変化は「三単現の –s」しかなくなっており、語形変化の体系がだいぶ簡略化されているといえる。

現在	直説法	叙想法	命令法
1人称単数	læne		—
2人称単数	lænest	læne	læn
3人称単数	læneþ		—
1人称複数			—
2人称複数	lænaþ	lænen	lænaþ
3人称複数			—
過去	直説法	叙想法	
1人称単数	lænde		—
2人称単数	lændest	lænde	
3人称単数	lænde		—
1人称複数			—
2人称複数	lændon	lænden	
3人称複数			—

(læne = to lend)

　以上のように、古英語期には、名詞、代名詞、冠詞、指示詞、形容詞、動詞のそれぞれに、現代英語と比べるとだいぶ複雑な語形変化の体系が整っていた。同じゲルマン系言語の中でも特にドイツ語やアイスランド語にはこのようなシステムが

留められているのに対し、英語では大幅に失われて現代に至っている。

なぜこのような簡略化が進んだのかはまた後で見ることにするが、この簡略化のおかげで英語は初学者にも「敷居の低い」言語となったといえるだろう。そして、英語がこれほどまでに広く世界中で使われるようになったことと、英語のこのような性質とは無関係ではないだろう。

古英語期の方言圏

イングランドに渡ったアングル人、サクソン人、ジュート人は、ブリテン島侵入以前からすでに別々の土地に住んでいたため、彼らの言語にはもともと方言差があった。そして、彼らは別々にブリテン島へ侵入し、別々の土地に定住したため、もともとあった方言差がイングランドにもそのまま持ち込まれることとなった。こうして彼らの侵入・定住に伴って、古英語期イングランドの方言圏の大枠が定められた（以下の地図を参照）。

古英語の方言圏

中英語の方言圏

この方言圏は後の時代の英語の方言圏とも重なるところが多く、大まかにいえば、今から約1500年前、英語史の最初期に定まった方言圏がその後も多かれ少なかれ保たれて現在に至っているといっていいだろう。

ヴァイキングの侵入とデーンローの成立

　8世紀末頃からは、北欧のヴァイキング（デーン人）がイングランドに侵入するようになる。当初彼らは略奪を目的としており、目的を達すると国に戻っていた。ところが、9世紀中頃からはイングランドに住み着く者が出始めた。

　記録によると、ヴァイキングがはじめてイングランドで越冬したのは850年のことであったが、その翌年にはカンタベリおよびロンドンがヴァイキングの手に落ちている。866年から867年にかけてノーサンブリアが征服され、その中心都市ヨークもヴァイキングの支配するところとなった。870年にはイースト・アングリアも征服されている。さらには、これとほぼ同時期にレディングを足掛かりとしてウェセックスへの侵入も始まっている。

　このように、9世紀後半にはヴァイキングの侵攻がますます勢いを増していったが、これをくい止めるのに成功したのが、ウェセックス王アルフレッド（Alfred the Great 在位871-99年）である。878年のエディントンの戦いでヴァイキング軍を破った彼は、ヴァイキングの首領との間にウェドモア条約という休戦協定を結んだ。

　この条約により、ロンドンとチェスターを結ぶウォトリング・ストリート（Watling Street）に沿うようにイングランドは二分され、この境界線よりも南はアルフレッドの王国、北はヴァイキングの居住地域と定められた。

　ヴァイキング（デーン人）の法律が通用することからデーンロー（Danelaw）と呼ばれるようになったこの居住地域では、もともとここに住んでいたアングロ・サクソン人とヴァイキン

グとが生活を共にするようになった。これにより、この地域ではヴァイキングの言葉である古ノルド語（Old Norse）とアングロ・サクソン人の古英語とが日常的に併用されるようになる。このようにして両言語間に言語接触が起こったことで、イングランド北部で使われる古英語にはこれ以降様々な変化が生じていった。

　アルフレッド大王の時代以降、しばらく収まっていたヴァイキングのイングランド南部侵攻が、10世紀末頃から再び活発になる。そしてついに1016年には当時のウェセックス王エゼルレッド（Æthelred 在位978-1016年）がフランスのノルマンディに亡命を余儀なくされ、イングランドにヴァイキング系の王朝が成立する。クヌート（Cnut在位1016-35年）に始まるデーン王朝は、1042年にこの家系が断絶するまで3代にわたってイングランドを支配した。

デーンロー（境界線以北がデーンロー。点は古ノルド語起源の地名の残る場所を示す。Knowles（1997）に基づく）

古ノルド語の影響1：文法

　デーンローにおいて古ノルド語と古英語とが言語接触を起こした結果として、この地域の口語において、従来の古英語の文法体系が徐々に崩れていった。

　すでに見たように、古英語には複雑な語形変化の体系が整っていた（13-14ページを参照）。一般に、この種のことは外国語話者にとっては学びにくいが、それはこの当時古英語を話そうとした古ノルド語話者にしても同じであった。そのため、彼らの住む地域を中心に文法性の使い方や語形変化の仕方に混乱や簡略化が起き始め、これが高じて文法性は失われ、語形変化も極度に簡略化されるに至った（26ページの中英語期の語形変化表を参照）。

　こうして、古ノルド語話者が学び損ねた文法性や複雑な語形変化のシステムに依存しない、新たな言葉遣いが生み出されていった。考え方によっては、ヴァイキングたちを中心に、この地には古英語を基礎にした一種のピジン（pidgin）が生まれ、やがてそれが新たな文法体系を持つクレオールへと発達していったと考えることもできるかもしれない（ピジンやクレオールについては239-241ページを参照）。

古ノルド語の影響2：語彙

　デーンローでは、日々のコミュニケーションを通じて古ノルド語から多くの語彙が借用された。古ノルド語の語彙は、当初イングランド北部の口語において借用されたものが中心で、日々の生活と関わる基礎的なものが多い。

　以下は古ノルド語からの借用語の一例である。ここには現代英語の語彙として使用頻度の高いものを中心に挙げた。中でも、太字にした語は現代英語において最も使用頻度の高い100語に含まれるものである。

実語	動詞	call, cast, die, gaze, **get**, **give**, hit, raise, seem, **take**, **want**
	名詞	anger, egg, fellow, gap, gift, guest, guild, husband, kid, law, leg, lift, link, root, seat, sister, skill, skin, skirt, sky, steak, window, wing
	形容詞	awkward, loose, low, scant, scare, weak
機能語	代名詞	both, same, **they**, **their**, **them**
	接続詞	though
	前置詞	till

　9世紀末以降デーンローにおいて口語的な語彙として借用され始めた古ノルド語の単語が、文章語として用いられるようになるまでにはかなりの時間を要した。そのため、古英語期の文献に記録された古ノルド語からの借用語は150〜180語程度であり、あまり多くない（これらのうち、その後も使われ続けた結果 *OED Online* に収録されている語は50語にも満たない）。

　古ノルド語からの借用語が多く記録されるようになるのは中英語期に入ってから、特に英語の文献の数が増え始める1200年以降である（以下のグラフを参照）。『中英語辞典』（*Middle English Dictionary*）には古ノルド語からの借用語が1000〜1200語収録されている（ただし古ノルド語借用語から派生した語はこの数値には含まれていない）。このうち、古英語期の文献に記録されているものは50語にも満たず、したがって、大半は中英語期になってはじめて記録された語である。

イングランドの政治的統一と標準古英語の発達

　上記のような経緯でブリテン島に渡ったアングロ・サクソン人は、7世紀末までにイングランドに7つの王国を建てた（これらはアングロ・サクソン七王国として知られる）。7つの王国はそれぞれ独立した存在であり、この当時のイングランドはまだ政治的に一つにまとまってはいなかった。言語についても同様で、各地域で異なる方言が用いられ、イングランド中で通じる標準

語もなかった。

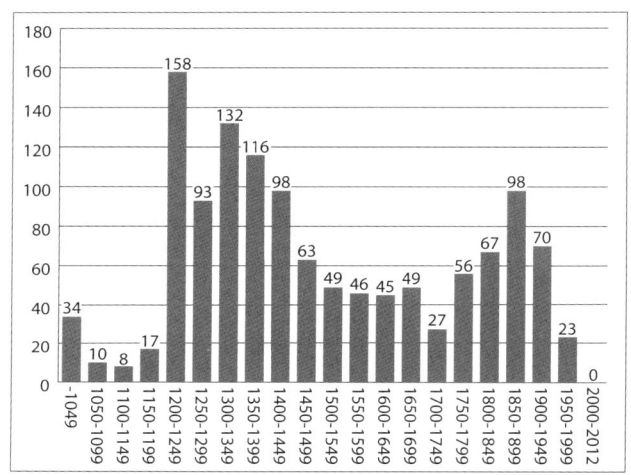

北欧語からの語彙借用の推移（*OED Online* に基づく）

　9世紀末には、ウェセックスにアルフレッド大王が登場し、侵入してくるヴァイキングを撃退して、彼らによって荒廃させられたイングランドのキリスト教文化を復興する。「大王」（19世紀のビクトリア女王の時代に使われ始めた）という称号に象徴されるように、この時代におけるアルフレッド大王の存在は大きいが、政治的にはウェセックス王に過ぎず、その支配がイングランド全土に及んでいたわけではなかった。言語的にも依然としてイングランド全体に通用する標準語はなかった。

　実際、アルフレッドの宮廷で書かれた書物ですら、必ずしもウェセックスの方言であるウェスト・サクソン方言で書かれたとは限らず、マーシア方言で書かれたものも残っている。アルフレッドの宮廷にはマーシアから招かれた学者がおり、彼らは自分たちの方言で書物を書いたのである。

　イングランドがはじめて政治的に統一されたのは927年のことである。アルフレッド大王の孫エゼルスタン王（Æthelstan 在位924-39）がイングランド内に残った最後のヴァイキング王

20

国を滅ぼし、全土を統一したのである。これにより、イングランド全土に通用する標準語が発達する下地ができる。とはいえ、実際に標準語が発達するまでには、さらに半世紀以上の時間を要した。

　書き言葉としての古英語の標準語（Standard Old English）が発達したのは、10世紀後半以降に盛んになった修道院復興運動のおかげである。この復興運動により、イングランド中の修道院に同じ修道規則が導入され、修道生活の方法が全国一律にされた。10世紀末頃までには、同様の発想が言語にも及び、修道院復興運動の中心地ウィンチェスターのあるウェセックスの方言、後期ウェスト・サクソン方言が全国的に使われるべき標準語とみなされるようになっていった。

　しかし、次節で見るように、アングロ・サクソン時代末期に発達した標準古英語はまもなく標準語の地位を追われることになるのである。

COLUMN

アングロ・サクソン人の
ブリテン島到来の記録

　以下は9世紀末のアルフレッド大王の時代に編纂が始まった『アングロ・サクソン年代記』（A写本）から採られたもので、アングロ・サクソン人のブリテン島到来を記録した一節である。これについては、8世紀前半にラテン語で書かれたビードの『英国民教会史』(*Historia ecclesiastica gentis Anglorum*)に詳しく述べられているが、以下の一節はそれをかなり簡略化した内容となっている。

　前半は写本が作成された900年頃の古英語、1100年頃に付け加えられた後半（斜体部分）は末期の古英語で書かれている。詳しく比較すると、言語の特徴に約200年分のずれがあることが分かる。例えば、同じ語でも、kyninge/cing「王」やhie/hy「彼らは」のように、異なる形をしていることがある。

　古英語では æ (ash), þ (thorn), ð (eth) など、現代英語では使われない文字が使われる（æは[æ]音、þやðは[θ, ð]音を表す）。7はandを表す省略記号である。現代では使われない語や、綴りが著しく異なる語が大半で、現代英語の知識だけでは理解は困難である。

　　AN. ccccxlix. Her Mauricius 7 Ualentines onfengon rice 7 ricsodon vii winter, 7 on hiera dagum Hengest 7 Horsa from Wyrtgeorne geleaþade Bretta kyninge gesohton Bretene on þam staþe þe is genemned Ypwinesfleot, ærest Brettum to fultume, ac hie eft on hie fuhton. *Se cing het hi feohtan agien Pihtas, 7 hi swa dydan 7 sige hæfdan swa hwar swa hi comon. Hi ða sende to Angle 7 heton heom sendan mare fultum 7 heom seggan Brytwalana nahtnesse 7 ðæs landes cysta. Hy ða sendan heom mare fultum.*

　西暦449年。この年、マウリキウスとヴァレンティネスが（ローマの）国を受け継ぎ、これを7年間治めた。彼らの時代に、ブリトン人の王ウィルトイェオルン（ヴォーティガーン）に招かれたヘンゲストとホルサが、ブリテン島のイ

22

プウィネスフレーオト（エブスフリート）と呼ばれる海岸にやって来た。当初、彼らはブリトン人たちの救援のために来たが、やがて彼らと戦うようになった。この王は彼らにピクト人たちと戦うよう依頼し、彼らはそれに従い、行くところはどこででも勝利を収めていた。それから彼らは（故郷の）アンゲルンに使者を送り、より多くの援軍を送るよう頼み、またブリトン人が取るに足りないことや、その土地の素晴らしさについて伝えた。そこで彼らはより多くの援軍を送った。（括弧内は著者による補足）

第1章　イングランドにおける英語盛衰史

試練の時代
1066–1350年

ノルマン征服と英語

　1066年以降、英語は試練の時代に入る。この年に、イングランドのエドワード証聖王（Edward the Confessor, 在位1042-66年）が跡取りのないまま亡くなると、王位継承をめぐって争いが起こった。エドワードは、ヴァイキングの侵略によりノルマンディに亡命したエゼルレッド王の息子で、長年ノルマンディで暮らした後、ヴァイキング王朝の断絶に伴い、イングランドに戻り王位に就いた人物である。

　エドワード証聖王の死後、イングランドでは、有力貴族ゴドウィンの息子で、亡き王の妻の兄弟ハロルドが王として選ばれ即位する。すると、エドワード前王のノルマンディでの亡命生活を助け、そのためにイングランドの王位継承を約束されていたと主張するノルマンディ公ウィリアムがこれに異を唱え、イングランド南部に進軍する。1066年10月14日ヘイスティングズでの戦いの結果、ハロルドは戦死し、同年のクリスマスにウィリアムがイングランド王として即位する。

　これはノルマン征服（Norman Conquest）と呼ばれ、イギリス史上最大の事件として知られている。この征服により、アングロ・サクソン人のイングランド支配は終わり、1066年からはフランスのノルマンディ系のノルマン王朝、続いて1154年からは、やはりフランスのアンジュー系のプランタジネット王朝の王たちがイングランドを支配した。

　フランス出身の王侯貴族が話すのはフランス語であり、また書き言葉として用いたのはラテン語とフランス語であった。そのため、1066年以降、イングランドで用いられる公的な言語はフランス語およびラテン語になった。したがって、例えば、

アングロ・サクソン時代の法律は（ヴァイキング王朝期も含め）基本的に全て古英語で書かれているのに対し、ノルマン征服以降の法律はラテン語で書かれている。1215年に書かれた有名なマグナ・カルタ（大憲章、Magna Carta, Great Charter）も原本はラテン語で書かれている。

英国王の紋章には DIEU ET MON DROIT「神と我が権利」というフランス語のモットーが付されているが、ここにもノルマン征服以降の言語事情が反映されている。これはリチャード1世（在位1189-99年）が戦いで使った言葉に由来するが、フランス語話者であった王はフランス語で気勢を上げたのである。

同じ紋章の中心の盾の周りには、（少し見にくいが）HONI SOIT QUI MAL Y PENSE「邪なる思いある者に災いあれ」という言葉が入っている。これはエドワード3世の時代に創設されたイギリスで最も権威あるガーター騎士団のモットーであるが、これもノルマンディ訛りのフランス語である。

ラテン語やフランス語が公的な言語となると、英語は庶民の使う日常語という地位に甘んじるようになった。それに伴い、英語は政治から切り離され、全国的に通用する標準的な英語の整備ということも考えられなくなっていった。英語は再び標準語のない、方言の集合体となったのである。

中英語とは？

ノルマン征服から少し経った1100年以降の英語は中英語（Middle English, 1100-1500年頃）と呼ばれる。8世紀後半以降のヴァイキングの侵入・定住に伴う古ノルド語との言語接触や、ノルマン征服前後のフランス語との言語接触を経て、1100年頃までには、英語はその性質を大きく変えつつあった。古英語から中英語へと名称が変わるのはこのためである。

古英語との顕著な違いとしては、名詞の文法性（男性、女性、中性）の区別がなくなったことや、名詞、形容詞、冠詞、指示詞等の語形変化が極度に簡略化したことが挙げられる。ま

た、以下で見るように、中英語期にはフランス語から多くの借用語が入ったことで、語彙的にも古英語とはだいぶ異なる特徴を示すようになる。

以下はthe young kingに当たる中英語のフレーズの語形変化を表にまとめたものである。古英語期には保たれていた冠詞の格変化がなくなり、現代英語と同様、常にtheで済むようになっている。名詞の格変化は事実上、属格とそれ以外（斜格）の2段階になっており、複数形に至ってはその区別も付かなくなっている（現代英語にも基本的に同じことがいえる）。古英語ではかかる名詞の性、数、格に応じて複雑に変化した形容詞の語形変化もほぼなくなっている（13-14ページの古英語の語形変化表と比較）。

	単数	複数
斜格	the yonge king	the yonge kinges
属格	the yonge kinges	the yonge kinges

初期中英語期のイングランドにおける言語事情

ノルマン征服の後、イングランドは少数のフランス系王侯貴族が大多数の「英国人」を支配するという社会構造になった。言語的にも、少数の支配者階級はフランス語、大多数の被支配者階級は英語（あるいはケルト系言語や古ノルド語）を話す多重言語社会となった。

公的な言語として用いられるようになったフランス語は、特に語彙や言い回しなどの面で英語に大きな影響を及ぼした。しかし、人口の圧倒的大多数が英語話者であったことや、以下に見るような歴史の成り行きも手伝って、やがて時間が経つにつれて、英語は少しずつその地位を回復していく。

その一つのきっかけを与えたのが、13世紀初頭におけるジョン王（在位1199-1216）のフランス領土喪失であった。ノルマン征服以降ジョン王以前の時代には、イングランドの王侯貴

族はフランスの貴族でもあり、フランス王の臣下としてフランスにも領地を持っていた。特に、ジョン王の父で、プランタジネット朝の開祖ヘンリー2世（在位1154-1189）はイングランドに加えフランスにも広大な領土を持ち、その領土は「アンジュー帝国」（Angevin Empire）と呼ばれるほどであった。

　アンジュー帝国はヘンリー2世の長男リチャード1世、続いて次男ジョン王にも受け継がれたが、ジョン王は、13世紀初頭にフランスの王や有力貴族との関係を悪化させ、それがきっかけでフランスの領土の大半を失ってしまった。

　これによりイングランドの王侯貴族の主な拠点はイングランドとなり、（フランスの領土を取り戻そうという努力はその後も長い間続けられたものの）彼らの関心は徐々にイングランド国内に向けられるようになっていった。

　そしてこれ以降、支配者階級と被支配者階級との間の様々なレベルでの人的交流が促進される。その結果、上層階級のフランス語が庶民にも知られるようになり、また逆に、非常にゆっくりとながら、英語が少しずつ上層階級の間にも入り込んでいく。29ページのグラフに見られるように、13世紀初頭以降、フランス語からの語彙借用数が急激に増えているのも、この時代以降、徐々に人的交流が促進されたことを示している。

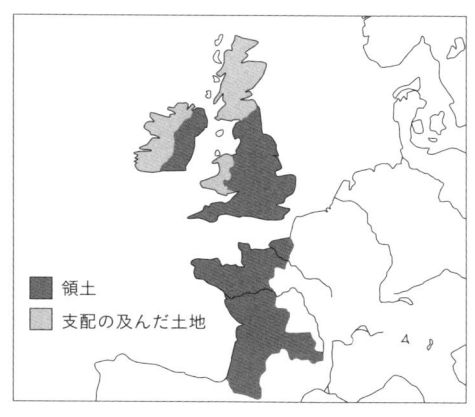

1172年頃のアンジュー帝国

フランス語からの語彙借用

　ノルマン征服後、イングランドを支配した王侯貴族たちの多くは、フランスのノルマンディ出身であり、彼らの言葉はノルマンディ訛りのフランス語であった。したがって、英語に入ったフランス語借用語も、ノルマンディ訛りのフランス語 (Norman French) から入ったものと、パリやその周辺で使われるより標準的なフランス語 (Central French) から入ったものと、2種類ある。中には、以下の表にまとめたように、これら両方から同じ語が借用され、二重語 (doublet) になっている場合もある。

ノルマン・フレンチからの借用語	セントラル・フレンチからの借用語
catch「捕らえる」	chase「追う」
cattle「牛」	chattel「動産」
convey「運ぶ」	convoy「護送する」
goal「監獄」	jail「監獄」
reward「褒美」	regard「敬意」
warden「番人」	guardian「守護者」
warrant「許可書、保証するもの」	guarantee「保証」
wile「策略、たくらみ」	guile「狡さ、狡猾さ」

　同様に、同じ語を別々の時代に2度にわたって借用したケースもある。例えば、フランス語のhostelは13世紀にhostelとして英語に入ったが、その後、17世紀には再び同じ語が借用され、これはhotelになっている（一度目の借用の後、フランス語において音変化が起こり、-s- が落ちたため、2度目に借用された際には -s- のない形になっている）。

　このように、同じ語を別々の方言から、あるいは別々の時代に、重複して借用してしまうことがあるほど、英語はフランス語から語彙を積極的に取り入れてきたのである。

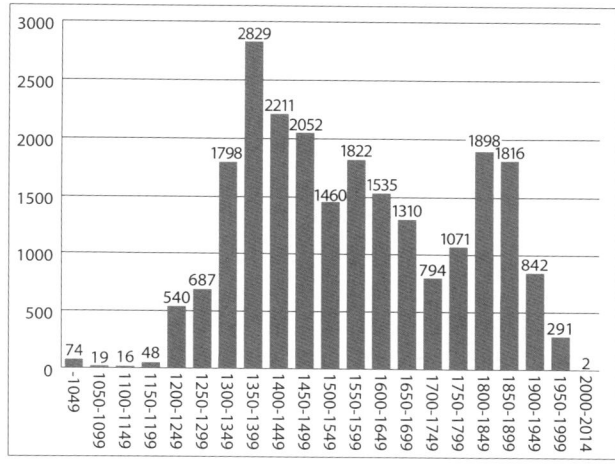

フランス語からの語彙借用の推移（*OED Online* に基づく）

フランス語借用語の種類

　フランス語は支配者階級の言葉であったことから、特にノルマン征服以降、14世紀末頃までに入ったフランス語借用語は、上層階級の人々と関連の深い分野や洗練された文化と関連するものが多い。

　例えば、爵位を表す duke「公爵」、marquis「侯爵」、viscount「子爵」、baron「男爵」や、「王子」、「王女」を意味する prince, princess はみなフランス語からの借用語である。

　ノルマン征服後にフランスから来た王侯貴族たちが担った国家の統治や政治と関わる語彙もフランス語から取り入れられたものが多い。government「政府」、state「国」、realm「領土」、reign「統治」、authority「権力」、sovereign「君主」、court「法廷」、parliament「議会」、treaty「条約」、tax「税金」などがそれである

　ノルマン征服以降、1362年まで、法廷で使われる言語はフランス語であった。そのため、法律用語にもフランス語からの借用語が多い。例えば、justice「正義」、judgement「判決」、

jury「陪審」、crime「犯罪」、suit「訴訟」、evidence「証拠」、proof「証明」、fine「罰金」、punishment「罰」、prison「牢屋」などが挙げられる。フランス語に由来する法律用語はこの他にも枚挙にいとまがない。

この他にも、宗教、軍事、ファッション、食文化、芸術、学問などと関連する語彙が非常に多く取り入れられている。特に食文化に関しては、フランスの圧倒的優位をイギリス人も認めざるを得ないであろう。中英語で書かれた料理本を見てみても、料理の仕方は英語で書いてあるものの、料理の名前、特殊な材料、料理法の名前は軒並みフランス語になっている。

soup「スープ」、cream「クリーム」、sauce「ソース」、vinegar「酢」、dessert「デザート」など食に関する基礎的な語もフランス語起源のものが少なくないが、もう少し専門的な語になると、marinate「マリネにする」、sauté「ソテー」、purée「ピューレ」、hors d'œuvre「オードブル」、roast「炙る」、strain「裏ごしする」、demi-glace「デミグラス・ソース」のように、フランス語からの借用語が非常に多くなる。

とはいえ、フランス語借用語には、例えば、air「空気」、city「都市」、cost「費用」、face「顔」、noise「雑音」、river「川」や、cry「泣く」、move「動く」、pay「支払う」、push「押す」、rob「奪う」など、ごく一般的な意味の語も多くある。

このように、高い文化と関連する言葉から、何の変哲もない日常の言葉まで、フランス語は実に多くの語彙を英語に提供してきている（フランス語借用語については、47ページも参照）。

フランス語借用語と英語本来語の関係性

食の分野におけるフランス語借用語について見たついでに、これと関連する有名な話があるのでここに紹介しておこう。他の多くのヨーロッパの言語とは異なり、英語には、以下の表にまとめたように、食肉と動物に別々の語を使う習慣がある。生きている動物に対する語は英語本来語、食肉を表す語は

フランス語からの借用語である。

動物	肉
ox「牛」	beef「牛肉」
calf「仔牛」	veal「仔牛肉」
pig「豚」	pork「豚肉」
sheep「羊」	mutton「羊肉」
deer「鹿」	venison「鹿肉」

　スコットランドの小説家ウォルター・スコット（Sir Walter Scott, 1771-1832）の『アイヴァンホー』（*Ivanhoe*, 1820）という歴史小説には、このような使い分けの起源について触れたところがある。つまり、この物語の舞台となる12世紀のイングランドでは、生きている動物を飼うのは英語を話すアングロ・サクソン系の人々だったので、動物の名前は英語本来語、その肉を食べるのはフランス語を話す支配者たちだったので、食肉の名前はフランス語由来だというのである。

　実際には、食肉を表すフランス語借用語は、18世紀やそれより遅くまで、動物を言い表すのにも用いられており、現在のような厳密な使い分けが確立したのはだいぶのちのことである。例えば、1611年出版の欽定訳聖書でもbeefがsheepと並置され「牛」の意味で使われている（下線部）。

　And whosoeuer offereth a sacrifice of peace offerings vnto the LORD, to accomplish his vow, or a free will offring in <u>beeues</u> or sheepe, it shalbe perfect, to be accepted: there shall be no blemish therein. （「レビ記」22.21）
　そして、誰であれ和解の捧げものを、誓いを果たすためであれ、自由な意思からであれ、主に捧げる者は、牛または羊を捧げる。これが受け入れられるためには、それ（捧げものの動物）は完全でなければならない。どのような傷があってもいけないのだ。（丸括弧内は訳者による補足）

　しかしいずれにしろ、このような語の使い分けの背後に

は、英語本来語とフランス語借用語との地位の違いが反映されていて面白い。

英語復権の兆し

　1258年にレスター伯シモン・ド・モンフォール（Simon de Monfort, 1208頃-1265）らがヘンリー3世（在位1216-1272）に認めさせたオクスフォード条項（Provisions of Oxford）というものがある。これは、王権を監視・制限するための専門委員会を設置しようとするもので、のちの民主的議会制度の起源ともいわれる。この条項はラテン語とフランス語に加え、中英語でも書かれたといわれている（ただし原本は現存しない）。これはノルマン征服以降、英語が公的な文書で使われた最初の例であり、この頃までには英語の地位が回復されてきていたと見ることができる。

　13世紀末には、カンタベリやウィンチェスターの修道院で、修練者（修道士の見習い）に対し、学校や修道院での英語による会話が禁止され、ラテン語かフランス語で話すよう定められている。このような禁止令が出されたのは、おそらくこの当時までには、修道院でも英語話者が多数を占めていたからであろう。

　とはいえ、これ以降もなお公的な言語としてのラテン語やフランス語の地位は保たれ、英語の社会的地位が急激に改善されたわけではなかった。歴史家ロバート・オブ・グロスター（Robert of Gloucester, 1260頃-1300頃）も、13世紀末に『年代記』（*Chronicle*）の中で「イングランドでフランス語を知らない者が重要視されることはまずない」という趣旨のことを書き残している。

COLUMN

中英語文学を代表するチョーサーの『カンタベリ物語』

　ジェフリー・チョーサー（Geoffrey Chaucer, 1340頃-1400）は中英語期を代表する作家であり、17世紀の劇作家ジョン・ドライデン（John Dryden, 1631-1700）が彼のことをそう呼んで以来、現在まで「英詩の父」として知られている。

　中でも『カンタベリ物語』（*The Canterbury Tales*）はその代表作として広く読まれている。チョーサーの英語は当時のロンドンの富裕層が使っていた英語で、これは後に標準語が整備された際の基礎となった。そのため、チョーサーの英語は近代そして現代の英語に通じるところが少なからずあり、現代英語の知識である程度までは理解が可能である。

　ここでは、中英語のサンプルとして、『カンタベリ物語』の「総序」の冒頭部分を見てみたい。この物語は、巡礼者たちが道すがら様々な話をしながらカンタベリへ旅をするという設定になっている。

　この中で言及される「聖なる殉教者」とは、1170年にカンタベリ大聖堂内で暗殺されたカンタベリ大司教トマス・ベケット（Thomas Becket, 1118-1170）のことである。彼の暗殺後、流された彼の血に、病気を治すなど奇跡を起こす力があると信じられ、カンタベリに巡礼者が多く集まるようになったといわれている。

　ここではヒロイック・カプレット（heroic couplet）と呼ばれる、2行ずつ韻を踏む弱強五歩格（iambic pentameter）が用いられている。これは英文学ではチョーサーが最初に用いた詩形で、その後、イギリスで普及し、ドライデンもこれを好んで用いている。

> Whan that Aprill with his shoures soote
> The droghte of March hath perced to the roote,
> And bathed every veyne in swich licour
> Of which vertu engendred is the flour;
> Whan Zephirus eek with his sweete breeth
> Inspired hath in every holt and heeth

The tendre croppes, and the yonge sonne
Hath in the Ram his halve cours yronne,
And smale foweles maken malodye,
That slepen al the nyght with open ye
(So priketh hem nature in hir corages);
Thanne longen folk to goon on pilgrimages,
And palmeres for to seken straunge strondes,
To ferne halwes, kowthe in sondry londes;
And specially from every shires ende
Of Engelond to Caunterbury they wende,
The hooly blisful martir for to seke,
That hem hath holpen whan that they were seeke.

4月がその甘い雨で
3月の渇きを根の先まで潤し、
あらゆる葉脈が水で潤い
その力で花が生み出され、
また、西風がその甘い息で
あらゆる森や荒野の若芽を
活気づけ、若い太陽が
白羊宮の中間に達し、
一晩中目を開けて寝る
小鳥たちが歌をうたうようになると
（それほど自然は小鳥の心を刺激するのだ）、
人々は巡礼の旅に出たくなり、
巡礼者たちは、様々な地で有名な、
まだ見ぬ遠き地の聖人を詣でる。
特にイングランドでは、人々は
あらゆる州からカンタベリへと
聖なる殉教者を詣でに向かう、
病気の際に助けを得られることを期待して。

復権の時代
1350–1500年

フランス語使用の衰退と英語の復権

　1300年頃に中英語で書かれた『クルソール・ムンディ』（*Cursor Mundi*）という詩作品がある。内容は聖書やその他の宗教書に基づくキリスト教的歴史物語である。多くの写本が残っていることから、この本は当時大いに人気を博していたと考えられる。

　序文の中で、著者はこの作品を「イングランドの英国人への愛ゆえに、イングランドの庶民のために、英語で書いた」と述べている。20行ほどの中にイングランドやイングリッシュという言葉が8度も用いられたこの言葉には、イングランド人の言葉は英語であるという強い意識が反映されているといえる。

　エドワード3世（Edward III, 在位 1327-1377）の時代に英仏百年戦争（1337-1453）が始まり、フランスとの間に百年以上にわたって断続的に戦争が行われるようになると、フランス語は敵国の言葉で、自国の言葉は英語であるという意識は一層高まった。

　百年戦争開戦前後の時代に作られたと考えられる、中英語の詩作品を集めたオーヒンレック写本（Auchinleck MS）の中に『アーサーとマーリン』（*Arthur and Merlin*、この作品自体はおそらく13世紀後半の作）という作品が収められているが、その冒頭近くで、著者は「フランス語を話せない多くの貴族を見たことがあり、英語で物語を書いたのはそのような人々のためである」と述べている。この時代までには支配者階級の間にも英語話者が多くなってきていたことがうかがわれる。

　また、14世紀後半にジョン・トレビーサ（John Trevisa, 1342-1402）が『万国史』（*Polychronicon*）の中英語訳の中で述べ

ているところによれば、1349年にジョン・コーンウォールという人物がオクスフォード大学ではじめて講義を英語で行い、これに倣って他にも英語で講義を行う人が出たという。

同じトレビーサの記録によれば、14世紀前半にはまだフランス語で行われていた学校教育が、1385年までには英語で行われるようになり、その結果、生徒たちはフランス語を全く解さないようになったという。14世紀にはフランス語の教科書の類も多く書かれているが、これもこのような状況を反映したものだといえるだろう。

14世紀末には、オクスフォード大学のコレッジ（学寮）の規則の中に、会話は英語ではなくラテン語かフランス語でするようにというものが見られるようになる。大学に行くような知識層の間でも、英語を使う人がますます増えてきていたことを示すものと考えられる。

公的な言語としての英語の「復活」

私的な会話のみならず、1362年には公的な場面でも英語が再び使われ始めた。この年、エドワード3世が議会の開会を英語で宣言したのである。この出来事は公的な言語としての英語の「復活」を象徴する出来事として知られている。同年には、フランス語を理解する人が少ないという理由から、法廷でのやりとりを英語で行うという取り決めもなされている（ただし、実際にはその後も1731年までフランス語が使われ続けた）。

宮廷でも、14世紀末頃までには英語が使われるようになった。例えば、「英詩の父」チョーサーは宮廷に仕え、宮廷の聴衆のために中英語で作品を書いている。彼と同時代に生きたジョン・ガワー（John Gower,1330頃-1408）も、当初はラテン語やフランス語で作品を書いていたものの、のちにリチャード2世（在位1377-1399）の求めに応じて『恋する男の告解』(*Confessio Amantis*)という彼の代表作を中英語で書いている。

チョーサーやガワーの活躍した時代に王位にあったリ

チャード2世は、晩年にロンドン塔に幽閉され、1399年に廃位させられたが、その際に議会で読み上げられた決議文は英語だった。彼の後を受けて王位に就いたヘンリー4世（在位1399-1413）は、ノルマン征服後のイングランド王としては英語を母国語とする最初の王で、戴冠式において王位に就く権利をはじめて英語で宣言した。また、次に見るように、彼の息子であり後継者のヘンリー5世（在位1413-1422）は、ノルマン征服後はじめて英語で書状を書いた王として知られている。

　以上のように、14世紀末までには、英語は社会の最上部にまで浸透し、また、公的な場面でも話し言葉として再び使われるようになった。英語は14世紀末までに「復活」を果たしたのである。

「元祖King's English」と公文書言葉の整備

　英語の威信回復を象徴するように、15世紀初頭以降、公文書に英語が用いられるようになった。これに伴い、公文書の英語が威信のある言葉として広く認識されるようになっていった。特に、1417年にヘンリー5世が王の公的な書状で用いる言語を従来のフランス語やラテン語から英語に変更した頃からはこの傾向が顕著になった。王の承認を意味する国璽や玉璽が押された文書に英語が用いられるようになったことで、英語には王の威信が感じられるようになったのである。

　この当時、公文書は、チャンセリーという役所で作成されていた。チャンセリーでは、公文書作成と並行して、公文書筆記者の育成も行われ、公文書用の書体（チャンセリー体）、正字法、文法、語法等が整備され教えられた。当初はラテン語やフランス語で書かれていた公文書に英語が用いられるようになると、チャンセリー・スタンダード（Chancery Standard）と呼ばれる公文書の英語の規範も整備されていった。この規範は、1420〜40年の間に確立され、1460年頃までにはイングランド中に広く知られるようになっていた。

チャンセリー・スタンダードが確立されると、他に従うべき規範がなかったこともあり、これが広く踏襲されるようになった。例えば、1422年から1509年の間に書かれた「パストン書簡」(*Paston Letters*) と呼ばれるパストン家の人々の手紙が残っているが、1460年代に手紙を書いた人物がロンドンの法廷に勤めるようになると、手紙で使う言葉が突然チャンセリー風に変わったという例がある。この場合のように、チャンセリーの権威ある英語がどのようなものかを知った人々は、それを良い英語の見本とみなし、これを踏襲するということがよく行われていたものと考えられる。

　チャンセリー英語の影響が特に顕著だったのは、法的な文書も含む実務文書である。この当時は、宗教や学問と関連した書物のほとんどはラテン語で書かれ、また、英語で書かれた文学作品は一部教養人の間で読まれるだけであった。そのため、ほとんどの人々が日々の生活の中で最もよく目にしたのは実務文書の英語であった。その実務文書を通じて、チャンセリー・スタンダードやこれに準じた言葉が国中に知られるようになっていったのである。

　チャンセリー英語は、ロンドンを中心とするイングランド東中部（East Midland）の富裕層の使う言葉を基礎とするものであった。ロンドンは政治、経済、文化の中心であり、またロンドンを含む東中部はイングランドで最も人口の多い土地でもあった。威信あるオクスフォード大学とケンブリッジ大学があるのも東中部であり、また、チョーサーのような影響力のある作家が作品を書いたのもロンドンの言葉でであった。

　王の威信や実務文書等を通じた影響に加え、これら様々な要素にも支えられ、チャンセリー・スタンダードは標準的な書き言葉として広く認識されるようになっていく。

恣意的に整備されたチャンセリー・スタンダード

　チャンセリー・スタンダードは基本的にロンドンを中心

とする東中部方言に基づいているが、それ以外の方言からの影響が見られることもある。例えば、三人称複数の人称代名詞には、古ノルド語起源の they, their, them が用いられる（ただし、49-50ページのコラムの例文にも hem が見られるように、本来語に由来する her「彼らの」、hem「彼らを」も時々用いられることがある）。これらはいずれも、もともと北部方言で用いられ始めたものであるが、特に they については、この当時、すでに東中部方言でも一般的になっていた。一方、their や them についてはチャンセリー・スタンダードに採用されたことで、北部以外の地域でも使用が促進されたものと考えられる。

　東中部方言では、副詞を形成する接尾辞として、clerliche (= clearly) のように、古英語以来の -liche がしばしば用いられたが、チャンセリー・スタンダードではこれは用いられず、代わりに北部方言においておそらく古ノルド語の -lig- に影響を受けて発達した -ly が用いられる。そしてこの伝統は、clearly や beautifully に含まれる副詞を形成する -ly として現代まで受け継がれている。

　綴りに関しても、実際の発音を反映したものとは思われず、恣意的に整備された形跡が見られることがある。high に含まれる -gh- のように、もはや発音されなくなっていたと思われる、かつてそこにあった「音」を留めたような綴りは典型的な例である（49-50ページのコラムも参照）。

　チャンセリー英語では、規則変化動詞の過去・過去分詞形の語尾には、コラムの中の auised, seid, comitted 等のように、常に -(e)d が用いられる。これは、asked の場合のように、この語尾が /d/ ではなく /t/ と発音される場合も同様である。同時代の英語では /t/ と発音される語尾は t と綴られることも多かったが、チャンセリー英語では一貫して -(e)d が用いられており、ここにも恣意的な綴り字統一の跡がうかがわれる。

　フランス語から借用された reign や foreign といった単語には、チャンセリー英語では、フランス語風の -gn という綴りが常に使われる。一方、同時代の文献には、reign の異綴りとし

て、rene, raine等が記録されており、この種の語に含まれる-g- は現在と同じように当時も発音されていなかったことが分かる。黙字を含む綴りが一貫して使われているということは、単に発音をスペルに置き換える形で綴られていたのではなく、綴字に一定のルールがあったことを示すものである。

　以上のように、チャンセリー・スタンダードは、ロンドンを中心とする東中部方言が基礎となっているとはいえ、その方言そのままというわけではなく、別の方言で用いられる語彙や語形が規則的に使われたり、一定のルールに従った綴り字が使われたりしている。このことから、チャンセリー・スタンダードは、自然に発達したものというよりはむしろ、恣意的に整備されたものであることが分かる。

キャクストンの活版印刷とチャンセリー・スタンダード

　15世紀中頃にドイツのグーテンベルクによって活版印刷が発明されると、その約四半世紀後にはウィリアム・キャクストン（William Caxton,1415-22頃-1492頃）によりイングランドにももたらされた。これによって中英語最末期以降、手書きの写本から印刷本へと、書物の形態が大きく変わる。このことも標準的な英語の発達に影響を与えた。

　キャクストンは大陸で学んだ活版印刷の技術を持ってイングランドに戻り、1476年にイングランド初の印刷所を作り、印刷業を開業した。彼が印刷所を作ったのは、王宮や議会のあるウェストミンスターで、チャンセリーがあるのもこの土地だった（現在ではウェストミンスター寺院内のPoets' Cornerのすぐ外の壁に、キャクストンを記念したプレートが付けられており、その近くに印刷所があったと記されている）。

　キャクストンはもともと商人で、印刷業も非営利の文化事業としてではなく商売として始めたものであった。したがって、彼にとっては印刷物の売り上げが重要であった。商売として成功するための一つの戦略として、彼は競合する業者が当時

全くなかった英語による書物を印刷した。

　もう一つの戦略として、なるべく広く、長く、多くの人に読まれるよう、標準的とされた言葉に倣って印刷をした。写本の時代に書かれた文学作品を印刷する際には、綴りや細かい言葉遣いについて調整する程度で、大幅に言葉を書き換えてはいないようだが、外国語作品の翻訳等にはキャクストン自身が良しとした言葉が使われている。

　そして、キャクストンが採用したのは、当時までには広く認知されていたチャンセリー・スタンダードに倣った言葉であった。彼が書物を売ろうとしていたのは、教養ある富裕層の人々であり、商売人の多く集まるシティ（the City of London）ではなく、王宮や議会のあるウェストミンスターに店を構えたのも、そこに集まる人々を相手に商売をするつもりだったからである。そのような人々の間によく知られていたチャンセリー・スタンダードを一つのモデルとして、キャクストンは印刷・出版したのである。

　以下はキャクストンが1490年頃に出版した*Eneydos*の序文の一節の日本語訳である。ここにはキャクストンがどのような読者を対象に、どのような言葉を使用して印刷・出版していたのかが簡潔にまとめられている。

> 本書は野卑な田舎者が苦労して読むためのものではなく、武功、恋愛、高貴な騎士道精神に感銘を受け、これを理解する教養人や高貴な紳士のためのものであり、したがって、この本を翻訳するに当たっては、野卑過ぎずかといって飾り立て過ぎず、その間の言葉、つまり、神の御恵みにより行った私の翻訳原稿に従って、読者に理解していただけるような言葉を用いることにした。

活版印刷の普及と標準英語の発達

　キャクストンが用いた言葉は、チャンセリー・スタンダードに倣った言葉であるが、チャンセリーの言葉そのもので

はなかった。一方、やはりイングランド初期の印刷業者の一人、リチャード・ピンソン（Richard Pynson, 1448-1529）は、より忠実にチャンセリー・スタンダードに倣った言葉で500以上の本を出版し、このことが標準英語の定着に大きく貢献したといわれている。

　ピンソン、そしてキャクストンの弟子ウィンキン・ドゥ・ウォード（Wynkyn de Worde, 1534没）をはじめ、初期の印刷業者の多くはロンドンやその周辺に開業し、この地域の教養ある富裕層に向けて、彼らに受け入れられるような言葉を用いて印刷・出版した。結果として、初期の印刷本の多くには、チャンセリー・スタンダードやそれに類する言葉が用いられたのである。

　そして、この言葉が本と共に全国に流通するようになると、ロンドン以外の地域でも教養層を中心に広く知られ、模倣されるようになっていく。

綴りと発音の乖離と印刷技術の普及

　すでに見たように、チャンセリー・スタンダードで用いられた綴りは保守的な傾向があり、発音の変化にかかわらず伝統的な発音に準じた綴りが採用される場合があった。また、foreignの場合のように、発音にかかわらず、借用元の言語での綴りが採用されることもあった。キャクストンのものをはじめ、初期の印刷本では基本的にこの種の伝統的あるいは語源的綴り字が踏襲された。その結果、保守的な傾向の綴り字が広く一般に使われるようになっていった。

　この時代に定着した綴りには、後に見る綴り字改革論争なども乗り越えて、その後も使われ現在まで受け継がれているものが多くある。したがって、現在通用する英単語の綴りの中には、実は中英語期の発音が反映されているものが多くある。

　例えば、high, night, right, brought, thought, through等に含まれる黙字のghは、中英語期の途中までそこに[ç]音や[h]音が

あったことに由来する（スコットランドの方言では、このghは現在でも発音される。詳しくは109ページを参照）。foot や feet の母音についても、中英語期の途中まではそれぞれ /oː/、/eː/ と発音されており、oo や ee という綴りは当時の発音を反映したものである。

　meet と meat は現在では同じ /miːt/ という発音だが、中英語期にはそれぞれ /meːt/、/mɛːt/ と発音され、異なる発音であった。中英語期以来の -ee-, -ea- という綴りは、本来はこのような発音の違いを区別するためのものであり、両者が同じ発音になって以降も綴りだけは変わらず使われ続けているのである。同様に、case, life, safe は、中英語期の途中まではそれぞれ /kaːs/, /liːf/, /saːf/ と発音された。「母音字＋語末のe」は母音が長母音であることを示す中英語期の綴りの習慣に従ったものである。

　ここに例として挙げた語の綴りはいずれも印刷技術の普及以前から使われていたもので、その当時（14世紀から15世紀中頃まで）の発音に従ったものである。同様の例は他にも非常に多くある。一方、発音のほうはそれ以来約600年の間に少しずつ変化し続けて現在に至っている。

　このように、チャンセリー・スタンダードの整備や印刷技術の普及によって確立・定着し現在まで使われている伝統的な綴り字と発音の間には、600年分のずれが蓄積されているといえる。

綴りと発音の乖離と大母音推移

　綴り字がある程度まで定まってきた時代はちょうど、大母音推移（Great Vowel Shift）という発音上の大きな変化が起きている最中であった。保守的なチャンセリー・スタンダードやこれに準じた印刷物における綴り字は、大母音推移の起こる以前の発音に基づいていた。したがって、綴り字がある程度定着し始めた当初からすでに綴りと発音の乖離は始まっていたということになる。

大母音推移とは、以下の図が示すように、アクセントのある長母音の調音位置が上方にずれた（上にずれることのできない/iː/と/uː/については二重母音化した）現象で、この音変化はおよそ1400-1650年頃、つまり、中英語末期から初期近代英語期に起きたものである。

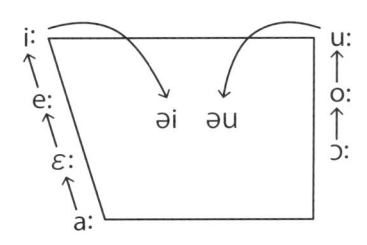

音変化	古英語	中英語	初期近代英語	現代英語
/iː/ → /əi/ (→/ai/)	rīdan/ríːdan/	rīden/ríːdən/	ride/rəid/	ride/raid/
/eː/ → /iː/	fēdan/féːdan/	fēden/féːdən/	feed/fiːd/	feed/fiːd/
/ɛː/ → /eː/	dælan/dæːlan/	dēlen/dɛ́ːlən/	deal/deːl/	deal/diːl/
/aː/ → /ɛː/(→/ei/)	nama/nama/	nāme/naːmə/	name/nɛ́ːm/	name/neim/
/uː/ → /əu/(→/au/)	mūs/muːs/	mous/muːs/	mouse/məus/	mouse/maus/
/oː/ → /uː/	fōd/foːd/	fōd/foːd/	food/fuːd/	food/fuːd/
/ɔː/ → /oː/(→/ou/)	hām/haːm/	hōm/hɔːm/	home/hoːm/	home/houm/

　大母音推移は基本的に全ての方言に及んだが、/uː/については、大母音推移の影響を受けていない方言もある。その方言とは、イングランドの北部（ハンバー川河口とルーン川河口を結ぶライン以北）の方言、およびスコットランドやアイルランドのスコッツ語である。これらの方言においては、/uː/音は大母音推移の影響を免れたため、例えば、houseやnowはそれぞれ大母音推移以前とほぼ同じように現在でも [hʊs], [nʊː] と発音される。

英語に対する劣等感

　英仏百年戦争開戦やチャンセリー・スタンダードの整備などの影響で、イングランドにおいてフランス語に代わってやがて標準語になる、威信ある英語が発達した。

　しかし、その「威信」はイングランド国内の他の方言との比較においての威信であり、一流の言語とされたラテン語やギリシア語（さらには他国の言語）と比較されればたちどころに失われてしまうような威信でもあった。そのため、しばしば英語には劣等感がつきまとった。

　このような劣等感が特に強く感じられるようになったのは、中英語後期（14世紀後半）以降であり、やや逆説的ではあるが、威信ある英語が発達したのとほぼ同じ時期である。この劣等感は少なくとも18世紀中頃まで消えることはなかったが、以下に見るように、これが標準的な英語のさらなる整備への原動力となったのである。

粗野で雄弁さに欠ける英語

　15世紀以降の英語文献、特に外国語で書かれた作品の英訳版の序文等には、訳語が野卑で（rude）雄弁さに欠ける（uneloquent）などと、訳者が自分自身の訳を卑下するような言葉がしばしば見られる。例えば、15世紀前半に活躍したジョン・リドゲイト（John Lydgate, 1370頃-1451頃）は、ボッカチオのラテン語作品のフランス語訳を英訳した *The Fall of Princes* という作品の序文で次のように書いている。

> 私は雄弁さに欠けるが、この翻訳を行い、自信過剰に陥らぬよう気を付けながら、謙虚に、あらゆる時間を費やして、私の粗野な言葉を我が主の寛大さに委ねん。

　リドゲイトはまた、*Lyfe of Seint Albon* という作品の序文

でも似たようなことを書いている。

　イングランド最初の印刷業者キャクストンは外国語作品を自ら翻訳して出版することも多かったが、そのような訳書に付された彼自身による序文やあとがきにも、リドゲイトの場合と似たような調子の言葉がしばしば見られる。例えば、1489年頃に出版されたフランス語からの翻訳 *Blanchardin and Eglantine* の序文には以下のように述べられている。

> この貴婦人が、謙虚なる召使である私めのことを慮り、この小著を寛大にも受け取ってくださいますように、そして、この粗野で低俗な英語を、間違いのあろう訳を、お赦しくださることを懇願しつつ。というのも、私は修辞法や最近使われる煌びやかな用語を学んでおらず、またその知識もないのです。しかし、読者や聴衆にはこの本（の内容）を理解していただけるものと期待します。そして、それで用は足りると期待します。

　ヘンリー8世の家庭教師を務めたことで知られる詩人ジョン・スケルトン（1460頃-1529）は、16世紀初頭作の *Philip Sparrow* という詩の中に、登場人物マージェリーの言葉として次のようなことを書いている。

> 私たちが自然に身に付ける言葉は粗野なもので、美しく洗練された言葉で飾り立てるのが難しいのです。私たちの言葉は酷り錆びつき腐敗しており、理屈に合わないことだらけで、全く冴えないものなので、その言葉で凝ったことを書こうとした場合には、思ったことを表現できる単語がどこにあるのか、途方に暮れてしまいます。

　この直後には、先に触れたガワー、チョーサー、そしてリドゲイトの英語のことが述べられているが、いずれも洗練された言葉とはみなされず、結局、マージェリーは自分の飼っていた鳥の墓碑銘を英語ではなくラテン語で書いたとされている。

　スケルトンの言葉には、中世末期から近代初期にかけて英語につきまとっていた劣等感が分かりやすい形で表現されて

いる。

英語に対する劣等感とフランス語からの語彙借用

　スケルトンの作品に端的に述べられているように、英語で洗練された文章を書こうとすると、語彙不足のために満足な表現ができないと感じられることがよくあった。そして、ラテン語などによる作品を英訳する際には、このようなことが特に強く感じられていた。

　表現力不足を解消する一つの方法として、作家や翻訳家たちはしばしば外国語から語彙を借用した。そして、ノルマン征服以降、スケルトンの活躍した近代最初期（16世紀初め）までの間に最も多く借用されたのはフランス語の語彙であった。

　すでに見たように、ノルマン征服後14世紀の途中まで、フランス語はイングランドの支配者階級の言葉であった。そのため、フランス語は、当時のイングランドの人々にとっては、ある程度身近にあって、なおかつ上層階級と結びついた威信ある高級な言語であった。フランス語の語彙が借用されたのはそうした背景がある。例えばヒグデンは、14世紀前半の『万国史』（*Polychronicon*）で、「（ひとかどの人物と見られたいと望む人々は）より立派に見られることを期待して、あらゆる努力をして言葉をフランス風にしようと躍起になっている」と書いている。

　このようなことが盛んに行われた14世紀後半から15世紀末にかけての150年間は、英語の歴史上フランス語の語彙が最も多く借用された時代であった。*OED Online*に収録されている約2万3000語のフランス語借用語のうち約7100語（全体の約30%）がこの時代に書かれた文献に最初に現れる（29ページのフランス語借用の推移を示すグラフを参照）。

　*OED Online*のデータに基づき作成した以下の表は、この時代に活躍した主要な作家・翻訳家の作品におけるフランス語借用語の初出例の数をまとめたものである。フランス語からの語彙借用はその後も現在まで行われているが、16世紀以降の

作家の場合と比べると、この時代の借用数の多さが際立つ。

中世末期の主要作家の作品におけるフランス語借用語の初出例数

14世紀後半	ジェフリー・チョーサー	723
	ウィクリフ派（英訳聖書を含む）	433
	ジョン・ウィクリフ	112
	ジョン・トレビーサ	378
	ジョン・ガワー	252
	ウィリアム・ラングランド	214
	ガウェイン詩人	96
15世紀	ジョン・リドゲイト	242
	トマス・ホックリーブ	44
	トマス・マロリー	44
	ウィリアム・キャクストン	760
（比較）	ジョン・スケルトン（16世紀初頭）	44
	エドマンド・スペンサー（16世紀末）	35
	ウィリアム・シェイクスピア（17世紀初頭）	41
	ジョン・ミルトン（17世紀）	12

COLUMN

チャンセリー英語

　チャンセリー・スタンダードは1430年頃までにはかなりの程度整っていたといわれている。そして、確かに、チャンセリーで作成された文書に使われている英語には、綴り字、使用語彙、語形、語法等を統一しようとする努力がうかがわれる。しかし、その一方で不統一な部分も多く、また時代によって規範が変わってきていると思われる部分もある。したがって、チャンセリー・スタンダードとは、かなり緩やかな規範であり、現在通用する正字法や文法のような厳密な規範とは大きく性格を異にするものであったといえる。

　ここでは、チャンセリー英語のサンプルとして、1436年の玉璽文書の一部を見てみよう。

　　　By the kyng:
　　　Ryght trusty and right welbeloued Cosin. We sende to yow at þis tyme oure lettres of poiar and Commission as for youre Lieutenancie and gouernaille in oure behalue in oure Reume of ffrance and Duchie of Normandie and with hem we sende to yow oure answeres yeuen to certein articles late ministred by yow to vs and oure conseil with oþer articles of Instruccion auised by vs and oure seid conseil þe whiche we wole þat ye obserue in þe office committed vnto yow, prayeng yow þat considering þe greet iooardie.

　「王による（書状）。信頼厚く親愛なる従兄へ。この度、我々は貴君に、フランスにおける我らが領土およびノルマンディ公国において、我々に代わり統治する権限を委任するための書状を送付する。また、これらの手紙と共に、過日、貴君が我々および枢密院に提出したいくつかの文書に対する回答と、我々および上述の枢密院からのその他の命令書を送付する。貴君がこの重大なる危機に慎重なる対応をすることを願いつつ、我々は貴君が、与えられた職務を全うすることを望むものである」

チャンセリー・スタンダードで用いられる綴り字には保守的な傾向がある。例えば、この引用文中の þis (=this), oþer (=other), þat (=that), þe (=the) などのように、現代では th を用いるところに古英語以来の þ (thorn) が用いられる（ただし、この文中にも with という綴りが見られるように、þ と th が同一文書内で両方用いられることもあり、また時代が下るにつれ þ はあまり使われなくなっていく）。

　引用文冒頭の ryght/right も保守的な綴りである。この語の gh は、本来 [ç] 音を表すための綴りであるが、この時代にはすでにこの音は落ち始めていたようで、同時代には rith, rit, rite など、/ri:t/ という発音に合わせた綴りも記録されている。しかし、チャンセリー・スタンダードでは、high, knight, night など、いずれも基本的に音が落ちる以前の gh を用いた綴りが用いられている（そしてこれが現代まで受け継がれている）。

　チャンセリー英語では、二人称単数人称代名詞 þow (=thou), þin/þy (=thy), þee (=thee) は使われず、代わりに本来は二人称複数の ye/you (= you), youre (= your) が常に用いられる（これはより古い時代から、丁寧な言葉遣いとして行われてきたものである）。引用文中にもこの用法の ye, youre, yow が見られる。

試行錯誤の時代
1500–1750年

新時代の幕開けと英語使用の推進

　スケルトンが活躍した1500年前後は、大航海時代、イギリス・ルネサンス、そして宗教改革が相次いで始まった時代であった。大航海時代の始まりは、それまでよく知られていなかった土地や文物に関する様々な情報をもたらした。一方、ルネサンスのイギリスへの伝播は、ギリシア・ローマの古典や文化に対する関心を高め、宗教改革は、聖書やキリスト教の教義に関する関心を高めた。

　このように、様々な興味・関心が急激に高まると、それと呼応して、特に16世紀には一般大衆の教育ということにも関心が高まった。当時、学問や宗教に関する書物はラテン語で書かれるのが一般的であったが、この時代以降は、ラテン語を知らない一般大衆を視野に入れ、これらの分野でも英語で本が書かれることが多くなっていった。しかし英語で専門的な内容を書こうとすると、語彙不足のために、原典に述べられたことがうまく言い表せないということがしばしば起きた。それでも、当時の教育熱の高まりは著しく、英語による専門的な内容の書物も（しばしば訳文の拙さに関する「弁解」付きで）次々に出版された。そして、16世紀におけるこのような傾向を根底で支えたものの一つに、宗教改革の精神があった。

　16世紀初頭のルターに始まる宗教改革運動がヨーロッパ各地に広まると、宗教改革者たちはラテン語を理解しない民衆でも聖書を読むことができるように、英語、ドイツ語、オランダ語、フランス語、ポーランド語、チェコ語などの土着語に聖

書を翻訳した。そして、個人がそれぞれ聖書を読んで直接神と向き合うよう説いた。

彼らは格調高いが専門家にしか理解できないラテン語訳の聖書よりも、拙いところがあっても誰にでも分かる土着語での聖書を重んじた。聖書の理解に関して、彼らは伝統や格式よりも実質を重んじ、とりあえず意味が通じ、内容が分かれば、多少不恰好でもそれはそれでよいと割り切ったのである。

キリスト教の世界で起きたこの大変革は、他の分野の教育にも影響を与えるようになった。つまり、宗教改革の精神が当時の教育熱を支え、英語による書物の出版を促進し、それにより英語のさらなる「社会進出」を後押ししたのである。

ラテン語借用の推移

中世以来、宗教改革期以前までは、西ヨーロッパでキリスト教の言葉といえばラテン語であった。また、学問はキリスト教と表裏一体の関係にあり、学問の言葉もラテン語であった。そのため、6世紀末にキリスト教がイングランドに伝わって以来、学問を含めたキリスト教文化と関連する語彙がしばしばラテン語から英語に借用された。

以下は、*OED Online*に収録されたラテン語借用語約4万語のデータに基づき、ラテン語借用語がいつ頃どのぐらい英語に入ったかをまとめたグラフである。

キリスト教が伝わった6世紀末から約1世紀のうちにイングランドにはキリスト教文化が根付き、聖職者をはじめとする教養人の間ではラテン語で読み書きする習慣が根付いた。

8世紀末から始まるヴァイキングの侵入により、イングランドのキリスト教文化は一時期衰退するが、9世紀末にはアルフレッド大王がヴァイキングの侵攻を抑え、文化復興政策が行われた。ヴァイキングの支配下でキリスト教文化が衰退し、ラテン語を読み書きできる人が少なくなっていたことを受けて、アルフレッドは、重要な文献を古英語に翻訳させた。これによ

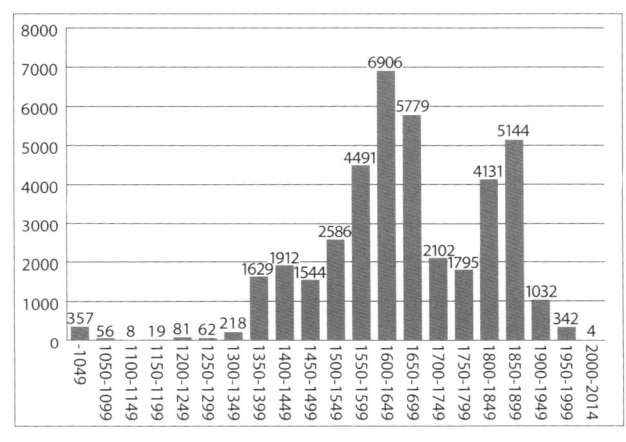

ラテン語からの語彙借用の推移（*OED Online* に基づく）

り古英語でものを読み書きする習慣が根付いたといわれている。
　上のグラフで11世紀中頃までに少しラテン語からの借用語が入っているのは、このような事情に由来する。例えば、abbot「修道院長」、altar「祭壇」、archbishop「大司教」、candle「蠟燭」、demon「悪魔」、disciple「弟子」、Latin「ラテン語」、mass「ミサ」、monk「修道士」、organ「オルガン」、oyster「牡蠣」、psalm「詩編、聖歌」、sabbath「安息日」などはこの時代にラテン語から入った語である。
　英語の力が回復しつつあった14世紀後半には、ラテン語からの借用が急に増えている。これは英語での読み書きが再び活発になったことと関係している。この時代は、チョーサーやガワー、あるいは『農夫ピアズ』（*Piers Plowman*）で知られるウィリアム・ラングランド（William Langland, 1332頃-1386頃）らが活躍した時代で、彼らはラテン語から新たな語彙を借用しながら作品を書いている。
　ジョン・ウィクリフ（John Wycliffe, 1320頃-84）とその一派が、100年以上後の宗教改革者たちと同様の考えに基づいて聖書翻訳を行ったのもこの時代であり、彼らも新たにラテン語語彙を借用しながら聖書を翻訳した。

ヒグデンの『万国史』の中英語訳をはじめとして、ラテン語からの翻訳作品を数編残しているジョン・トレビーサは特に多くのラテン語語彙を英語に取り入れている。*OED Online*には、14世紀後半のラテン語借用語は約1600語収録されているが、そのうち596語はトレビーサの翻訳作品ではじめて用いられている。これは全体の約37％に当たり、ウィクリフ（24％）、チョーサー（11％）、ガワー（6％）、ラングランド（2％）に比べてもその比率は高い。

　このデータによれば、14世紀後半に借用されたラテン語語彙は、全体の約80％が主要な作家・翻訳家の作品に最初に登場する。そしてこの傾向は、次節で見るルネサンス・宗教改革期のラテン語借用語の場合とは顕著に異なる。

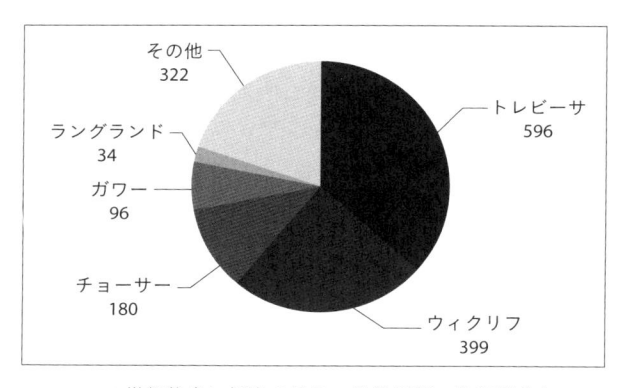

14世紀後半に初出のラテン後借用語の作家別分布
（*OED Online* のデータに基づく）

　主要な作家が活躍した14世紀後半にラテン語から借用された語には、例えば、attention「注意」、convenient「都合のよい」、fate「運命」、sensibility「感性」（以上、チョーサー作品に初出）、conclude「終える」、incomplete「未完成の」、observation「順守」、senior「年長者」（以上、ウィクリフ作品に初出）、admit「認める」、fantastic「空想的な」、secretary「秘書」（以上、トレビーサの作品に初出）などがある。

ルネサンス・宗教改革期のラテン語・ギリシア語借用

　16世紀に入ったラテン語借用語は、専門的な内容の書物で使われたものが多く、したがって、これ以前のラテン語借用語よりも一般に高度で専門的なものが多い。例えば、analysis「分析」、audacious「大胆な」、egregious「甚だしい」、identical「同一の」、lucid「透き通った」、malignancy「悪性」、municipal「内政の、地方自治体の」、scepticism「懐疑主義」はこの時代に入ったラテン語借用語である。

　前節で見たように、14世紀後半のラテン語借用語の多くは数人の主要な作家・翻訳家の作品中で最初に用いられているが、16世紀から17世紀前半については、傾向が全く異なる。

　*OED Online*に収録されたこの時代のラテン語借用語約1万4000語のうち、以下の表に挙げた8人の主要作家の作品で最初に用いられたものはわずか768語（約5.5%）に過ぎない。主要作家の占める割合が低いのは、ラテン語からの借用語が必要とされるような専門性の高い（文学作品以外の）分野の文書が多く英語で書かれるようになったことと関係する。

ルネサンス期に初出のラテン語借用語の分布
（主要作家の作品において）

フランシス・ベーコン	178
トマス・エリオット	141
ベン・ジョンソン	108
ウィリアム・シェイクスピア	98
トマス・モア	93
ジョン・ダン	84
エドマンド・スペンサー	53
クリストファー・マーロウ	12
合計	768

　また、ルネサンス期にはローマと並んでギリシアの古典も研究されたため、ギリシア語からも語彙が借用された。ただ

し、ラテン語文献に比べても、ギリシア語文献は一段と専門性が高く、そのため、ギリシア語借用語には難解な語が多く、また、借用語数もかなり少ない。それでもルネサンス期やその少し後ぐらいまではギリシア語からの語彙借用がだいぶ進んでいる。

この時代にギリシア語から借用された語で、今日一般に使われているものには、cosmos「宇宙」、euthanasia「安楽死」、lexicography「辞書編集」、meteorology「気象学」、orthodox「正統な」などがある（この他、aristocracy「貴族（社会)、貴族政治」、chronology「年代学、年表」、psychology「心理学」、sympathy「同情」などのように、ギリシア語に由来するがラテン語経由で英語に入った語も多い）。

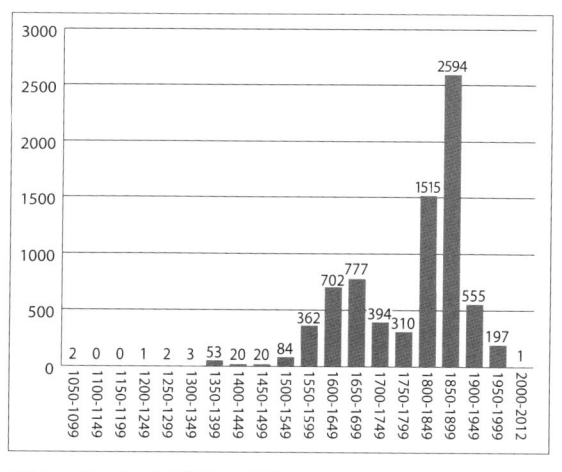

ギリシア語からの語彙借用の推移（*OED Online* のデータに基づく）

上のグラフに見られるように、ギリシア語から語彙が最も多く取り入れられたのは、ルネサンス期ではなく、18世紀末以降の産業革命やそれに続く時代である。この時代に新たな技術が開発され、科学や医学やその他の学問が進歩するにつれ、新たに大量の専門用語が必要とされた。その際に

ギリシア語は新語彙の一大源泉とされたのである。asteroid「小惑星」、chthonic「地中に住む」、epistemology「認識論」、hagiography「聖人伝」、hydrate「水化物」、kaleidoscope「万華鏡」、metronome「メトロノーム」、tridactyl「三指ある」は、その頃入った語である。

英語語彙の豊かさ

中英語期からルネサンス期にかけて、英語はフランス語、ラテン語、ギリシア語（およびその他様々な言語）から語彙を大量に借用した。その結果、英語の語彙は借用語で満たされることになった。あまりにも多くの語彙が英語に入ったので、ルネサンス期にはこのことを否定的に捉え、なるべく借用語を排除し、英語本来の語彙を使うべきだと唱える人たちが出たほどである。

例えば、英語純正主義者（purists）の一人、ジョン・チーク（Sir John Cheke, 1514-57）は、早くも1557年に知り合いに宛てた手紙の中で次のようなことを述べている。

> 我々の言語は穢れなく混じりけなしに、つまり他の言語から借りてきた語を混ぜずに書かれるべきだというのが私の意見です。気を付けないと、借りるばかりで返さず、いずれ英語は破綻せざるを得なくなるでしょう。

その一方で、特に1580年頃を境に、英語は語彙が豊かになったことで、今や表現力のある言語となったと考える人も多くなった。歴史家ウィリアム・カムデン（William Camden, 1551-1623）は1605年に出版された『ブリテンに関する補足』（*Remains Concerning Britain*）の中で以下のように述べている。

> 未知の語に市民権を与えたり、古い語に磨きをかけ使い勝手をよくしたり、人工的に新たな語を作ったりしながら、英語は他のよき言語によって美化・補強されてきた。…我々の言語は今や（そし

> てこれまでもそうであったということは疑いないが）ヨーロッパの他の言語に劣らず、豊かで力強く表現のできる言語である。…我々の英語は（ヘブライ語ほど神聖で、ギリシア語ほど学問的とはいわないが）、ラテン語と同様に流暢で、スペイン語と同様に丁寧で、フランス語と同様に優雅で、イタリア語と同様に色気がある。

カムデンは特にヘンリー8世の時代（1509-47）に語彙借用が盛んに行われたとしているが、これまでに見た語彙借用の推移をまとめたグラフからも分かるように、ヘンリー8世の治世以降さらに語彙借用は活性化している。その結果、以下のグラフに見られるように、現代英語の語彙における借用語の割合は非常に高くなっている。

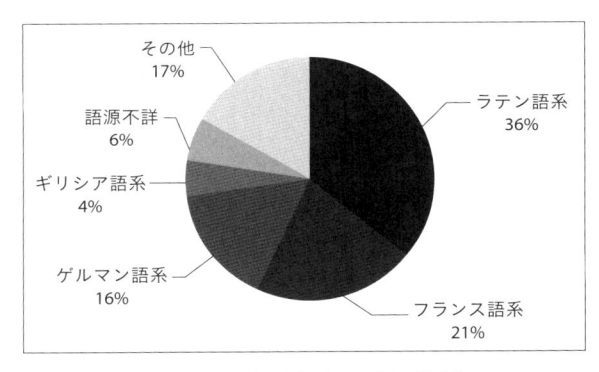

英語の語彙構成（14万語の場合）

- その他 17%
- ラテン語系 36%
- フランス語系 21%
- ゲルマン語系 16%
- ギリシア語系 4%
- 語源不詳 6%

このうち英語本来語は「ゲルマン語系」に含まれる。このカテゴリーには他にもドイツ語、オランダ語、古ノルド語などからの借用語が含まれているので、それを除いて英語本来語だけの割合を計算すると、おそらく10％強になると思われる。ラテン語とフランス語からの借用語だけでも5割以上を占めるのに対し、英語本来語はせいぜい全体の1割強しかないということになる。

3層の同義語

借用語が多く語彙が豊富なため、英語では、以下の表の場合のように、基本的に同じことを、英語本来語、フランス語借用語、ラテン語借用語の3種類の言葉で言い表すことができることがある。

意味	本来語	フランス語借用語	ラテン語借用語
尋ねる	ask	question	interrogate
しっかりした	fast	firm	secure
恐怖	fear	terror	trepidation
火	fire	flame	conflagration
徳	goodness	virtue	probity
巨大な	great	huge	stupendous
秘密の	hidden	secret	clandestine
神聖な	holy	sacred	consecrated
上る	rise	mount	ascend
時代	time	age	epoch
よく見る	watch	observe	scrutinise

日本語の「昼飯」、「昼食」、「ランチ」がそれぞれ違う印象を与えるのと同じように、3層を成すこれらの語もそれぞれ印象が異なる。一般論として、本来語には、「昼飯」のような身近で大衆的な響きがある。それに比べ、フランス語系の語にはより洗練されたあるいは文学的な響きが、ラテン語系の語にはより専門的、学問的な響きがある。そして、ニュアンスの異なる同義語が時と場合に応じて使い分けられている。ただし、早い時期に借用された語を中心に、今となっては本来語と何ら変わりなく感じられる借用語も多くある。例えばwine, cheese, butter（以上、ラテン語借用語）や、air, fruit, oil, war（以上、フランス語借用語）などがそれである。

58ページの英語の語彙構成をまとめたグラフは、約14万語収録の辞書の見出し語を対象にした調査結果であるが、同じ

ような調査を600語で行うと、以下のグラフのように、だいぶ異なる結果が出る。ここから分かるように、本来語は英語語彙の最も基礎的な部分を担っている。したがって、最も使用頻度の高い100語だけに話を限れば9割以上が本来語で、フランス語借用語は数語のみ、ラテン語やギリシア語からの借用語は1語も含まれない。このように、古英語期以来使われ続けてきた英語本来語は、英語語彙の中核となる基礎の部分を支えているのである。

一方、語彙数を増やせば増やすほど（語彙が高度になればなるほど）借用語の比率が増し、本来語の比率は低くなる。つまり、本来語の基礎の上に、計り知れなく分厚い借用語の層が覆いかぶさっているのが、英語語彙だということができる。

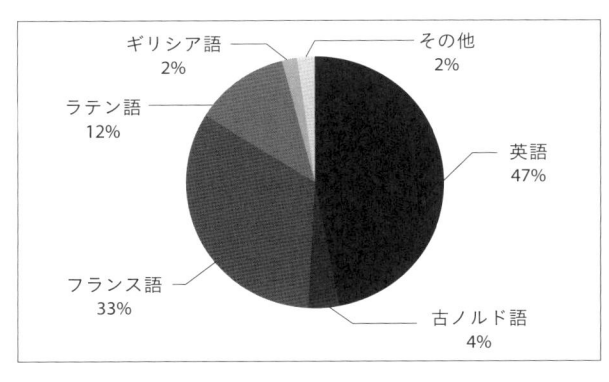

英語の語彙構成（600語の場合）

辞書の発達

ルネサンス期にローマ時代の古典への興味・関心が高まり、ラテン語の書物が読まれるようになると、ラテン語の辞書が編纂されるようになった。1538年にはトマス・エリオット (Thomas Elyot, 1490頃-1546) が、ラテン語の見出しに対し英語で語義を示した最初の本格的な羅英辞書、*The Dictionary* を出版している。なお、この辞書はdictionaryというタイトルの付い

た辞書の元祖である。

この辞書以降、その改訂版やこれをもとにして作られた別の羅英辞書がいくつも出版されている。これらの辞書は本来、ラテン単語の意味を調べるために作られたものであるが、語彙借用が非常に盛んだったこの時代には、逆に借用すべき単語を見つけるためにもよく使われた。その意味で、この種の羅英辞典は当時のラテン語語彙借用を後押ししたといえる。実際、トマス・エリオット自身、55ページの表に見られるように、ルネサンス期の主要作家の中では2番目に多くラテン語の語彙を借用している。

このようにして、ルネサンス期にラテン語の語彙をはじめ、多くの難解な単語（hard wordsあるいはinkhorn terms）が英語で用いられるようになると、そういった言葉の意味を調べるための辞書が作られるようになった。

その元祖といえるのは、1604年に出版されたロバート・コードリー（Robert Cawdrey, 1537頃-1604以降）の *A Table Alphabeticall* である。これは最初の英英辞典として知られるもので、初版には2543語が収録されている。1609年、1613年、1617年には改訂版が出されており、収録語数もそれぞれ3009語、3086語、3264語と徐々に増えていっている。収録語数の増加はこの時代の語彙借用の活発さと連動したものと考えることができるだろう。

ルネサンス綴り字

ルネサンス期にラテン語への意識が高まり、また実際にラテン語（単語）に触れる機会が多くなると、これが英語の綴りに影響を及ぼすようになった。

すでに見たように、英語にはフランス語から借用された語が大量にあるが、その多くは、元をたどるとラテン語に由来する。しかし、フランス語経由で英語に入った語は、もとのラテン語の語形とはかなり異なっていることが少なくない。例え

ば、現代英語のperfectは、中英語期にはparfitなどと綴られていたが、これはもとのラテン語の語形perfectusと比べ、二つの母音字が異なっていたり、tの前のcが抜けていたりする。

ルネサンス期にラテン語への意識が高まると、すでに英語語彙になっていたフランス語借用語の語源に近い形、つまり、ラテン語における形が意識され、これに基づいて綴り字が修正されることがあった。こうして新たに導入された綴り字は、ルネサンス綴り字（Renaissance spelling）あるいは語源的綴り字（etymological spelling）と呼ばれる。

以下はその主な例である。これらの語については、ラテン語に倣った綴りの導入に伴って、語の発音も変わっている。

意味	中英語	ラテン語	現代英語
祭壇	auter	altaria	altar
大鍋	caudroun	caldarium	cauldron
描写する	descryve	describere	describe
困惑した	distrait	distractus	distracted
平等な	egal	aequalis	equal
ハヤブサ	faucon	falcon	falcon
誤り	faut	*fallitus	fault
完全な	parfit	perfectus	perfect
救済	savacioun	salvatio	salvation
兵士	soudiour	solidarius	soldier
臣下	suget	subjectus	subject

＊は推定形

一方、綴りだけが変わり、発音は変わらなかったものもある。

意味	中英語	ラテン語	現代英語
三日月形	cressant	crescentem	crescent
負債	det	debitum	debt
疑う	dute	dubitare	doubt
島	ile	insula	isle

受領	receit	recepta	receipt
聖歌	saume	psalmus	psalm
微妙な	sutil	subtilis	subtle

　receiptの場合と同じく、deceit「偽り」も語源であるラテン語deceptusに倣い、deceiptといった綴りが使われたが、これについては、発音をよりよく反映したもとの綴りdeceitが好まれ、ルネサンス綴り字は定着しなかった。

　同様に、countもラテン語computareに倣い、ルネサンス期にはcomptという綴りがよく使われたが、これもその後countに戻っている。このように、ルネサンス綴り字が定着せず、発音をよりよく反映した綴りが生き残ったケースも少なからずある。

　この当時にはまた、本来ラテン語に由来しない語なのに、ラテン語起源と勘違いされて綴りが変更されることもあった。よく知られた例にislandがある。これは古英語igland（< ig「島」+ land「土地」）に由来し、ラテン語とは関係ない語である。そして、ルネサンス綴り字が導入される以前はilandなどと綴られていた。しかし、意味や形が似ているisle「島」やその語源であるラテン語のinsula「島」と語源的に関連していると勘違いされた結果、-s- が加えられた。

　このような語源的根拠のない綴り字の変更まで行われるほど、当時はラテン語に遡って英語の綴りを「正す」ということがよく行われていたのである。

英語の綴り字の歴史

　現在では（英米の違いなどはあるにせよ）基本的に一つの単語に一つの綴り字というのが当たり前であるが、綴り字が現在のように定まったのは18世紀後半以降のことであり、それまでは一つの単語にいくつものヴァリエーションがあった。

　古英語期には正書法のルールが細かくは定まっておらず、

また、方言ごとの異なる発音を反映し、同じ単語にも様々な綴り方が存在した。10世紀末以降、標準古英語が整備された時代には、綴り字にも一定の規則性が広く見られるようになるが、これもやがてノルマン征服により無に帰してしまった（24-25ページを参照）。

　中英語期も基本的に同じ状況で、正書法は一つに定まっておらず、また、地方ごとの訛りがそのまま綴りにも反映される状態で、綴り字は古英語期以上にヴァリエーション豊かになった。throughのように、一つの単語に500以上のヴァリエーションが記録されていることすらある。

　中世末期以降は、チャンセリーにおける英語の整備や、印刷技術の普及のために、綴り字のヴァリエーションが徐々に少なくなっていったが、それでもなお、依然として一つの単語に複数の綴り方があるのが普通であった。

　ルネサンス期に入っても状況はあまり変わらず、前節で見たようなルネサンス綴り字の導入・普及が可能だったのも、当時はまだ、様々な綴り字が共存しており、語の綴り方が比較的自由だったことと無関係ではないだろう。

　ルネサンス期に活躍したシェイクスピア（William Shakespeare, 1564-1616）は、法的な文書に自筆の署名を6つ残しているが、以下に示したように、これらはいずれも異なる綴りになっている。現在一般に使われるShakespeareという綴りは、シェイクスピアの生きていた時代の文書に最も多く記録されている綴りだが、記録にある限り本人は一度も使っていない。

```
Willm Shakp (1612)
William Shaksper (1613)
Wm Shakspe (1613)
William Shakspere (1616)
Willm Shakspere (1616)
William Shakspeare (1616)
```

　シェイクスピアの死後の1623年に出版された初の全

集「ファースト・フォリオ」の中でも、例えば、briefly には、breefely, briefelie, briefely, briefly、aid には aide, aid, ayde, ayd と、それぞれ4種類の綴りが用いられている。そしてこのような状況は少なくとも18世紀後半まで続いた。

ルネサンス期の英語観の変化と綴り字改革運動

　ルネサンス期は、英語に対する自信が感じられるようになっていった時代であった。特に1580年頃を境に、英語は他の言語に勝るとも劣らない言語であると盛んに論じられるようになる（57-58ページのウィリアム・カムデンの言葉を参照）。

　しかしその一方で、英語に対する悲観論が完全に払拭されたわけではなかった。例えば、57ページで見たジョン・チークのように、借用語が多過ぎることがよく問題とされた。また、英語に文法がないことを問題にする人もいた。

　1595年に出版されたフィリップ・シドニー（Sir Philip Sidney, 1554-86）の『詩の弁護』（*Defence of Poesie*）の一節には、当時の人々の英語に対する見方がよく反映されている。

> I knowe some will say it is a mingled language: And why not, so much the better, talking the best of both the other? Another will say, it <u>wanteth Grammer</u>. Nay truly it hath that praise that it <u>wants</u> not <u>Grammar</u>; for <u>Grammer</u> it might haue, but it needs it not, being so easie in it selfe, and so voyd of those combersome differences of Cases, Genders, Moods, & Tenses, ….
> 英語は様々なものが入り混じった言語だという人もいるだろう。しかしその何が問題なのだろう。他言語の最良の部分も取り込む分だけ、より良いのではないだろうか。英語には文法がないという人もいるだろう。しかし実際には、英語は文法を必要としない言語として賞賛されているのである。英語は非常に簡単で、格、性、法、時制などの厄介な違いがないため、文法を持つことはできるかもしれないが、それを必要とはしないのである…。

　シドニー自身は英語を擁護する立場からこの文章を書い

ているが、当時はまだ英語を様々な要素が入り混じり、文法のない混沌とした言語と見る人も多くいたことが分かる。

当時、英語を欠陥のある言語とみなした人々は、英語の規則性のなさを問題としていた。文法がないというのは、英語そのものに一貫したルールがないことを指摘したものであるし、借用語が多いことを嘆く人々は、語彙の面での一貫性や規則性がないことを問題視していたといえる。例えば、上に引いたシドニーの短い文の中にも、wants/wantethのように、三人称単数現在形の語尾に -sと-(e)thの2種類が入り混じって用いられているし、grammarの綴りも2種類使われている（下線部）。

こうした問題点を払拭するためにまず注目されたのは綴り字であった。英語の綴り字を改革しようとした最初の例は、1568年に出版されたトマス・スミス（Sir Thomas Smith, 1513-77）の『英語綴り字論』（*De Recta et Emendata Linguæ Anglicæ Scriptione, Dialogus*）である。その翌年にはジョン・ハート（John Hart, ?-1574）の『正字法』（*An Orthographie*）が出版され、やはり英語の綴り字を改革する必要性が、具体的な改革案と共に示されている。

スミスもハートも、従来の綴りが発音を正確に反映していないことを問題とし、発音を正確に綴る一字一音主義を主張している。そして、英語に何種類の音があるかを数え、そのそれぞれを表記するために従来のアルファベットに独自の文字や表記法を加えたものを使うことを提唱した。他にも、この時代にはこれと似たことを主張する人が多く現れ、実際に自分の提唱する綴りを用いて本を出版する人も現れた（同じような提案はその後も現在に至るまで時々なされてきている）。

大規模な綴り字の変更を伴う一字一音主義に基づく綴り字改革論に対し、教育者として知られるリチャード・マルカスター（Richard Mulcaster, 1531頃-1611）は、著書 *The First Part of the Elementarie* (1582)の中で、すでに相当程度確立されてきていた伝統的綴り字をそれほど大きく変更せず、不都合なところを修正して使うことを提唱した。フランシス・ベーコン

（Francis Bacon, 1561-1626）も *De Augmentis Scientiarum*（1623）の中で、伝統的綴り字の使用を擁護している。

　結局、マルカスターやベーコンが論じた基本路線に従い、伝統的な綴り字を使うのが主流となっていった。この路線はその後も現在まで受け継がれ、結果として、現在の英語の綴りにも、中英語期の発音が反映されたものが非常に多くある。綴り字改革運動を行った人々の主張は聞き入れられなかったが、この時代にこのような動きが起こったことは非常に興味深い。この運動には、英語という言語を整備する必要があるという当時の人々の意識が強く反映されているからである。

最初の英文法書

　この意識は、文法にも向けられた。トマス・スミスの『英語綴り字論』が出版されてから20年も経たない1586年には、やはり一字一音主義の綴り字導入を主張していたウィリアム・ブロカー（William Bullokar, 16世紀）が『簡約英文法』（*Bref Grammar for English*）という世界初の英文法書を出版した。当時、「文法」といえばラテン語の文法のことであり、上に引用したシドニーの文章にも触れられているように、これ以前の英語には、「文法」がなかったのである。後述するように、現在のような文法が確立するまでにはこの後約200年かかった。

　そして実際、77-78ページのコラムにも示したように、ルネサンス期の英語は今に比べるとだいぶ自由奔放で未整備なところがあった。英語を整備しようという動きは、そのような自由奔放さへの反動と見ることができる。ブロカーが英文法書を書いたのも、英語につきまとう劣等感を払拭し、英語がラテン語と同じように文法の整った一流の言語であることを示すためであった。

　このような目的を反映し、彼の英文法は、実際の英語の分析に基づくというよりは、ラテン語文法のモデルに従ったものであった。したがって、例えば、実際には存在しない to lovedのようなto不定詞の過去形を認めるなど、英語の実態とはかけ離れたところが多く含まれている。1594年にはP. Gr.なる人物（Paul Greavesか？）が『英文法』（*Grammatica Anglicana*）を出版している。これもやはりラテン語文法をモデルにしたものである（彼の文法書はラテン語で書かれている。その後も約90年間、英文法はラテン語で書かれるのが普通だった）。

　これ以降、18世紀後半に現代の英文法につながるような文法が確立されるまでの間、ブロカーとP. Gr.の文法は、英文法の二大源流となり、これらに倣った文法書が200以上も出版されている。

英語アカデミー運動

　1582年に、イタリアではイタリア語の整備を目的としたアカデミア・デラ・クルスカ（Academia della Crusca）が作られた。その約50年後の1634年には、フランスにもアカデミー・フランセーズ（L'Académie française）が作られている。

　特に、辞書や文法書などを作り、フランス語を規則的で純粋で表現力豊かなものとすることを目的としたアカデミー・フランセーズの設立は、イギリスの知識人たちに刺激を与えた。そして実際、17世後半から18世紀初めにかけて、英語の整備のために英語アカデミーを作ることを提案する人が多く出た。

　例えば、桂冠詩人ジョン・ドライデン（John Dryden, 1631-1700）は、1664年にロイヤル・アカデミー内に作られた「英語改善のための委員会」のメンバーとして、アカデミー創設への道を模索したことで知られる。1679年に出版された彼の劇『トロイラスとクレシダ』（*Troilus and Cressida*）に付されたサンダーランド伯ロバートへの献辞の中で、彼は以下のように述べている。

> 我々のものの書き方や話し方がいまだにいかに野蛮なものか、あなた様はご存知でしょう。そして私は自分の英語がどのような状態かをよく認識しています。というのも、自分の書いたものが英語の決まり文句なのか、それとも「英国風」と聞こえのよい名前が付けられた馬鹿げた文法的誤りなのかを考えると、しばしば行き詰まってしまうのです。そして、私の疑問に答えを出すには、自分の書いた英語をラテン語に翻訳し、より安定した言語においてどのような意味になるかを確かめる以外に方法はないのです。

　ドライデンの時代にはすでに様々な文法書も書かれていたが、この時代の英文法はラテン語文法に基づく試行錯誤の段階であった。そのような状況を踏まえ、ドライデンはイタリアやフランスのアカデミーに言及しながら、イギリスにも同様のものを作り、英語を整備する必要があると論じている。

　『ロビンソン・クルーソー』を書いたダニエル・デフォー（Daniel Defoe, 1660頃-1731）も1697年出版の *An Essay upon Projects* の中でアカデミー・フランセーズに言及しながら、英語を改善するためのアカデミーを設立する必要があると論じている。ドライデンと同様、デフォーも、正しい英語かどうかを見極めるためにラテン語など他の言語に翻訳する方法に言及している。事実上文法のなかった当時は、確立された文法のある言語に置き換えて考えるということがよく行われていたことが分かる。

　『ガリバー旅行記』のジョナサン・スウィフト（Jonathan Swift, 1667-1745）もアカデミー設立のために積極的に行動した。彼は、当時の政府要人、オクスフォード伯ロバート・ハーリーに対し、「英語を正し、改善し、確定するための提案」（A Proposal for Correcting, Improving, and Ascertaining the English Tongue）という提案書を送り、アカデミーの創設を実現させようとした。1712年に書かれたこの提案書の中で、スウィフトは以下のように述べている。

> 我々の言語は極めて不完全であります。そして、(英語が)日々改善されていくその速度は、日々腐敗していく速度に全く追いついておりません。英語に磨きをかけ洗練させているかのようにふるまっている人々が主にしていることは、言葉の乱用や愚かな言葉遣いです。そして、多くの場合、英語はあらゆる文法規則に抵触するのです。

しかし運動の甲斐なく、結局、イギリスにアカデミーはできなかった。スウィフトが提案書を送ったハーリーは、その2年後の1714年に失脚してしまった。同年には、亡くなったアン女王の後を受けてジョージ1世が王位に就いたが、ハノーバー朝の開祖である彼はドイツ人で、英語を話せず、そのため、英語アカデミーにも興味を示さなかったのである。

ジョンソン博士の功績

英語アカデミー設立の計画は頓挫し、その後も英語の整備は進まなかった。18世紀の半ば過ぎ、1754年にチェスターフィールド伯フィリップ・スタンホープが書いた手紙の中には、「我々の言語は現在、無秩序状態の中にあると認めなければならない」と書かれている。しかし、この手紙が書かれた翌年には、英語に一定の秩序を与える力を持った辞書が出版された。サミュエル・ジョンソン (Samuel Johnson, 1709-84) が編纂した『英語辞典』(*A Dictionary of the English Language*, 1755) である。

ジョンソンの辞書が出版される以前にも、すでに紹介したロバート・コードリーが1604年に出版した最初の難語リストの後、特に18世紀に入ってからジョン・カージー (John Kersey) やネイサン・ベイリー (Nathan Bailey) といった辞書編纂者が活躍し、いくつもの英語辞書が出版されていた。しかし、チェスターフィールド伯はこれらの辞書を「あらゆる単語を、よい語もそうでない語も区別なくごちゃ混ぜに混ぜた単語帳」であるとし、無秩序な英語に秩序を与えるような性格のもので

はないと批判している。

　一方、ジョンソンは、『英語辞典』の序文の中で、辞書編纂に向けての作業を始めた当初、英語は「豊かだが秩序がなく、力強いが規則がない」言語で、「解消すべき混乱や、正されるべき混同がある」と気づいたと述べている。英語のこのような状況を意識して辞書編纂に向かったジョンソンが目指したのは、英語語彙を洗練させ、標準的な英語で用いるべき語彙を整備することであった（しかし、8年間の編纂作業の間に、その目標はあまりにも大それたものであったと考えを改めたようで、辞書の序文にもその旨が記されている）。

　ジョンソンの辞書は、各語が詳しく定義されていることに加え、従来の辞書にはなかった、語の用例を示す例文が豊富に盛り込まれており、現代の辞書に通じる最初の本格的な英語辞書として知られている。ただし、語の発音については、現代の辞書のように示されておらず、アクセントの位置だけが示されている。

　この辞書はよく売れ、イギリス英語の語の用法を調べるのに最も信頼の置ける辞書と認識されるようになっていった。そのため、彼の名は死後なお「辞書のジョンソン」（Dictionary Johnson）として人々の間に記憶された。そして、この辞書の権威ある地位は、約100年後に編纂の始まる『オクスフォード英語辞典』（*Oxford English Dictionary*）が出版されるまで存続したといわれている。ジョンソンの辞書は、イギリス英語の語彙やその用法に一定の秩序を与えるのに役立ったということができるだろう。

　これに加え、ジョンソンの辞書は、英語の綴りを定めるのにも大きな役割を果たした。多くの人が権威ある辞書に採用された綴りを正しい綴りと認識し、踏襲するようになったのである。ジョンソンは、綴り字改革の時代に考案されたような一字一音主義には従わず、伝統的に使われてきた綴り字を尊重した。この辞書の影響で、伝統的な綴り字がますます定着し、また複数あった綴りのヴァリエーションが徐々に統一されていく

ことになった(ただし、その後ジョンソンが採用したのとは異なる綴りが一般的になった語もある。これについては161ページを参照)。

最初の規範文法

　16世紀末にウィリアム・ブロカーが最初の英文法書を出版して以来、ラテン語文法の伝統に従いながら英文法研究が行われ、文法書が多く書かれた。しかし18世紀中頃になってもなお、英語は規則がなく無秩序な言語だと捉えられていた。言い換えれば、150年以上にわたる文法研究にもかかわらず、依然として英語には「文法がない」状態が続いていた。文法がないと感じていた人々が求めていたのは言語の分析結果ではなく、正しい英語を使うための規範であった。

　当時の人々が求めていた英語の規範を満足な形で最初に示したのは、オクスフォード大学の詩学教授ロバート・ラウス(Robert Lowth, 1710-87)であった。ラウスは1762年に、英語の規範文法の元祖と呼べる『簡約英文法入門』(A Short Introduction to English Grammar)を出版している。ラウスの斬新だったところは、例文を挙げながら規則を示すと同時に、規則に従っていない文の実例を示して何が正しくて何が正しくないかをはっきりさせているところである。例えば、以下は形容詞の比較級・最上級と関連する解説の一部である。

> 二重の比較級・最上級は不適切である。
> "The Duke of Milan,
> And his more braver Daughter could control thee."
> シェイクスピア『あらし』
> "After the most straitest sect of our religion I have lived a Pharisee."
> 「使徒行伝」26.5

　一つ目の例文はシェイクスピア、二つ目の例文は権威ある欽定訳聖書からのものであるが、このようにシェイクスピアであろうと欽定訳聖書であろうと、文法規則に従わない文があ

れば、誤った文の見本とされたのである。

　ラウスは、例えば、否定文で否定語を重ねて使う二重否定（多重否定）や、前置詞の目的語を前置詞の直後以外に置くような言葉遣いを誤りとした。その結果、中世以来の伝統があり、現在でも口語では広く使われている二重否定については、文法的に誤りであると認識されるようになっている。前置詞の問題については、現在では文法的に誤りとまでは考えられなくなっている。しかしそれでも、前置詞で文を終わらせるのは望ましくないということを前置詞で終わる文でユーモラスに注意する A preposition is not a good word to end a sentence with. という言葉がよく知られており、その意味では、ラウスの影響が現在まで続いているといえる。

　ラウスの文法は、語彙や綴りに関してジョンソンの辞書が持ったのと同じような権威を持つようになった。その結果、『簡約英文法入門』は1800年までに45回も版を重ねるほど広く読まれ、規範文法の普及に大きな影響を及ぼした。

規範文法の大成

　18世紀末には、ラウスの文法をはるかに凌ぐ影響力を持った英文法が書かれた。これは1795年に出版された、リンドリー・マリー（Lindley Murray, 1745-1826）の『英文法』（*English Grammar*）である。マリーの英文法の影響はイギリス国内のみならず、アメリカをはじめ世界中に行き渡ったといっても過言でなく、そのため、マリーは「英文法の父」と呼ばれている。

　ニューヨークで弁護士をしていたマリーは、健康上の理由から、40歳で法律家を引退し、イングランドのヨークの近くに移り住んだ。そして、近所の女学校からの依頼を受け、断り切れずに書いたのが『英文法』であった。マリーはラウスの基本路線を踏襲し、正しい英語の規範を示すと同時に、間違った文の例を豊富に盛り込むことで、何が正しくて何が間違いであるかということを示している。

当初、学生向けの英文法として書かれたこともあり、マリーはラウスよりも親切で、間違った用例を示すだけでなく、多くの場合、どのように直せば正しい言葉遣いとなるかも示されている。

　マリーの『英文法』は（その後書かれた様々な「姉妹本」とともに）非常によく売れ、出版から1850年までの約半世紀の間に200回も版を重ね、イギリス、アメリカ、およびその他の国々で2000万部以上を売り上げたという。また、様々な外国語にも翻訳されており、英語圏以外にも影響を及ぼした。19世紀前半には、マリーといえば誰しもが英文法のことを思い浮かべるほどだったそうで、1840-41年出版のチャールズ・ディケンズの小説『骨董屋』(*The Old Curiosity Shop*)でも彼とその文法書のことが言及されている。

　このようにして、マリーの『英文法』が学校で教えられたり、多くの人に読まれたりしたことにより、これが「英文法」となったといえる。現在学校などで教えられる英文法も、言語の変化により古くなった部分を除けば基本的にはマリーの『英文法』で示された規則に従ったものである。その意味で、マリーはラウスに多くを負いながら英語の規範文法（あるいは学校文法）を大成させた人物であるということができる（なお、英文法の発達の歴史については、渡部(1965, 2003)に詳しい）。

　マリーの『英文法』の影響力を示す一つのエピソードとして、日本初の英文法書のことを紹介しておこう。日本で最初の英文法書として知られているのは、1841年に出版された渋川六蔵の『英文鑑』である。これはマリーの『英文法』第26版のオランダ語訳をもとにしたものといわれている。

　当時日本は鎖国中だったため、長崎の出島を通じてオランダからオランダ語版が入ってきたのであろう。いずれにしろ日本にも伝わってくるほど、当時、マリーの英文法は広く読まれていたのである。

　この他、開国後まもなく、『英文法』をより簡潔にまとめた『簡約版マリー英文法』(*An Abridgement of Murray's English*

Grammar)も日本に伝わり、1866年頃にはその日本語版『英吉利小文典』が出されている。日本においても、英文法はマリーから始まったのである。

基本五文型の起源

英文法というと、文をSV, SVC, SVO, SVOO, SVOCという五つの型に分類して理解しようとする基本五文型のことを思い浮かべる人も少なくないと思われる。一方で、日本以外では英語を教える時に五文型を用いることはほとんどないともよく指摘されている。規範文法の発達について見たついでに、基本五文型という考え方の起源と、日本における普及についても簡単に見ておこう。

ラウスやマリーの英文法の中には基本五文型という考え方は含まれていない。五文型が最初に登場するのは、マリーの文法が書かれてから約100年後の1889年に出版されたクーパーとゾンネンシャインによる『学校英文法』(An English Grammar for Schools)の第2部である。

著者の一人ゾンネンシャイン(E. A. Sonnenschein, 1851-1929)は、バーミンガムの大学でギリシア・ラテン語を教えており、様々な言語の文法教育を簡潔かつ統一の取れたものとすることを目的に文法協会(Grammatical Society)を設立した人物である。文法協会設立からまもなく、その理念に従い、様々な言語の文法を同じ用語や分析法を用いて解説した「並行文法シリーズ」(Parallel Grammar Series)という一連の文法書が出版されるようになり、『学校英文法』もこのシリーズの一冊として出版された。

しかし、『学校英文法』は同シリーズに含まれる他言語の巻と比較すると非常に簡素で、序論的な内容のみが取り出されたようなものだった。そのため、このシリーズに含まれる他の言語の文法と同規模の英文法が後に出版されることとなった。1904年に出版された、アニアンズ(C. T. Onions, 1873-1965)

の『上級英語統語論』(*An Advanced English Syntax*)がそれである。

　『オクスフォード英語辞典』の編纂者の一人として知られるアニアンズは、今となってはゾンネンシャインよりもはるかに有名だが、彼はゾンネンシャインの教え子であった。その関係から、アニアンズは「並行文法シリーズ」の仕事を任され、『学校英文法』に倣い、『上級英語統語論』の中で基本五文型を扱ったのである。

　このようにして世に知られるようになった基本五文型を、日本で最初に取り上げたのは細江逸記であるといわれている。1917年に出版された『英文法汎論』の本論の冒頭近くに「文成立の基本形式」という章があり、この中で基本五文型が解説されている。日本の英語教育における五文型の使用はここから始まったといえるだろう（なお、基本五文型の起源については宮脇（2011）に詳しくまとめられている）。

COLUMN

ルネサンス期の英語を象徴する
シェイクスピアの英語

　ルネサンス期を代表するシェイクスピアの英語には、当時の英語の特徴がよく反映されている。綴りの問題についてはすでに触れたので（61-65ページ）、ここでは文法や語彙と関連する問題について、簡単に見ておこう。

　当時、英語には規則性が欠如しているということが問題となったが、それは例えば次のような形でシェイクスピアの英語にも見られる。

　①主語と動詞の数の不一致

　複数形の主語に対し、単数形の動詞が用いられることがある。

　Three parts of him <u>is</u> ours already (『ジュリアス・シーザー』1幕3場154-5行)

　My old bones <u>akes</u>. (『あらし』3幕3場2行)

　②不規則な人称代名詞の用法

　主格の代名詞が目的格の意味で用いられることがある。

　Yes, you may have seen Cassio and <u>she</u> together. (『オセロー』4幕2場3行)

　Pray you, <u>who</u> does the wolf love? (『コリオレイナス』2幕1場8行)

　③比較級や最上級の二重使用

　通常の比較級・最上級以外に、-er/-est と more/most とが併用されることがある。

　And his <u>more braver</u> daughter could control thee. (『あらし』1幕2場439行)

　With the <u>most boldest</u> and best hearts of Rome. (『ジュリアス・シーザー』2幕1場121行)

　④不規則なitの所有格形

　itの所有格として、its以外にもhisやitが使われることがある。

　Since nature cannot choose <u>his</u> origin. (『ハムレット』1幕4場26行)

　It hath <u>it</u> original from much grief. (『ヘンリー4世』2巻、1幕2場131行)

⑤複数形としての代名詞other

代名詞otherは単数形としてだけでなく(複数語尾なしで)複数形としても使われる。この用法は65ページの引用文中にも見られる。

And therefore is the glorious planet Sol in noble eminence enthron'd and spher'd amidst the <u>other</u>. (『トロイラスとクレシダ』1幕3場91行)

⑥自由な品詞転換

名詞を動詞として用いるなど、品詞の転換が自由に行われることがある。以下の例文ではgrace「閣下」やuncle「伯父」がそれぞれ「閣下・伯父と呼ぶ」という動詞として用いられている。同様にclimate「気候」も「(特定の気候の土地に)住む」という意味で用いられている。

Grace me no grace, nor <u>uncle</u> me no uncle. (『リチャード2世』2幕3場87行)

Purge all infection from our air whilst you do <u>climate</u> here! (『冬物語』5幕1場169-70行)

⑦新造語の使用

それまでになかった新しい語が作られ、これが使用されることがある。以下の例には残虐な王として知られるヘロデ王の名前を利用した新造語が用いられている。

it <u>out-Herods Herod</u>: pray you, avoid it. (『ハムレット』3幕2場15-6行)

これらのうち、特に①~⑤については、当時の英語がまだ細部までは整備が行き届いていなかったことを示す例だといえる。同じ単語に複数の綴りのヴァリエーションがあったというのもこれと通じる特徴である。また、⑥や⑦については、当時の英語にはかなり自由なところがあったことを示す例である。当時、語彙借用が非常に盛んだったのも、このような自由な言語感覚と密接に関係していたものと考えられる。

COLUMN
英語に入った日本語

　外国語から多くの語彙を借用している英語には、日本語の単語も多く入っている。意外なことに、*OED Online*のデータによると、日本語は、ラテン語、フランス語、ギリシア語、ドイツ語、イタリア語、スペイン語、オランダ語、古ノルド語に次いで多い、501語を英語に提供している。世界の言語の中で9番目に多いということである。

　最も早い時期の借用語はKuge「公家」で1577年に初出例がある。最も新しいのはSudoku「数独」で2000年が初出とされる。英語に入った日本語は、tatami (1614)「畳」、tabi (1616)「足袋」、soy (1696)「醤油」、matsuri (1727)「祭」、hiragana (1822)「平仮名」、netsuke (1876)「根付」など、日本の文化に関するものが多い（括弧内は初出年）。

　以下のグラフは、日本語の語彙がいつ頃どのぐらい英語に入ったかをまとめたものである。鉄砲やキリスト教が伝わり、ヨーロッパと多少のつながりが生まれた16世紀中頃以降、少しずつ語彙借用が行われるようになっている。そして、19世紀半ばの開国前後の時代には、語彙借用が急激に増えている。

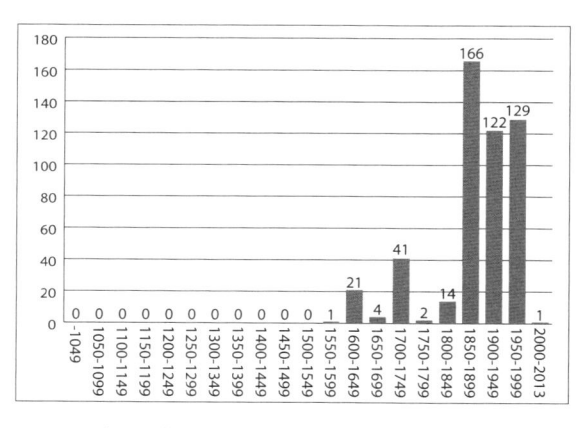

期間	語数
-1049	0
1050-1099	0
1100-1149	0
1150-1199	0
1200-1249	0
1250-1299	0
1300-1349	0
1350-1399	0
1400-1449	0
1450-1499	0
1500-1549	0
1550-1599	1
1600-1649	21
1650-1699	4
1700-1749	41
1750-1799	2
1800-1849	14
1850-1899	166
1900-1949	122
1950-1999	129
2000-2013	1

日本語語彙借用の推移（*OED Online*に基づく）

第 2 章

イギリス諸島における英語の広がり

イングランドの標準語と方言

　第1章では、イングランドにおける英語の歴史や変遷を見たが、本章ではイングランドからスコットランド、アイルランド、ウェールズなど、イギリス諸島（British Isles）の他の地域に、英語がいつ頃どのようにして伝わり普及していったのかを見ていこう。

　イギリス各地の英語の差異について見ていくに当たり、まずイングランドの方言について、基礎的なことを少し述べたい。

地域方言と社会方言

　日本で方言というと、関西弁や東北弁など、地域ごとの言葉の違いのことを思い浮かべることが多いと思う。これは地域方言（regional dialect）と呼ばれる種類の方言である。イギリスやアメリカの英語にも地域ごとに異なる方言が存在する。

　一方、日本ではその存在が意識されることは少ないように思われるが、地域方言の他に、属する社会階層の違いに由来する方言が存在する。これは社会方言（sociolect）と呼ばれる。

　社会方言は、裕福で高い教育を受けることのできる高い社会階層に属する人々の上層方言（acrolect）、労働者階級を中心とする、低い社会階層に属する人々の下層方言（basilect）、そしてこれらの間に位置する人々の使う中層方言（mesolect）に大別される。階級社会の伝統を引きずるイギリスのような国では特に、地域方言と並んで社会方言も非常に存在感がある。

　以下の図は、地域方言と社会方言との関係性を示したもので、この種の問題を説明する際にしばしば使われる。

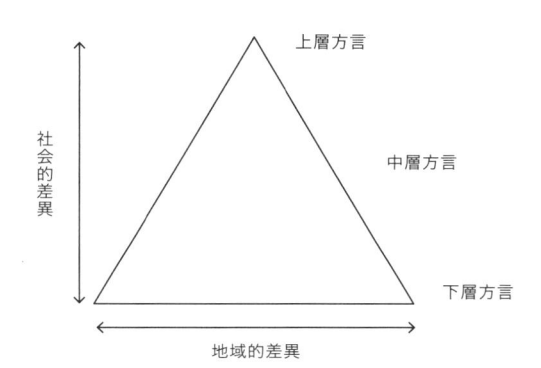

```
            上層方言
           /\
          /  \
社会的差異 /    \ 中層方言
        /      \
       /_____\ 下層方言
         地域的差異
```

　この図に示されているように、一般論として、上層方言に近づけば近づくほど地域的要因に由来する方言差は少なくなる。逆に、下層方言に近づけば近づくほど、地域的な方言差は大きくなる。

イングランド標準発音整備への努力

　英語の整備の努力が進められていた18世紀の中頃以降、イングランドでは標準的な発音に対する意識が高まり、発音に関する講習が行われたり、手引書や辞書が作られたりと、標準的な発音を確立し、これを普及させるための努力がなされるようになった。

　例えば、1762年にトマス・シェリダン（Thomas Sheridan, 1719-88）が *A Course of Lectures in Elocution* という発音に関する手引書を出版している。彼はまた、1780年に *A General Dictionary of the English Language* という辞書を出版しているが、序文の中で辞書編纂の主な目的を、英語の標準的な発音を定めることとしている。

　1791年にはジョン・ウォーカー（John Walker, 1732-1807）が *A Critical Pronouncing Dictionary* を出版し、独特の発音表記法を用いて各語の正しい発音を正確に表記しようとしている。この辞書は非常によく売れ、40回近く版を重ねている。そのた

め、最初の本格的な英語辞書を作ったサミュエル・ジョンソンが「辞書のジョンソン」として知られていたのと同じように、ウォーカーは「発音のウォーカー」として知られるようになり、半世紀以上後のチャールズ・ディケンズの小説にも名前が登場するほどであった。

　標準的な発音を定めようとする努力は、正しい発音、正しくない発音の区別を付けることと表裏一体の関係にあり、この時代には、次節以降で見るように、何が正しく何が誤りであるかが盛んに論じられるようになった。

語頭のhは発音すべし：H Dropping

　当時、正しくない発音として問題にされたものの一つに語頭のhの発音がある。hall, hate, heat, hitに含まれるような語頭のhは、「hの脱落」（H Dropping）という現象のため、発音されないことがよくあった。そして、当時の議論においてはしばしば、この種のhは発音するのが正しく、これを落とすのは誤りであるとされた。その伝統を引き、現在でも「hの脱落」は教養のない、あるいは低い社会階層に属する人の発音の典型として、極めて否定的な印象で捉えられている。

　有名なミュージカル『マイ・フェア・レディ』の中でも、ロンドンの労働者階級の言葉であるコクニー（91ページ）を話す少女イライザに、言語学を専門とするヒギンズ教授が標準的な発音を教え込もうとする際に、「hの脱落」が問題となる。ヒギンズ教授はhから始まる語が連続で出る例文を示し、イライザにこれを読むように言うが、イライザは語頭のhをことごとく落としてこれを発音する。

> ヒギンズ教授の例文：
> In Hertford, Hereford and Hampshire, hurricanes hardly ever happen.
> イライザの発音：
> In Ertford, Ereford and Ampshire, urricanes ardly hever appen.

イライザが唯一hを付けて発音した語は、本来はhから始まらないeverで、それ以外は全てhを落として発音している。これはもちろん話を面白おかしくするための演出だが、everをheverと発音したイライザの場合のように、語頭のhを落としてはいけないという意識が強過ぎるあまり、本来はh音がないところにまでこれを入れてしまうという現象は実際によく見られるものである。このような現象を過剰訂正（hypercorrection）という。

　「hの脱落」と関連する実際によく見られる過剰訂正の例としては、almond「アーモンド」をhalmondと発音する例が挙げられる。あるいは、語頭のhを発音しないフランス語を母語とする人々は、hour, honor, heir等、発音しない語頭のhをも発音してしまう場合があるが、これも似たような感覚に基づく過剰訂正と捉えられるだろう。

　いずれにしろ、語頭のhを落とした発音は、18世紀後半以降好ましからざる発音の典型と見られている。

wh- は /hw/ と発音すべし

　当時の議論ではまた、whale, what, whether, which, whiteなどに含まれるwh- は /w/ではなく、/hw/と発音すべきであるとされた。例えば、whatやwhiteは古英語ではそれぞれhwæt, hwitと綴られたことからも分かるように、この種のwh- はもともと /hw/と発音されていた。中英語期以降、これと並行して/h/の落ちた /w/音での発音も広まったようであるが、18世紀後半に標準的な発音を整備しようとした人々は、より伝統的な/hw/音での発音を正しい発音とみなした。上述のウォーカーの辞書でもwh-の発音は常にhwと記載されている。

　しかし、この音に関しては、19世紀初めには /w/音がかなり一般的となったようで、その結果、現在の容認発音（86-88ページ）話者のほとんどはこれを /w/音で発音するようになっている。しかしその一方で、容認発音話者の中には、/hw/のほ

うが正しく、慎重で、美しい発音だと感じ（あるいはそう教えられ）、意識的に /hw/ 音を使う人もいる。その意識が強いあまり、warehouse のように本来 /hw/ 音で始まらない語にまで /hw/ 音を使ってしまう過剰訂正も時々見られる。

なお、この種の wh- は、スコットランドやアイルランドの英語においては、現在でも伝統的な /hw/ 音やそれと似た音で発音されるのが一般的である。アメリカでは /hw/ と /w/ の両方が聞かれるが、/hw/ 音での発音をより模範的と感じる人が多い。

/ʊ/ と /ʌ/ は区別すべし：FOOT-STRUT Split

例えば、put と cut に含まれる母音は、古英語・中英語の時代まで遡るといずれも /u/ 音であった。綴りが同じ u なのもその伝統に基づく。しかし、この種の /u/ は、イングランド南部では 17-18 世紀に起きた音変化により、/ʊ/ と発音するものと /ʌ/ と発音するものとに分かれた（これは FOOT-STRUT Split と呼ばれる）。

この音変化はイングランド南部で起こったもので、イングランド北部やアイルランドの一部の方言は、この音変化の影響を受けずに現在に至っている。そのため、現在でもイングランド北部や一部のアイルランドの訛りでは、full, pull に含まれる u も、bus, but, lunch, up などに含まれる u も、いずれも /ʊ/ と発音される。

標準発音をめぐる 18 世紀後半の議論においては、ロンドンを含むイングランド中部から南部の発音に従い、put と cut の母音はそれぞれ /ʊ/, /ʌ/ としっかり区別するのが正しい発音とされた。そして、これが現在の容認発音にも受け継がれている。

容認発音の発達とその後

このように、標準的な発音を整備しようという動きが進むと、ロンドンの教養層の使う発音をベースにしたものが標準

的で模範的だと捉えられるようになっていった。そして、この発音を身に付けるための手引書が出版されたり、発音訓練のための講習が各地で行われたりと、「適切な話し方をする」ことが奨励された。

このようにして、イングランドにおける標準的な発音が広く知られるようになり、これが教養層を中心に各地に広まっていく。次節で見るように、イングランドにおける英語の上層方言の発音（標準的な発音）は容認発音（Received Pronunciation, RP）と呼ばれる。この容認発音という言葉を、地域にかかわらずイングランドで広く使われる発音という意味ではじめて使ったのは、数学者で文献学者のアレグザンダー・エリス（Alexander Ellis, 1814-90）で、1869年のことであった。こうして、標準的な発音の整備は19世紀末までには実を結び、現在の容認発音につながる標準的な発音が発達・普及することとなった。

その後、20世紀に入りイギリスでラジオやテレビの放送が始まると、当初、放送はみな容認発音で行われ、おかげでますますこれが世の中に知られるようになった。放送の初期には、容認発音に従い損ねたアナウンサーが、それを理由にクビにされたこともあったそうで、極めて厳密に容認発音に従うことが求められたようである。容認発音がBBC英語と呼ばれることがあるのも、このような伝統の名残であろう。

しかし、特に20世紀中頃以降、商業放送が始まると、テレビやラジオで容認発音以外の訛りが使われることも徐々に増えていった。

イングランドにおける容認発音

イングランドにおける上層方言の発音、容認発音話者の数は非常に限られており、1974年の段階で、イングランドの全人口の3％程度という試算があるほどである。

しかしその一方で、現在でもイギリスで出版される英語辞書には、通常、容認発音に基づく発音が記載されている。ま

た、容認発音を使う人は、「訛りのない」人と捉えられている。その意味で、話者は少ないものの、容認発音は今でもイギリス英語の標準形あるいは代表とみなされているということができるだろう。

とはいえ、容認発音も時代とともに変化してきており、細かく見れば一枚岩ではない。現在最も一般的だと捉えられている容認発音は特に一般容認発音（General RP）と呼ばれることがある。これに対し、より伝統的、上品で格式高い印象を与える「上品な容認発音」（Refined RP）や、基本的には容認発音だがそれとは異なる特徴が混ざりこんだ、容認発音に近い発音（Near-RP）など、より細かく分類されることもある。

これらのうち、上品な容認発音は話者が減ってきているのに対し、容認発音に近い発音をする人は増えている。以下では、容認発音といった場合、断りのない限り一般容認発音を表すものとする。

容認発音の特徴1：non-rhotic accent

容認発音の目立った特徴としてまず挙げられるのは、これがnon-rhotic accentであるという点である。beerやbeardに含まれる語末あるいは子音の前のrは、元来そこにr音があったことを示すが、イギリス英語では「rの脱落」（R Dropping）という音変化のため、この種のr音は発音されなくなった。この音変化は18世紀末頃までにはほぼ完了していたようで、1791年に出版されたウォーカーの辞書の序文でも、この種のrは曖昧母音的な音で発音され、通常のrの発音ではないということが明記されている。

non-rhotic accentであるイングランドの容認発音では、例えば、beerは /bɪə/, beardは /bɪəd/ と発音されるのに対し、「rの脱落」の影響を受けなかったアメリカ英語では現在までrの発音が留められており、beer, beardはそれぞれ /bɪər/, /bɪərd/ と発音される。

ビートルズの 'Get Back' という曲の出だしの部分では、lonerとArizonaとが韻を踏んでいる。これらの語は、non-rhotic accentでは共に /oʊnə/ で終わり韻を踏むことができる。一方、アメリカ英語をはじめ、この種のrを発音する英語においては、前者は /loʊnər/, 後者は /ærɪzoʊnə/ などと発音され、韻を踏むことができない。リバプール出身のビートルズのメンバーの英語はnon-rhotic accentであり、それが韻の踏み方にも表れているのである。

　容認発音のように、この種のrを発音しないタイプの発音様式がnon-rhotic accentと呼ばれる一方、一般アメリカ英語やスコットランド、アイルランドの英語のように、このrを発音する訛りは rhotic accent と呼ばれる（「rを発音する」の意のrhoticという語は、ギリシア語でr音を表す文字の名、rhoに由来する）。

　このnon-rhoticやrhotic という指標は、いろいろな国や地域の英語の発音様式を分類する際の一つのチェックポイントとなるもので、本書でもこれ以降、この点に言及したところが多くある。

　子音の発音に関する限り、この種のr以外については、容認発音は最も一般的なアメリカ英語とされる一般アメリカ英語 (General American, GA) と一致しており、特異な発音は見られないため、それらについてはここでは詳しく扱わない（アメリカ英語との発音の違いについては次節も参照）。

容認発音の特徴2：母音体系

　容認発音は母音の発音にも注目すべき特徴がある。ここでは、一般アメリカ英語と比較してその特徴を見ておくことにする（一般アメリカ英語については167ページを参照）。

　以下の表は容認発音と一般アメリカ英語における母音の発音を示したものである。キーワードとして示されている語は、様々な英語における母音の発音を問題とする際によくサンプルとして使われる語である。

Keyword	RP	GA	Keyword	RP	GA
KIT	ɪ	ɪ	GOOSE	uː	u
DRESS	e	ɛ	PRICE	aɪ	aɪ
TRAP	æ	æ	CHOICE	ɔɪ	ɔɪ
LOT	ɒ	ɑ	MOUTH	aʊ	aʊ
STRUT	ʌ	ʌ	NEAR	ɪə	ɪr
FOOT	ʊ	ʊ	SQUARE	ɛə	ɛr
BATH	ɑː	æ	START	ɑː	ɑr
CLOTH	ɒ	ɔ	NORTH	ɔː	ɔr
NURSE	ɜː	ɝ	FORCE	ɔː	or
FLEECE	iː	i	CURE	ʊə	ʊr
FACE	eɪ	eɪ	happY	ɪ	ɪ
PALM	ɑː	ɑ	lettER	ə	ɚ
THOUGHT	ɔː	ɔ	commA	ə	ə
GOAT	əʊ	oʊ			

　容認発音における母音の発音で特に目立った特徴として知られているのは、BATHに含まれるような母音の /ɑː/ という発音である。同じ母音を一般アメリカ英語では /æ/ と発音することから、例えばcastleは容認発音では「カースル」、一般アメリカ英語では「キャッスル」のように発音される。また、イングランド北部では、この母音は/a/と発音される傾向にあり、一般アメリカ英語の発音により近く聞こえる。同じ母音は、例えば、dance, ask, last, sample, staffなどにも含まれる。

　GOATの母音の発音 /əʊ/ も容認発音は他の多くの変種と異なり特徴的である。この母音は、go, home, know, no, so, soapなどにも含まれ、一般アメリカ英語では/oʊ/と発音される。その他の変種においても一般アメリカ英語と同じか、/o/や/oː/と発音される場合が多く、容認発音はかなり特殊であるといえる。

　NEAR, SQUARE, START, NORTH, FORCE, CUREについては、前節で見た rhotic/non-rhotic の違いにより、一般アメリカ英語ではrが発音されるのに対し、容認発音ではこれが発音

されない。START, NORTH, FORCEは、容認発音ではr音が落ちた代わりに母音が長音化している。また、NEAR, SQUARE, CUREはr音が落ちた代わりに/ə/音が発達している。

ロンドンの下層方言コクニー（Cockney）

　すでに見たように、容認発音は、ロンドンの教養層の間で使われる英語を基礎として発達したものである。一方、ロンドンにおいて、上層方言の容認発音と対極に位置するのは、下層方言のコクニー（Cockney）である。

　Cockneyという言葉は、語源的には「雄鶏の卵」を意味し、古くは「甘えん坊、なよなよした男」を意味した。これが「（厳しい田舎の生活を知らない）都会っ子」の意味で用いられるようになり、17世紀以降はそこからさらに意味が特化し、ロンドンのシティ（the City of London）、さらに厳密には、メアリ・ル・ボー教会（St Mary-le-Bow）の鐘の音が聞こえる範囲で生まれ育った人を指して言う言葉となった。19世紀末頃からは、この地域、あるいはより広くロンドンの労働者階級の使う英語のことを指す語となり現在に至っている。

　「発音のウォーカー」として知られるジョン・ウォーカーは、18世紀末当時の教養ある人々にとって、コクニーは卑俗で耳障りな発音だとし、コクニーに見られる発音上の「4つの誤り」について解説している。

　その当時の発音はさておき、現在のコクニーには、容認発音と比較した場合、大きく異なる特徴が非常に多くある。そのため、特に英語を母語としない人々にとっては、コクニーは聞き取るのが困難なことが多い。そして、ウォーカーの時代と同様、現在でもコクニーは下層方言として、しばしば労働者階級の好ましからざる発音と捉えられる。現代のコクニーの主だった特徴について、以下で簡単に見ておくことにする。

発音上の特徴1：H Dropping

　イングランドの様々な方言において、he, hit, happen等に含まれるような語頭のh音を落とす「hの脱落」(H Dropping) が見られるが、これはコクニーにも見られる。これはウォーカーが挙げているコクニーの4つの誤りのうちの一つであり、18世紀末のコクニーにもすでに同じ特徴があったようである。上述のように、ミュージカル『マイ・フェア・レディ』の中でも、「hの脱落」がコクニーの発音の目立った特徴の一つとして扱われている（84ページを参照）。

発音上の特徴2：声門閉鎖音の多用

　もう一つの顕著な特徴として、声門閉鎖音 (glottal stop) の多用が挙げられる。これは（小さい「っ」で表される）日本語の促音を発音する際にも発せられる音で、閉じられた声門が開いて空気が流れ出す際に起きる破裂音である。[ʔ]という発音記号で表され、標準的な英語では、例えば、失敗した時などに使うUh-oh [ʌʔəʊ]「あ〜あ」の二つの母音の間にこの音が現れる。

　この場合のように、時としてこの音が発話中に現れることはあるものの、標準的な英語では声門閉鎖音が音素として使われることはない。一方、コクニーにおいては、標準的な英語における/t/音が、有声音に挟まれたり語末に来たりする場合、しばしば声門閉鎖音として発音される。例えば、bottleは[bɒʔl]と発音される（以下で見るように、コクニーでは/l/音が母音[o, u]に近い音で発音されるため、これは「ボッオ」のように聞こえる）。

　ウォーカーの言うコクニーの4つの誤りには、声門閉鎖音は含まれておらず、また、18世紀末以降に根付いたオーストラリアやニュージーランドの英語にもこの種の声門閉鎖音は見られないため、コクニーにおいてこのような発音が発達したのは19世紀以降のことであろうと考えられている。

　なお、前節で見た「hの脱落」と同様、声門閉鎖音の多用は、イギリスの下層方言に広く共通して見られる特徴であり、コクニーだけに限られるものではない。

発音上の特徴3：Th Fronting

　thの綴りで表される /θ/ や /ð/ 音はやや特殊な音で、この音を音素として持つ言語はそれほど多くはないといわれている。これらの音は他の音よりも発音が難しく、ネイティヴスピーカーでも子供のうちはこの発音が正しくできないこともよくあるという。そして、子供たちはしばしばこれらをそれぞれ、より発音しやすい /f/, /v/ 音で発音する（同様のことは、英語を母国語としない人々の間にも時々見られる）。

　コクニーにおいてもこれと同じことがしばしば起こる。つまり、/θ/ 音は [f] 音、/ð/ 音は [v] 音で発音されるのである。例えば、thing は [fiŋ]、mother は [mʌvə] のように発音される。これと同じ特徴は、アメリカの黒人英語にも見られる。

発音上の特徴4：L Vocalisation

　一般に、lake や look（母音の前）の l は通常の [l] 音なのに対し、feel, milk, shelf に含まれるような（語末あるいは子音の前の）l は dark l [ɫ] で発音される。コクニーでは、「l の母音化」(L Vocalisation) という現象により、通常 dark l で発音される l がしばしば（音節を形成しない）母音として [o] や [ʊ] のような音で発音される。例えば、milk [mɪok], shelf [ʃɛof], feel [fi:o], fall [fɔ:o] などといった要領である。

　「l の母音化」は、コクニーの他に、河口域英語（96-97ページを参照）やニュージーランドの英語にも見られる特徴である。

発音上の特徴5：Yod Coalescence

　tune や due のように、/t/ や /d/ の後に /ʊ/ が続く場合、容認発音では /tjʊ:n/, /djʊ:/ のように、/t, d/ と /ʊ/ の間にわたり音 /j/ が入るのが一般的な発音である。一方、コクニーでは、「/j/ の融合」(Yod Coalescence) という現象により、/t, d/ がわたり音 /j/ と融合し、それぞれ [tʃ, dʒ] と発音される。したがって、tune, due は容認発音では「テューン」、「デュー」のように発音されるのに対し、コクニーではそれぞれ「チューン」、「ジュー」

のような音で発音される。

　最近のイングランドでは、コクニー話者以外でも、若い世代を中心に、「/j/の融合」の起きた発音をする人が増えているという調査結果がある。しかし依然として「/j/の融合」の起きた発音は下層方言に属するものとして否定的に捉えられることが多い。

　なお、容認発音では、situation や education の場合のように、弱音節中で /t, d/ に /uː/ が続く場合にも、強音節の場合と同様、/tjʊ, djʊ/ と発音される。一方、アメリカ英語では、弱音節において、しばしば「/j/の融合」が起こり、[tʃʊ, dʒʊ]と発音される（強音節の場合は、/j/音が落ち /tuː/ や /duː/ のような音で発音される。これについては179-180ページの「/j/の脱落」の解説を参照）。

発音上の特徴6： 母音体系

　コクニーは母音の発音においても容認発音とは大きく異なるところが多くある。最もよく知られた例として、rain に含まれる二重母音が挙げられる。この二重母音は容認発音では /eɪ/ と発音されるが、コクニーでは [aɪ] やそれに類する音で発音される。ミュージカル『マイ・フェア・レディ』の中にも、ヒギンズ教授が The rain in Spain stays mainly in the plain. という例文を使って、コクニーを話すイライザの発音を標準的なものに矯正しようとするが、イライザはこれを「ザ・ライン・イン・スパイン・スタイズ・マインリー・イン・ザ・プライン」と発音してしまうという有名なシーンがある。

　この他にも特に二重母音や長母音の発音は、コクニーと容認発音とでだいぶ異なることがある。例えば容認発音では /aɪ/ と発音される price の母音は、コクニーでは「オイ」に近い音、people に含まれるような /iː/ は「エイ」に近い音、boots に含まれる /uː/ は「アウ」に近い音でしばしば発音される。

　これらと似たような特徴は、コクニー以外のイングランドの労働者階級の英語にもよく見られる。また、イングランド南東部の労働者階級訛りの影響を受けたオーストラリア英語

（Broad Australian English）にもこれと共通する特徴が見られることがある（詳しくは200ページを参照）。

コクニーに特徴的な押韻俗語

コクニーには語彙にも特徴がある。特に、押韻俗語（rhyming slang）と呼ばれる独特な俗語が使われるということが知られている。その起源は定かでないが、19世紀前半にロンドンのイーストエンドの労働者たちの間で生まれた言葉遣いだとされている。おそらく仲間内でしか通じない隠語（cryptolect）の一種として発達したもので、言葉遊び的な要素が含まれているものも多い。

押韻俗語には、例えば以下のようなものがある。

押韻俗語（文字通りの意味）	略形	意味
Ayrton Senna「アイルトン・セナ」	Ayrton	tenner「10ポンド札」
Barack Obama「バラク・オバマ」	Barack	pyjamas「パジャマ」
bird bath「鳥の水浴び用水盤」		laugh「笑い」
loaf of bread「パン一塊」	loaf	head「頭」
macaroni cheese「マカロニチーズ」	macaroni	keys「鍵」
rabbit and pork「ウサギと豚肉」	rabbit	talk「話す」
Sharon Stone「シャロン・ストーン」	Sharon	phone「電話」
tea leaf「茶葉」		thief「泥棒」
trouble and strife「悩みと争い」		wife「妻」
wind and kite「風と凧」		website「ウェブサイト」
you and me「あなたとわたし」		tea「茶」

押韻俗語は二つかそれ以上の語から成り、その最後の語（要素）と韻を踏む全く別の語の代わりに使われるものである。例えば、Ayrton Sennaは、Sennaと韻を踏むtenner「10ポンド札」の意味で使われる（この2語が韻を踏むことからも分かるように、コクニーは容認発音と同様non-rhotic accentである）。また、押韻俗語はしばしば最初の要素だけに省略されることがあり、例えば、

tennerと韻を踏むSennaを省略し、Ayrtonだけで「10ポンド札」の意味として使われることがある。

　wife「妻」の意味で使われるtrouble and strife「悩みと争い」の場合のように、実際に意味するものと押韻俗語の文字通りの意味との間に面白い関係性が見られるものもある。

　laugh「笑い」を意味する押韻俗語bird bathにおいては、コクニーの発音の特徴を反映し、（容認発音では韻を踏まない）bathとlaughとが韻を踏むものと捉えられている。つまり、標準的な英語の/θ/は、コクニーではしばしば[f]と発音されることから、bathは[bɑːf]と発音され、laugh /lɑːf/と韻を踏むことができるのである。

　Ayrton Senna, Barack Obama, Sharon Stoneの例から分かるように、19世紀に始まる押韻俗語の伝統は健在で、今も新しいものが作られている。ただし、「ウェブサイト」の意味で使われるwind and kiteのような例もあるものの、最近の押韻俗語は有名人の名前に基づくものが大半だという。

　コクニーの押韻俗語は、ロンドンを中心とするイングランド南東部出身の移民と共にオーストラリアにも伝わり、オーストラリア英語でもこの種の言葉遣いが行われている（詳しくは206ページを参照）。

河口域英語

　河口域英語（Estuary English）とは、テムズ川の河口周辺で使われる英語（の訛り）という意味で付けられた名前であるが、実際には、テムズ川河口域に留まらず、ロンドンを中心とするイングランド南東部で広く使われている。

　河口域英語の話者の大半は中流階級に属する人々で、その発音は容認発音とコクニーとが混ざったような特徴を示している。容認発音とは異なる、コクニー的な特徴として特に顕著なものとしては、声門閉鎖音の使用と、tuneやdueのような語に「/j/の融合」が見られることが挙げられる。また、/θ/, /ð/を

それぞれ /f/, /v/ と発音する Th Fronting も河口域英語に入りつつあるようである。一方、コクニーに特徴的な「h の脱落」は現在のところ見られない。

　この他、母音の発音も容認発音とは異なることがよくあるが、これは地域や個人によって様々なヴァリエーションがあり、河口域英語全体としてまとまりがあるわけではないようである。

　近年では、イングランド南東部において、河口域英語の話者が、特に若年層を中心に増えてきており、その勢いはやがて容認発音に取って代わりこれがイギリス英語の標準形とみなされるようになる可能性があるという人もいるほどである。

　また、容認発音にはどこか「かしこまった」あるいは「お高くとまった」印象があるのに対し、河口域英語はより自然な響きで、身近で普通の人が使う英語であると感じる人も多く、特に客商売をする人には、容認発音よりも河口域英語のほうが好まれる傾向があるともいわれている。

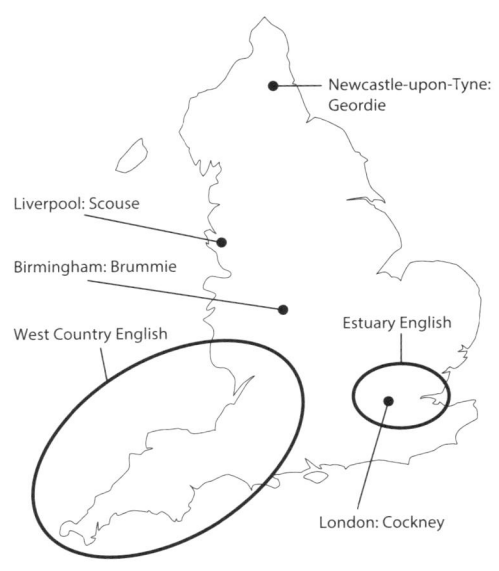

イングランドの様々な方言

イングランドにおける英語のヴァリエーション

ロンドンのコクニー以外にも、イギリスには広く知られた様々な方言がある。それらの詳細については扱えないが、代表的なイングランドの方言をいくつか簡単に紹介しよう。

イングランド北東部、ニューカッスル・アポン・タイン（Newcastle-upon-Tyne）を中心とするタイン川沿いの地域（Tyneside）ではジョーディ（Geordie）と呼ばれる方言が使われている。一般に、ジョーディは保守的で、語彙的にも発音の面でも、昔の英語の特徴をよく保っており、非常に訛りがきつい方言として知られている。

一方、イングランド北西部のリバプールを中心とするマージー川流域（Merseyside）で使われる英語はスカウス（Scouse）として知られる。これはビートルズのメンバーの使った方言として広く知られている。スカウスの発音上の特徴として、容認発音ではそれぞれ /ɜː/, /ɛə/ と別々の音で発音されるNURSEとSQUAREの母音がいずれも /ɛː/として発音されるということがよく知られている。例えば、ビートルズの 'I've Just Seen a Face' という曲では、このような特徴を利用し、herがawareと韻を踏むのに使われている。

この他、スカウスでは語末（および音節末）の /k/が [x]と発音されるという特徴もあり、この点も標準英語とはかなり顕著に違う。例えば、book, breakfast, workはそれぞれ「ブーホ」、「ブレホファスト」、「ウェーホ」に近い音に聞こえる。

ジョーディやスカウスをはじめ、イングランド北部の方言では、古英語・中英語時代の/uː/が大母音推移（43-44ページを参照）の影響を受けておらず、そのため古英語・中英語期に/uː/音だったdown, house, nowのような語の母音はそれぞれ [dʊːn], [hʊːs], [nʊː]と発音される（105ページ以降で述べるスコットランド南部のスコッツ語にも同様のことがいえる）。

同様に、大母音推移以前の時代に /oː/と発音され、しばしばooと綴られた母音は、大母音推移を経て、容認発音では/uː/

（あるいはのちに短音化を経た/ʊ/）と発音されるようになっているが、イングランド北部の方言ではこれが /oː/ → /øː/ → /yː/ と音変化し、現在では [iu, ju, iə] などと発音されるようになっている。したがって、goose は [giəs], book は [biək] などと発音されることがある。

17世紀から18世紀にイングランド南部で起きた FOOT-STRUT split（86ページを参照）はイングランド北部では起こらなかったため、ジョーディやスカウスを含むこれらの地域の方言では、cut, bus, but, lunch などの母音は、full や put と同様 [ʊ] 音で発音される。これもイングランド北部の方言の発音上の顕著な特徴である。

イングランド中西部のバーミンガム（Birmingham）で使われる方言はブラミー（Brummie）として知られている。様々な訛りの中でも特にブラミーは、イギリス人の多くに、最も印象の悪い訛りと感じられているらしい。この街は、ブラック・サバスやジューダス・プリーストなど、1970年代初頭に最初期のヘビーメタルバンドが登場した土地で、これらのバンドで活躍したオジー・オズボーンやロブ・ハルフォードなどが当時使っていたのもこの訛りであるが、そのことも、ブラミーの印象の悪さと関係しているのかもしれない。

バーミンガム周辺のもう少し広い範囲で使われている方言はブラック・カントリー方言（Black Country accent）として知られる。ブラミーもブラック・カントリー方言も、地理的に近いイングランド南西部（West Country）やイングランド北部の方言と共通する特徴を示すことがあり、北部方言と南部方言の両方の特徴を少しずつ含む独特な方言となっている。

ブラミーやブラック・カントリー方言に影響が見られるイングランド南西部の方言はウェスト・カントリー方言（West Country English）と呼ばれる。コーンウォール、デボン、ドーセット、サマセットなどを含むこの地域の方言は、アメリカ、スコットランド、アイルランドなどの英語と同様 rhotic accent で、この点において他のイングランドの方言と顕著に異なった

特徴を示している。

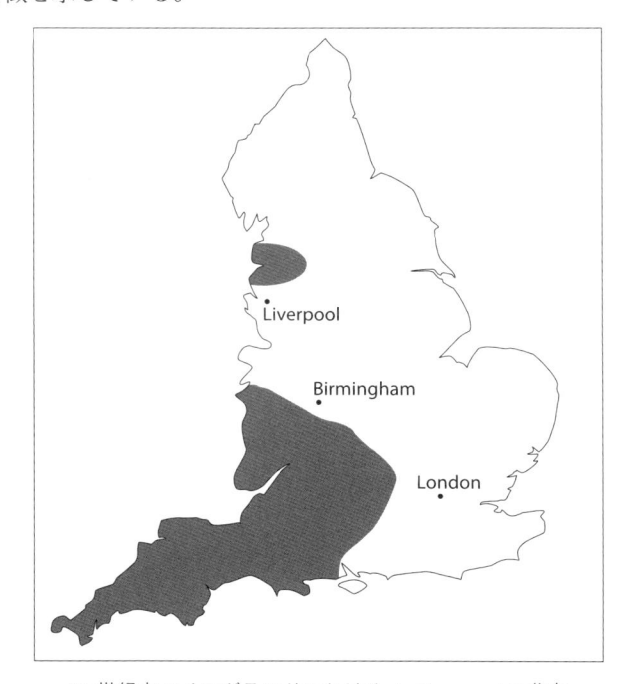

20世紀末のイングランドにおける rhotic accent の分布

非標準的な英語に見られる文法的特徴

イギリス各地で使われる非標準的な口語英語にはある程度共通した文法的特徴が見られる。ここではその中から主だったものをいくつか紹介しておこう。

否定文で否定語を二つかそれ以上重ねて使う二重否定（多重否定）は、古英語、中英語の時代には普通の否定表現であった。しかし、18世紀後半にラウスやマリーによって規範文法が確立されて以来（72-75ページ）、誤った言葉遣いとされるようになった。一方、口語英語では、二重否定や多重否定は現在でもしばしば見られる。歌の歌詞など身近なところにも、例は枚挙にいとまがない。例えば、ローリング・ストーンズの

'Satisfaction' やビートルズの 'Can't Buy Me Love' の歌詞にも二重否定が使われている。

　否定語の使い方としてもう一つ特徴的なのは、例えば、He was never born in London. というような場合の never の使い方である。このように標準的な英語では not というべきところに never を使うのも、非標準的な英語にはよく見られる特徴である。

　非標準的な英語ではまた、have went や is took のように、過去形を過去分詞形としても使うことがある。標準的な英語では、三人称単数現在形の動詞に -s を付けるが、非標準的な英語では、we pays や he come のように、動詞の語尾の付け方が標準的な英語と異なることがある。特にイングランド北部の口語英語では、現在形の動詞の語形変化に関して北部主語規則(Northern Subject Rule)という文法規則があることが知られている。

　この他にも、非標準的な英語に共通してよく見られる文法的特徴は多くある（この他の例については特設ウェブサイトを参照）。

COLUMN
「つなぎのr」と「侵入のr」

　イングランドの容認発音はnon-rhotic accentで、語末や子音の前のrを発音しないという特徴がある。しかし、語末のrについては、次に母音から始まる語が続く場合にはしばしば発音される。例えば、容認発音では、thereは通常 /ðeə/ と発音されるが、there is や there are の場合のように、次に母音から始まる語が続く場合にはrが発音され、「ゼアリズ」、「ゼアラー」となる。このように、直後の母音の影響で発音されるrのことを「つなぎのr」（linking r）という。

　一方、曖昧母音で終わる語の後に母音から始まる語が続く場合には、両語の間に本来ないはずのr音が挿入されることがある。このr音の挿入（R Insertion）により、例えば、the idea of … は「ジ・アイディア・ロブ…」と発音される。Africa/r/ and Asia, put a comma/r/ in…, an area/r/ of …などにも同様の現象が見られる。このような /r/ は「侵入のr」（intrusive r）と呼ばれる。

　このような現象が起こる主な原因は、「つなぎのr」との類推であると考えられている。つまり、「つなぎのr」が現れるのは、曖昧母音で終わる語の次に母音で始まる語が続く場合であり、それと同じ環境にある音の組み合わせについては、語源的な裏付けのない場合にも、類推作用によりr音の挿入が行われうるということである。

スコットランド英語の歴史

スコットランドとイングランド

　ブリテン島においてイングランドの北に位置するスコットランドは、イングランド以外で英語が最初に伝わった土地である。スコットランドはもともとイングランドとは別の国で、ブリテン島の先住民族の末裔でケルト系の言語・文化を持つ人々の支配する土地であった。

　1603年にイングランドのエリザベス1世が子供のいないまま亡くなると、彼女と従兄の関係にあったスコットランド王ジェームズ6世が、ジェームズ1世としてイングランド王を兼ねるようになり、この時以来、スコットランドとイングランドとは、同君連合（同じ君主を持つ別々の国）となった。その約1世紀後、アン女王の治世の1707年に、両国は正式に統合され、グレート・ブリテン王国（The Kingdom of Great Britain）が成立した。

スコットランド・ゲール語の衰退

　英語が伝わる以前のスコットランドでは、ケルト語系のスコットランド・ゲール語が使われていた。しかし、スコットランドに英語が広まるにつれ、ゲール語の話者は減っていき、現在は、スコットランドの全人口の約1％しかこの言語を使っていないとされている。

　スコットランドに最初に英語が伝わったのは7世紀のことである。イングランドのアングロ・サクソン人が南東部に攻め入り、現在の首都エジンバラやその周辺地域を占領したのである。これによりスコットランド南東部はノーサンブリアの最北

部としてイングランドに組み込まれ、以来この土地には英語が根付いた。イングランド以外に英語が伝わったのは、これが最初であった。

このようにして根付いた英語がやがてスコットランド・ゲール語の地位を脅かすことになる。その最初の兆候が見られたのは1070年頃のことで、そのきっかけは、スコットランド王マルコム3世と、イングランドのウェスト・サクソン王家の血を引くマーガレットとの結婚であった。マーガレットは英語話者で、ゲール語は話せず、スコットランドに嫁ぐ際にはイングランドから英語を話す聖職者やその他多くのお付きの者たちを連れて行った。彼らは子供にも英語系の名前を付けており、子供たちは英語を話すようになった。このようにして、英語がスコットランドの宮廷に入り込むことになったのである。

マルコム3世とマーガレットの死後、スコットランドの貴族たちは、順当に行けば王位を継承するはずの前王の息子を王とすることを良しとせず、マルコム3世の弟ドナルドを王に選んだ。貴族たちにスコットランド王には相応しくないと思われるほど、マルコム3世の息子たちはイングランド化していたのである。彼らはその後しばらくイングランドに亡命していたが、やがてその当時イングランドを支配していたノルマン貴族たちの助けを借りてスコットランドに攻め上り、ドナルドを失脚させると、三人兄弟が相次いで王位に就いている。

このようにして、ノルマン貴族のおかげで王位に就くことができた三兄弟の時代（1097-1153）には、イングランドのノルマン貴族やその家来たちがスコットランドにも入ってくることになり、そのため特にスコットランド南部の貴族社会では、これ以降フランス語が使われるようになり、ゲール語は使われなくなっていった。

三兄弟の末っ子で、最後に王位に就いたデビット1世はバラ（burgh）と呼ばれる自治の許された町をスコットランド南部に多く作り、これが商業の中心となった（エジンバラも、地名から推察できるように、この時代に作られたバラの一つである）。バラが

作られた場所は英語が根付いていたスコットランド南部が多く、商人の多くは英語話者であった。そのため、英語はバラで商売をするための言語として確固たる地位を築くことになった。

バラは地域の中心であり、周辺地域より人口も人の行き来も多かった。そのバラで使われる英語は、スコットランドにおける「都会」の言語となった。これに対し、ゲール語は田舎の言語という位置づけになっていった。このようにして、12世紀以降、英語は特にスコットランド南部で徐々に勢いを増し、それと反比例する形でゲール語は衰退の道をたどる。とはいえ、少なくとも16世紀の宗教改革期以前まで、スコットランドに住む大多数の人々はゲール語を話していたといわれており、衰退の速度はそれほど急速ではなかったといえる。

スコットランドのスコッツ語

スコットランド南東部に根付いた英語はやがて、初期中英語期頃からイングランド北部の英語とは異なる発達を遂げるようになった。そしてこの言語は、現在ではスコッツ語（Scots）と呼ばれている。イングランドでは、古英語から中英語を経て近現代の英語が成立したとされるが、これに対してスコッツ語は、以下の図に示したように、古英語の北部方言（アングリア方言）に端を発し、それ以降イングランドの英語とは別の道をたどり発達したものと考えられている。

```
古英語 ──→ 中英語      ──→ 近代英語
      └─→ 古期スコッツ語 ──→ 近代スコッツ語
```

スコッツ語が独自の言語なのか、それとも英語の方言なのか意見は分かれるが、いずれにしろ、スコットランド標準英語（Scottish Standard English）と比べ、語彙、発音、文法いずれも異なる特徴を示す部分が多い。以下ではまず、スコッツ語の歴史やその特徴について簡単に紹介しておくことにする。

スコッツ語の歴史と広がり

スコッツ語の歴史は大まかに以下のようにまとめられる。

1100年まで	古英語アングリア方言 (Old Anglian)	
1450年まで	初期スコッツ語（Early Scots）	⎫ 古期スコッツ語
1700年まで	中スコッツ語（Middle Scots）	⎬ (Older Scots)
1700年以降	近代スコッツ語（Modern Scots）	

スコッツ語の記録は14世紀末頃から残っており、中でも初期のまとまった記録としてよく知られるものに、1375年にジョン・バーバー（John Barbour, 1320頃-95）によって書かれた『ブルース』（*The Bruce*）という作品がある（ただし、現存する写本は成立年より約1世紀後のもの）。これは、スコットランド独立戦争で活躍したスコットランドの英雄であり王のロバート・ブルース（Robert the Bruce, 1274-1329）の活躍を描いた詩で、1万4000行近くもある大作である。

1398年からは、スコットランド議会において、記録がラテン語ではなくスコッツ語で取られるようになっている。すでに見たように、ノルマン征服以降のイングランドにおいて、公文書が英語で書かれるようになったのは15世紀以降のことである。スコットランドではそれより早くから「英語」が公的な記録の言語とされていたことになる。

当初、スコッツ語はアングロ・サクソン人の住み着いたスコットランド南東部で使われていたが、13世紀以降は徐々に西方および北方に広まり、現在ではローランド（Lowland）と呼ばれるスコットランド南部、東部およびオークニーやシェトランドなど北方の島々に広まっている。また、17世紀にはスコッツ語地域からアイルランド北部へ大規模な植民が行われており、そのためアイルランド北部にもスコッツ語圏ができている。

英国王ジェームズ1世とスコッツ語

　歴代の英国王の中にもスコッツ語話者がいた。ジェームズ1世（在位1603-25）がその人である。彼はスコッツ語による詩に興味を持っていたようで、詩人たちを保護し、スコッツ語の詩に関する論考を書き残している。彼が1584年に書いたスコッツ語の詩の規則などについての論考の中には、「詩については、いろいろな人が英語では書いているが——そして英語は我々の言語と最もよく似ているが——我々は詩の様々な規則において彼らとは異なるのであり、そのことは経験を通じて分かるであろう」と述べられている。彼は英語とスコッツ語とを非常に近い関係にあるが別々の言語と捉えていたようである。

　1603年にイングランド王を兼ねるようになると、ジェームズは王宮のあるロンドンに移り住んだ。その際、保護していたスコッツ語詩人たちも引き連れていったが、ロンドンでは王も詩人たちもスコッツ語ではなく英語を用いるようになった。その背後にはいろいろな理由があったのだろうが、イングランドでは、そもそもスコッツ語が通じないということが大きかったと考えられる。

スコッツ語のその後

　ロンドンに移り住んだジェームズ1世がスコッツ語を使わなくなったもう一つの理由として、イングランドのスコットランドに対する優越性ということが考えられる。ノルマン征服後、イングランドを支配したノルマン系の王侯貴族は、英国人には通じないフランス語を使って生活した。一方、英語はフランス語から絶大な影響を受けるようになった。これは、フランスのイングランドに対する政治的、文化的優越性ゆえのことだと考えられる。

　一方、スコットランドとの関係においては、イングランドは常に優位に立ってきた。そのため、スコットランドでは、

特に16世紀以降、公的な文書の言葉として、スコッツ語ではなく英語が用いられることが多くなっていった。英訳聖書をはじめとして、イングランドで印刷された書籍が流通するようになった影響もあり、16世紀後半以降、特に書き言葉にはイングランドの英語の影響が顕著になる。ロンドンに移ったジェームズ王が英語を使うようになったのには、こういった事情もあったのだろう。

　スコットランドとイングランドが統一され、一つの国となった1707年までには、このような力関係が一層顕著になり、イングランド人はスコッツ語を田舎の野卑な方言と捉えるようになっていた。18世紀後半の記録によると、国会での発言を理解してもらえるようにと、イングランド風の発音を習いに発音教室に通ったスコットランド出身の国会議員もいたらしい。

　このような状況下で、18世紀以降はスコットランドでも、特に書き言葉としてはイングランドの英語がますます広く用いられ、スコッツ語の使用は避けられるようにすらなっていった。

スコッツ語詩人ロバート・バーンズ

　18世紀に英語の影響力がますます増し、文章語としてのスコッツ語の使用が減少した時代に活躍したスコッツ語詩人にロバート・バーンズ（Robert Burns, 1759-96）がいる。

　彼はスコッツ語でも英語でも多くの作品を残しているが、例えば、日本で「蛍の光」として知られる曲の原曲となるスコットランド民謡に歌詞を付けたのも彼である。この民謡は、彼の歌詞に基づき 'Auld Lang Syne' と呼ばれている（日本の「蛍の光」の歌詞はこれとは関係なく独自に作られたものである）。

　以下は 'Auld Lang Syne' の歌詞である。現代英語の知識があっても、特殊な語彙や綴り・発音（下線部）のために理解が難しい部分が多い（ここでは1番よりも難解な2番を選んだ）。なお、'Auld Lang Syne' とは、英語に文字通り置き換えれば 'Old Long Since' であり、意味としては「昔々」といったところである。

この歌はイギリスでは年越しの際に旧年を懐かしんだり、同窓会で昔懐かしい仲間が集まった時などに歌われることが多い。

> And surely <u>ye</u>'ll <u>be</u> your pint-<u>stoup</u>!
> and surely I'll <u>be</u> mine!
> And we'll <u>tak</u> a cup o' kindness yet,
> for <u>auld lang syne</u>.
> We <u>twa</u> <u>hae</u> run about the <u>braes</u>,
> and <u>pou'd</u> the <u>gowans</u> fine;
> But we've wander'd <u>mony</u> a weary <u>fit</u>,
> <u>sin auld lang syne</u>.

> そしてきっと君は盃を手にし、
> 僕もきっと盃を手にし、
> 親愛の盃を傾けるだろう、
> 昔々の思い出ゆえに。
> 二人とも丘を駆け巡り、
> 綺麗なデイジーの花を摘んだものだが、
> その昔々から(今まで)、ずいぶん長いこと
> 疲れた足を引きずって来たものだ。

スコットランド英語の特徴1：発音

すでに見たように、18世紀以降、書き言葉は、イングランドで標準とされるものがスコットランドでも標準と認識されてきた。一方、発音に関しては、スコットランド独自の発音が尊重され、イングランド容認発音は一般的に標準的とはみなされていない。ここではスコットランド英語の発音の顕著な特徴をいくつか紹介しておくことにする。

スコットランド英語は、特に子音の発音に関して保守的なところがあり、より古い時代から伝わる発音が留められていることがある。例えば、スコットランド英語はrhotic accent (88-89ページを参照)であり、イングランドでは18世紀末までに発音されなくなった語末や子音の前のrを発音する。イングランド容認発音では/w/と発音されるwhichなどの語に含まれるwh-についても、スコットランド英語では古英語・中英語時代以来の/hw/音が保たれている。容認発音をはじめ他の多くの変種では発音されなくなった、brightなどの語に含まれる-gh-もスコットランド英語では/x/として保たれている。

スコットランド英語は、母音にも特徴的なところがある。特に目立つのは、容認発音や一般アメリカ英語では二重母音であるFACE, GOATの母音が、/e/, /o/ と単母音になっている点である。これらはいずれも初期近代英語期には単母音で、その後の音変化で二重母音になったものだが、スコットランド英語においてはより古い時代の発音が留められているのである。この他、TRAPやBATH、およびPRICEやMOUTHに含まれる母音も、容認発音や一般アメリカ英語と顕著に異なる。

　スコットランド英語には、母音の長短にも独特な特徴がある。多くの母音は、それが語末、形態素境界の直前、有声摩擦音あるいは /r/ の直前に位置する場合、長く発音され、それ以外の場合には短く発音される。これは、発見者の名に基づき、エイトキンの法則（Aitken's Law）と呼ばれている。したがって例えば、スコットランド英語では、moodの母音は短く、goodと韻を踏むことができる。一方、stay, know, smooth, pourの母音は長く、それぞれ [ste:], [no:], [smu:ð], [po:r] と発音される。

スコットランド英語の特徴2：語彙

　スコットランド英語では、通常の英語語彙に加え、スコッツ語の単語が使われたり、ゲール語からの借用語が使われたりする。以下は、スコットランド英語で使われるスコッツ語に由来する語彙の一例である。

```
bairn「子供」（< 古英語 bearn「子供」）
bonnie「可愛い、美しい」
haggis「ハギス（食べ物の名前）」
Hogmanay「大晦日」
kirk「教会」（< 古英語 circe; cf. 古ノルド語 kirkja「教会」）
muckle「大きい」（< 古英語 micel「大きい」）
outwith「〜の外の」
wee「小さい」（< 古英語 wæge「重さ」）
```

スコッツ語には、標準的な英語では使われなくなった古英語期の語彙が留められていることがよくあり、それがスコットランド英語でも使われることがある。

　haggis など一部の語を除けば、スコッツ語に由来する語の多くは、スコットランド英語以外では通常用いられない。しかし、中には、移民と共にニュージーランドに伝わった wee のように、スコットランドから遠く離れた土地に根付いているものもある。

　スコットランド英語には、ゲール語からの借用語も多い。以下はゲール語からの借用語のうち、特に広く一般に知られるようになったものの例である。

```
bard「詩人」
clan「氏族、一族」
glen「谷」
loch「入江、湖」
plaid「格子編みの（織物）」
slogan「スローガン」
whisky「ウィスキー」
```

　もう一つ、スコットランド英語の語彙に顕著な特徴として、指小辞 -ie の使用が挙げられる。この指小辞は、「小さい」という意味合いを加えるために用いられるもので、例えば、bairn「子供」、lad「少年」、lass「少女」にこの指小辞を付けると、bairnie「小さい子供」、laddie「小さい少年」、lassie「小さい少女」という意味になる。wee shoppie「小さい店」のように、wee と合わせて用いられることもある。

　オランダ語 pink「小指」に由来し、スコットランドで用いられ始めた pinkie「小指」にもこの指小辞が使われている。この語はその後、移民と共にアメリカに伝わり、アメリカの一部地域でも使われている。

COLUMN

スコッツ語

　現代のスコッツ語には少なくとも10の方言があるといわれており、近年話者は増加傾向にあるようだ。2014年に行われた住民投票では、スコットランドの独立に反対の票が賛成票をわずかに上回ったものの、スコッツ語話者の増加傾向と、独立心の高揚とは表裏一体の関係にあるのかもしれない。

　スコッツ語の使用促進を目指して設立された「スコッツ語協会」(Scots Leid Associe) という組織があるようだが、以下はこの協会のホームページに掲載された紹介文である。これを見ながらスコッツ語の特徴について簡単に見ておくことにしよう（引用文は2015年11月17日現在のもの）。

　　The Scots Leid Associe wis foondit in 1972 an aye ettles tae pit forrit a feckfu case for the Scots language in formal, informal and ilka day uiss. Scots wis aince the state language o Scotland an is aye a grace til oor national leiterature. It lies at hert o Scotland's heirskep as ane o wir three indigenous leids alang wi Gaelic an Scottish Inglis. … Oor Annual Collogue haes been addressed by kenspeckle writers, actors, journalists, musicians, televeision presenters, scholars an ithers. We haud competeitions tae attract baith adults an bairns tae try thair haun at writin in Scots.

　foondit (=founded) や oor (=our) に見られるように、古英語・中英語期の /uː/ に由来し、現在の容認発音では /aʊ/ と発音される母音は、スコッツ語では /uː/ と発音される。これは、イングランド北部の方言と同様、スコッツ語にも中英語期の /uː/ 音には大母音推移の影響が及ばなかったからである（44ページを参照）。

　他にも、wis (=was), tae (=to), pit (=put), aince (=once), leiterature (=literature), alang (=along), haes (=has), ithers (=others), baith (=both), haun (=hand) などに見られるように、母音の発音が容認発音とはだいぶ異なることがある。

母音に限らず、forrit (< forward) や heirskep「遺産、財産」(= heirship「相続人」)のように、一般的な英語でも使われる語がかなり異なる語形・発音になっていることがある。

　foondit の場合のように、過去・過去分詞形の語尾はしばしば -(i)t が使われる。

　an (=and), o (=of), wi (=with), haud (=hand), feckfu (=effect + ful) のように、語末の子音は落ちがちである。writin (=writing) のように、現在分詞や動名詞の –ing も –in になる。

　haud (=hold) に見られるように、語末や子音の前のlはしばしば母音化する（L Vocalisation、93ページを参照）。

　一般的な英語では使われなくなった古英語以来の語彙が使われる。leid「言語」(< læden「ラテン語」)、ilka (< ælc = each)、bairns「子供」(< bearn「子供」) はその例である。

　また、一般的な英語では使われない借用語が使われることもある。ettle「目的とする」、til(=to), aye(=ever), kenspeckle「著名な」（いずれも古ノルド語からの借用）はその例である。

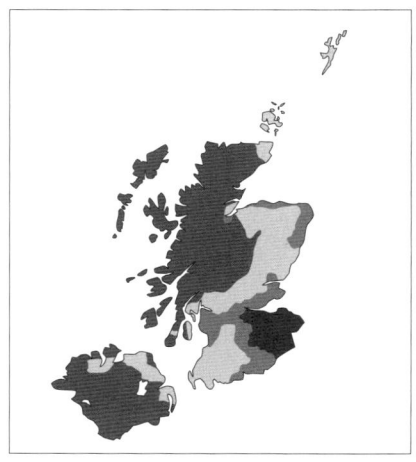

スコッツ語の広がり
- ■ 9世紀初頭ごろまでに古英語の根付いた土地
- ■ 15世紀初頭頃のスコッツ語圏
- ■ 20世紀中頃のスコッツ語圏
- ■ スコッツ語の根付いていない地域

アイルランド英語の歴史

アイルランドのゲール語と英語

　スコットランドと同様、アイルランドももともとはケルト系の言語・文化を持った人々の住む土地であった。古代から初期中世（アルフレッド大王の時代）までは、アイルランドはスコットランド（ラテン語 Scotia, 古英語 Scotland「スコット人の土地」の意）と呼ばれていた。スコット人（the Scots）とは、ゲール語を話す人々で、もともとアイルランドに住んでいたが、6世紀以降スコットランドの西部に移り住んだとされる。そのため、特に10世紀以降は現在のスコットランドが「スコットランド」と呼ばれるようになった。

　このような歴史からも分かるように、スコットランドとアイルランドに根付いたケルト系言語は基本的に同じもので、ゲール語（Gaelic）と呼ばれている。アイルランドのゲール語は特に、アイルランド・ゲール語（Irish Gaelic）と呼ばれ、現在までこの島で使われ続けている。アイルランド共和国においては、英語と並びアイルランド・ゲール語も公用語に指定されている。

　一方、英語がこの島に伝わったのは12世紀以降のことである。当初、英語は根付かず、その後も長い間、主にゲール語が使われた。アイルランドが正式にイギリスに併合された19世紀初めにはまだ、全人口の半分程度がこの言語を使っていたと推算されている。しかし、19世紀中頃までには、話者が全人口の4分の1程度に減少し、基本的にアイルランド・ゲール語のみを使って生活する人に至っては、5％程度になっていた。

　最近では、アイルランド・ゲール語を見直す動きもあり、第二言語としてこれを使う人は再び増え始めたようだが、いずれにしろ、これを第一言語とする人の数は非常に少なく、ゲー

ルタハト（Gaeltacht）と呼ばれるゲール語話者の多く集まる地域においてすら、話者は減少してきているという。

以下では、アイルランドにどのようにして英語が伝わり広まったのか、もう少し詳しく見ていこう。

北アイルランドとアイルランド共和国
（色の濃い部分はゲールタハト）

アイルランドに伝わった最初期の英語

最初に英語話者がまとまった形でアイルランドに入ったのは、ノルマン征服の後、ノルマン人たちがアイルランドに侵攻した1169年以降のことである。侵攻が始まって6年以内には、当時のイングランド王ヘンリー2世（在位1154-89）がアイルランド卿（Lord of Ireland）となり、レンスター（Leinster）の北部を除くこの島の大半を支配下に置いた。現在アイルランド共和国の首都になっているダブリンは、この時新たな政治の中心地とされ、王の代理人たちが常駐するようになった。

このようにしてアイルランドに攻め入った兵士たちや、その後ここにイングランドから移住した人々の大多数は英語話

者であった。そのため、これ以降、アイルランド島にも英語が少しずつ根付くようになった。

　しかし、当時アイルランドに住み着いた人々は、やがて徐々にイングランドの王やダブリンにいる彼の代理人たちから独立して生活するようになっていった。そして、彼らの多くは、人数的に多数を占めた現地の人々に同化し、言語に関してもゲール語を話すようになる。

　1366年に制定された「キルケニー法」（Statute of Kilkenny）では、アイルランドに移り住んだイングランド系の人々の多くが現地の文化に同化しているということが指摘され、その上で、イングランド系の人々は英語を使い、イングランド人の名前を付け、イングランドの風習に従い、服装もイングランド式にするようにと述べられている。しかし、この後も現地への同化は止まるどころか、進んでいった。

さらなる植民と英語話者の増加

　イングランドのアイルランド支配は、14世紀後半までには名ばかりのものとなっていたが、再び状況が変わり始めたのは、16世紀初頭から始まるヘンリー8世（在位1509-47）の時代である。王はアイルランドの支配を強化し、英語の使用を推奨する法律も複数制定した。

　ヘンリー8世の娘、エリザベス1世の時代には、イングランドから新たな植民が行われるようになり、イングランドの支配に抵抗する人々から奪い取った土地に彼らを住まわせた。このような動きに対して、大規模な反乱が起きることもあったが、ことごとく鎮圧され、エリザベス女王の治世末期までには、アイルランドのほぼ全土がイングランドに制圧されたという。

　このようにしてアイルランドには、もともとアイルランド系の人々、ノルマン征服以降アイルランドに住み始めた人々の子孫、チューダー朝時代に新たにアイルランドに住み始めた人々の3種類が共存するようになった。もともとアイルランド

に住んでいた人々に加え、ノルマン征服以降にこの島に住んだ人々の子孫も、チューダー朝時代までには多くがゲール語話者になっていた。一方、チューダー朝時代に住みついた人々のほとんどは英語話者であった。

エリザベス1世の後に王位に就いたジェームズ1世（在位1603-25）や清教徒革命を主導したクロムウェルのもと、17世紀にも引き続きイングランドのアイルランド支配が強化され、これに伴い英語の使用も拡大していった。

イギリスのアイルランド併合とゲール語の衰退

イングランドの支配が強化され続ける中、1700年以降は、ゲール語話者は権力や教育の中枢から除外されるようになり、英語は富や権力と結びついた言語、ゲール語はこれとは無縁の言語、という位置づけがますます鮮明になった。そのため、ゲール語話者の多くは英語を学び、使うようになっていった。

18世紀末には、アメリカの独立やフランス革命に刺激され、イングランド系の支配者を駆逐し、アイルランドに共和国を作ろうとする人々が大規模な反乱を起こした。しかし、これも鎮圧され、これを機会にアイルランドは正式にイングランドに併合されることとなる。つまり、1800年に連合法が可決され、翌年にはイングランドに正式に併合されたのである。

この頃から英語は、ますます生活の上で重要な言語とみなされるようになる。1870年頃から土着の文化が見直されるようになるまでの間、ゲール語を学ぼうとする人はほとんどいなくなり、英語の使用が大幅に促進された。その結果、冒頭にも述べたように、19世紀中頃にはゲール語話者が全人口の4分の1ほどになっていた。

したがって、アイルランドで英語使用が大幅に進み、それに伴いゲール語使用が顕著に衰退したのは、アイルランドがイングランドに併合されて以降70年程度の間のことであったといえる。

アイルランド英語の方言圏

アイルランド英語の方言圏は、大まかに以下の3つに分けることができる。

> ① アルスター方言（北部方言）
> ② 西部および南西部方言
> ③ 東部方言

アルスター方言は、北アイルランドを含むアルスター地方（Ulster）の方言である。この地方では、17世紀に行われたスコットランドからの大規模な植民の影響で、英語と並行してスコットランド・ゲール語と似たゲール語およびスコッツ語が使われており、アルスター方言もこれらの言語からの影響を強く受けている。アルスター方言の中に、さらに30以上の「方言」があるともいわれており、アイルランド北部では、地域ごとの英語のヴァラエティがかなり豊富である。

西部および南西部方言は、大まかに、マンスター地方とコノート地方にまたがる地域の方言である。この地域には現在に至るまでアイルランド語話者が多く、その影響で英語にも独特な訛りがある。

一方、東部方言はダブリンを含むレンスター地方の方言である。特にダブリンやその周辺には、標準的な英語に通じるところの多い上層方言の他に、かなり訛りの強い下層方言も存在する。

発音上の特徴

アイルランド各地の訛りの特徴を細かく見ることはできないが、ここではある程度アイルランド英語に共通する発音上の特徴をいくつか見ておくことにする。

アイルランド英語の発音は、一般的に保守的であり、イ

ングランドでは失われた、より古い時代の英語の発音を留めていることがある。例えば、アイルランド英語はrhotic accentで、イングランド容認発音では発音されなくなった語末や子音の前の/r/が発音される。また、what, whiteなどに含まれ、イングランド容認発音ではほぼ失われた古英語・中英語時代以来の/hw/音もアイルランド英語には留められていることが多い。

イギリスの方言では、his, house, heroなどに含まれる語頭のhを発音しない「hの脱落」（H Dropping、84-85ページ）がしばしば見られるが、アイルランド英語では、どの方言にもこの現象は見られない。

母音に関しても、スコットランド英語と同様、FACEやGOATの母音は、容認発音に見られる二重母音化を経ず、中英語末期から近代英語初期の単母音 /e:/, /o:/ が現在まで保たれている。

この他、アイルランド英語に特徴的な発音としてよく知られているものとして、thの発音が挙げられる。容認発音で /θ, ð/ と発音されるthの音は、（アルスター方言を除く）アイルランド英語においては、それぞれ [t, d]と発音されがちである。なお、この特徴は、古くからアイルランドとつながりの深かったリバプールの訛り、スカウス（98ページ）にも見られる。

ゲール語の影響

ある言語が広く使われるようになる以前にその土地で使われていた言語のことを基層言語（substratum）、のちにこの言語に取って代わり新しく使われるようになった言語を上層言語（superstratum）という。アイルランドでは、ゲール語が基層言語、英語が上層言語という関係にある。ちなみにイングランドにおいても同様に、先住民族のケルト系言語が基層言語、英語が上層言語である。一般に、基層言語と上層言語は互いに様々な影響を与え合う。そして、これはアイルランドの両言語についてもいえることである。

アイルランド英語に見られるゲール語の影響の例としてよく知られているものに、現在完了形の代わりに用いられる be + after ～ing がある。これは例えば、I am after writing a book.「私は本を書き終えました」（文字通りには「私は本を書いた後です」）といったように使われる。これはゲール語の言葉遣いに影響を受けたものだといわれており、同じく基層言語にゲール語を持つスコットランド英語にも同様の言葉遣いがある。

ゲール語には、英語の yes, no に当たる語がないとされており、その影響で、アイルランド英語では、yes/no で答える疑問文に対して、これを用いずに答えることがよくあるという。例えば、Is he coming? という疑問文に対しては、He is. や He isn't. という具合に、疑問文中の動詞の肯定形あるいは否定形を用いて答える。

英語では二人称代名詞は単複を区別しないが、ゲール語にはその区別があり、その影響で、アイルランド英語でも複数形を区別することがある。単数形 you に対し、複数形として ye, yis, yous(e) などが使われることがある（所有格は ye'r, yisser, yousser）。なお、同じくケルト系のウェールズ語を基層言語に持つウェールズ英語にも似たような単複の使い分けがある。

単語のアクセントについても、ゲール語の影響で標準的な位置とは異なるところに置かれることがある。例えば、recogníse, attribúte, educáte などのように、アクセントの位置が通常よりも後ろに下がる傾向がある。

ゲール語借用語

アイルランド英語に対するゲール語の影響は、語彙にも見られる。特にアイルランド共和国では、ゲール語が第一公用語と定められており、大統領が国民に向けてスピーチする際にも、最初はゲール語で話すことが多い。道路標識やその他の掲示はしばしば英語とゲール語の2ヵ国語表示になっているし、ゲール語で放送するテレビやラジオの番組もある。国歌にも両

言語の歌詞がある。

　このように、ゲール語話者でなくとも、ゲール語に触れる機会が多くあることから、アイルランドの英語では、ゲール語の語彙が使われることがある。例えば、アイルランド共和国では、Irelandという国名と並行して、ゲール語における国名Éireが使われることがよくある。硬貨や切手にも、IrelandではなくÉireと記されている。

　この他、以下のような語も、よく目にするゲール語からの借用語である。

>fáilte「ようこそ」
>Gaeltacht「ゲールタハト、ゲール語話者の多く住む地域」
>garda「警察官」
>Oireahtas「国会」
>Sláinte「乾杯」
>Taoiseach「首相」
>Uachtarán「大統領」

ゲール語に由来する父称

　アイルランドにおいては、地名や人名もゲール語に由来するものが多いが、MacArthurやMcDonaldのようなファミリーネームの要素としてよく見かける Mac-, Mc- もゲール語に由来するものである。

　中世のゲール語圏（アイルランド、スコットランド、マン島）では、ファミリーネームが一般的でなく、名前に「〜の息子」や「〜の娘」のようなフレーズを付けることでその人物を特定するということがよく行われていた。例えば、Donoghue MacDhòmhnaill「Dhòmhnaillの息子Donoghue」といった要領である。macは「息子」を意味する語で、これを父親の名前の前に付けることで、「〜の息子」の意味のフレーズとなる（娘の場合はnicを付けた）。

名前に添えて用いる「〜の息子」という意味のフレーズは父称（patronymic）と呼ばれ、本来は文字通り父親との関係性を示す言葉であった。しかし、やがてファミリーネームを使うのが一般的になるにつれ、父称は文字通りの意味を失い、ファミリーネームとして使われるようになっていった。MacCartney, McIntosh, McGregorのようにMac, Mc, Mc, M'c, Micで始まるファミリーネームはこのようにして生まれたものであり、アイルランド、スコットランド、マン島など、ゲール語圏の伝統に属するものである。

ウェールズ英語の歴史

ウェールズのウェールズ語

　ウェールズやイングランドに当たる土地には、もともとブリトン人（Britons）と呼ばれる人々が広く住んでいた。彼らの言語はブリソン語（Brythonic）と呼ばれ、これは、アイルランドやスコットランドのゲール語と並び、ブリテン島に根付いたもう一つのケルト系言語である。

　5世紀に始まるアングロ・サクソン人の侵入により、ブリテン島の主要部はアングロ・サクソン人の支配を受けるようになったが、彼らの支配はウェールズには及ばなかった。8世紀にはアングロ・サクソンの王オッファがオッファの防壁（Offa's Dyke）を作ったことで、イングランドとウェールズとの境がよりはっきりするようになった。

　このようにして、ウェールズではブリトン人の国が存続し、彼らの言語・文化も存続した。彼らの言語は今なお使われ続け、ウェールズ語（Welsh）と呼ばれている。現在でも、ウェールズの人々のうち約20%はウェールズ語を使うとされており、ウェールズはケルト系言語が最もよく保存されている地域として知られている。

ウェールズの征服・併合と英語の伝播・普及

　アングロ・サクソン人の支配を免れたウェールズは、1066年のノルマン征服以降もイングランドからの支配を受けずにいた。しかしついに、イングランド王エドワード1世（在位1272-1307）によって、1282年に征服される。1301年にはのちにエドワード2世（在位1307-27）として即位する彼の息子

にウェールズの君主、プリンス・オブ・ウェールズ（Prince of Wales）の称号が与えられている（それ以来現在まで、英国王室で王位継承順位第1位の王子にはこの称号が与えられる）。

　しかし、征服後も従来の法律や社会制度は基本的に保たれ、ウェールズ社会に大きな変化はなかった。言語に関しても、支配者層として英語話者が少しは入ってきたものの、英語が急速に広まることもなかった。

　ウェールズで英語が広まるきっかけとなったのは、1536年および1543年のウェールズ統合法の承認である。これ以前の時代には、法的に、ウェールズはイングランドに従属する立場に置かれ、例えば、ウェールズからはイングランド議会に議員を送ることができなかったり、ウェールズだけに当てはまる特別な法律によって様々なことが規制されていたりした。ヘンリー8世（在位1509-47）の時代に承認されたウェールズ統合法は、このような状況を一新するもので、ウェールズをイングランドの一部とし、あらゆることをイングランドと同等に扱うことを目的とするものであった。

　ヘンリー8世はウェールズ系の家系の出身であり、統合法によるウェールズの待遇改善にはそのような背景も関係していたものと思われる。しかしこの改善は、ウェールズ語には大きなマイナスとなった。つまり、これ以降はウェールズにおいても、イングランドと同様に、政治、法律、教育、商業などあらゆることを英語で行わないといけないことになったからである（ただし、宗教に関しては引き続きウェールズ語が使われた）。こうして、ウェールズに英語が普及する下地が作られたのである。

　ウェールズは他の「国」よりだいぶ早くにイングランドに併合されたが（スコットランドの併合より150年以上、アイルランドの併合より250年以上前）、英語の普及という点では、逆に最も遅かった。統合法にもかかわらず、長い間英語はあまり普及せず、相変わらずウェールズ語が広く使われたのである。

　しかし、長年にわたる英語による教育の影響もあり、また18世紀末以降の産業革命の時代には、仕事を求めてウェー

ルズからイングランドへ行く人が多く出たり、ウェールズ南部の炭鉱にイングランドから多くの労働者がやって来たりしたこともあり、19世紀には英語話者の数が飛躍的に伸びた。そしてついに19世紀後半には、ウェールズ語話者を英語話者がわずかに上回ったといわれている。

ウェールズ英語の方言圏

　ウェールズは地理的に、東西の移動は比較的しやすいのに対し、南北の移動は容易ではない。また、隣接地域からの影響もあり、大まかに南部、中部、北部の3つの方言圏があるとされる。

　南部ウェールズ方言はカーディフ（Cardiff）やスウォンジー（Swansea）を中心とする南部地域の方言である。ブリストルをはじめとして、隣接するイングランド南西部の方言の影響が見られる。ウェールズ南部は、炭鉱が開発されたり、工業化が進んだりするなかで、イングランドから多くの人が流入しており、イングランド英語の影響が特に強い地域である。

　一方、中部ウェールズ方言にはバーミンガムやその周辺の方言（99ページ）の影響が見られる。

　北部ウェールズ方言には、リバプールなど、イングランド北部の方言（98-99ページ）の影響が見られる。特にウェールズ北西部にはウェールズ語話者が多く、この地域を中心に、ウェールズ英語にはウェールズ語からの影響が見られることもある。

ウェールズ英語の特徴1：発音・イントネーション

　ウェールズ英語の特徴としてよく知られているものに、「歌をうたうような」イントネーション（'sing-song' intonation）がある。話をする際に、通常よりも抑揚の高低差があり、歌をうたっている時のようなリズミカルな調子となるこのイントネー

ションは、特に南部方言に顕著な特徴である。

　ウェールズ英語はイングランドのほとんどの地域の英語と同様、基本的に non-rhotic accent であり、語末や子音の前のrは発音されない。ただし、ウェールズ語ではこの種のrは発音されるようで、その影響で、ウェールズ語話者の多く集まる地域では rhotic accent も見られるという。

　ウェールズ英語の子音の発音で特徴的なのは、語中の子音が通常よりも長く発音される点である。例えば、meeting はしばしば [miːtːiŋ] のように発音され、これは meat-tin と非常によく似た発音である。この種の発音は特に、ready, ever, chapel, matter, missing, nothing 等、母音に挟まれた子音の場合に顕著である（nothingの発音を日本風にカタカナで表記すると「ナシング」ではなく「ナッシング」となるが、ウェールズ英語に見られる「長い子音」の発音は、この場合のように「ッ」の入ったような発音である）。

　この他、北部方言では /z/ 音が存在せず、price と prize,

seizeとceaseはそれぞれ同じ音で発音される。

母音の発音については、STRUTの母音 /ʌ/ が 曖昧母音 [ə] として発音される点、PRICE およびMOUTHの母音がそれぞれ曖昧母音から始まる [əi], [əu] になるという点が特に特徴的である。このうち特に、PRICE, MOUTHの母音の発音については、カナダ英語に見られるCanadian Raising (190ページ) の場合とよく似ている。

NEARの母音が [jɜ:] あるいは [i:ə] と発音される点や、CUREの二重母音の第一要素が [u:ə] のように長く発音されるのもウェールズ英語に特徴的である。また、スコットランドやアイルランドの英語の場合と同様、FACE およびGOATの母音は、/ei/, /oʊ/ と二重母音化する以前の単母音 [e:], [o:] で発音されることがよくある。

ウェールズ英語の特徴2：文法

口語的なウェールズ英語には、標準的な英語とは異なる文法的特徴が認められることがある。

ウェールズ英語の文法的特徴としてよく知られているものに、付加疑問文を作る isn't itがある。付加疑問文を作る際には、He attended the meeting, didn't he? の場合のように、文の主語・動詞に合わせた形が用いられるが、ウェールズ英語では、文の主語・動詞にかかわらず、一律に isn't it? (否定文の場合は is it?) が用いられる。

また、おそらくウェールズ語の影響により、強調したい部分が文頭に置かれ、結果として文が通常とは異なる語順となることがある。例えば、Talking he was.「彼は話をしていた」のような語順にすると、talkingの部分を強調した言い方となる。同様に、Then he was talking. では、標準的な英語の、It was then that he was talking.「彼が話していたのはまさにその時だった」と同じようなニュアンスとなる。

同じくウェールズ語の影響で、感嘆の意味を表すのに

there's が用いられる。例えば How beautiful it was! の意味を表すのに、There's beautiful it was! という言い方がされる。

ウェールズ語からの借用語

ウェールズ英語に対するウェールズ語からの影響は、借用語という形でも認められる。*OED Online*には95語のウェールズ語借用語が載っているが、それらは現在あまり使われなくなっているか、あるいは、ウェールズ以外ではほとんど使われないものが大半である。以下はその一例である。

```
bach「(親愛の情を表す時に名前の後に付けて使う語)」
Brython「ブリトン人」
cather/cayther「ゆりかご」
cwm「谷」
cwtch「戸棚」
Eisteddfod「吟唱詩人の大会」
hwyl「熱意」
grig「ヒース (植物)」
keffel「馬」
pennil「即興で作られる詩」
pibgorn「角笛」
rhandir「(伝来の) 土地、土地の広さを示す単位」
torgoch「イワナ (魚)」
```

Eisteddfodはウェールズの文学、音楽、パフォーマンス・アートのお祭りで、12世紀まで遡る伝統があるといわれる。18世紀末頃にウェールズの言語・文化を再評価しようとする動きの中で、再び各地で行われるようになった。最も大規模なものはNational Eisteddfod of Walesで、毎年8月の第1週に行われ、現在でも全てウェールズ語で行われている。

上に挙げた語に加え、penguin「ペンギン」もウェールズ語のフレーズpen gwyn「白い頭」に由来するものではないかといわれている。

英王室属領英語

　イギリス諸島には多くの島々が含まれているが、そのほとんどはイギリスあるいはアイルランド共和国に属するものである。しかしごく少数の島は、英王室属領（Crown dependencies）といって、伝統的にイギリス王室に属する島として、イギリスにもアイルランドにも属さないものがある。

　英王室属領として知られているのは、ブリテン島とアイルランド島の間に位置するマン島（Isle of Man）、および英仏海峡を渡ってフランスのノルマンディのすぐそばに位置するチャネル・アイランズの中のジャージー島（Jersey）とガーンジー島（Guernsey）である（ガーンジー島にはさらに、オールダニー島（Alderney）、サーク島（Sark）、ハーム島（Herm）が付属している）。本章の最後に、これらの島々に英語が根付いた経緯を簡単に見ておくことにする。

マン島とマン島語の歴史

　マン島には当初、ブリテン島に広く住んでいたのと同系統のブリトン人が住んでいたようだが、500年以降には、（おそらくアイルランドから来た）ゲール語話者がこの島に侵入し、やがてこれに取って代わられていった。このゲール語はその後独自の発達を遂げてマン島語（Manx）と呼ばれるようになる。

　800年頃から島はヴァイキングの支配下に置かれるようになる。彼らの影響は特に政治や法律の分野に顕著に見られる。特に、ティンワルド（Tynwald）と呼ばれるマン島議会は、ヴァイキング時代（一説に979年）に起源を持つもので、現在まで中断せず存続する議会としては世界最古といわれている。

　一方、言語に関しては、ヴァイキングたちはやがて現地

の人々に同化していった。したがって、ルーン文字碑文など、ヴァイキングの言語・文化に基づくものも少なからず残されているものの、マン島語の地位が脅かされることはなかった。

　1265年にヴァイキング系の王マグヌス・オラフスソン（Magnus Óláfsson）が亡くなると、その翌年マン島はスコットランド王に譲渡され、スコットランド領となった。1289年にはイングランド王エドワード1世がこの島を奪い取り、これ以降、スコットランドとイングランドがマン島の支配権争いを繰り広げることになる。この争いに決着が付いたのは、エドワード3世時代の1346年で、マン島はイングランド領となった。そしてこれ以降、支配者層として英語話者が入ってきたものの、その数は少なく、マン島の住民はマン島語を使い続けた。

　そのような状況はその後も長く続いた。地図作成者で歴史家のジョン・スピード（John Speed, 1552-1629）は、当時のマン島の「裕福な層はランカシャーの人々を真似、一般人は言語も習慣もアイルランド人と最も近い」としている。アイルランド人の言語と近い言語というのは、ゲール語から発達したマン島語のことであり、この当時はこれが一般庶民の言葉であったことが分かる。

　17世紀後半には、マン島総督のアイザック・バロウ（Isaac Barrow, 1613-80）が、マン島の人々はだらしなく、不道徳で、野卑、野蛮、無知で全く読み書きもできないとした上で、そのような状況を改善するには、彼らに英語を教える必要があるとし、各地に英語で教える学校を設立した。バロウの言葉にも、当時は英語がマン島の人々の間にはまだあまり広まっていなかったということが反映されている。

　1707年には、マン島語による本がはじめて出版されている。この中で、著者であり当時のマン島司教トマス・ウィルソン（Thomas Wilson, 1663-1755）は、マン島に住む人の3分の2は英語を解さないので、この島の聖職者はマン島語ができることが望ましいという趣旨のことを述べている。

　1764年には、マン島の人口は2万人で、「その大多数が英

語を解さない」という記録もある。

マン島語の衰退と英語の普及

18世紀後半頃までは、マン島ではマン島語話者が多数を占めた。しかし、1765年以降、および1825-37年には、マン島の経済がかなり冷え込み、イングランドやアメリカへ移住する人が多く出て、富と結びついた英語がマン島でも重視されるようになっていった。

1833年にはマン島とイングランドを定期的に結ぶ蒸気船が就航し、マン島における旅行業が盛んになり、イングランドから旅行者が多くマン島に来るようになる。英語の重要性はさらに高まり、英語を使う人の数が飛躍的に増していった。

このようにして、英語が富と繁栄を手にするための言語となると、子供にマン島語を教えない親も増え、マン島語の使用は大いに衰退したといわれている。その結果、以下の表に見られるように、マン島語話者の数は19世紀末から20世紀初めにかけて劇的に減っていった。

1971年には最後のネイティブスピーカーが亡くなったといわれているが、その後、近年はリバイバル運動が起こり、第二言語としてのマン島語話者の数は増加傾向にある。

年号	1875	1901	1911	1921	2015
マン島語話者の割合	29%	8.1%	4.8%	1.5%	2%
英語を解さない人の数	190	59	31	19	0

チャネル・アイランズで使われるフランス語

チャネル・アイランズとして知られる英国王室属領ジャージー島およびガーンジー島は、フランスのノルマンディの沖合に位置する。そのような位置からも分かるように、これらの島々は、もともとノルマンディに付属するもので、1066

年のノルマン征服以降は英国王の支配地であった。

　ところが1204年には、ジョン王がノルマンディをはじめとするフランス領土のほとんどを失ってしまった（26-27ページ）。この時ジョン王が、かろうじて取り戻すことに成功したのがチャネル・アイランズであった。

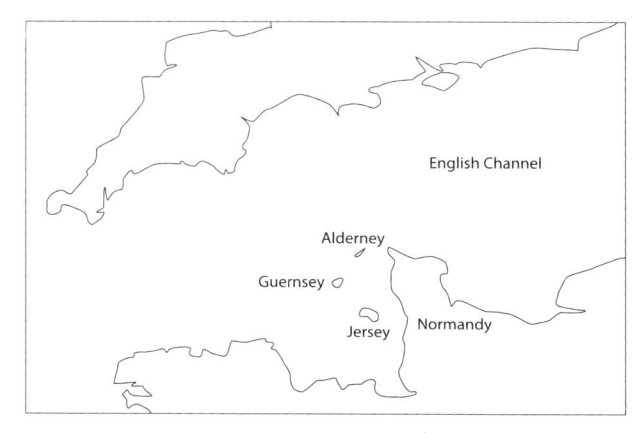

チャネル・アイランズ

　イングランド側に付いたとはいえ、もともとノルマンディの一部だったチャネル・アイランズで当時使われていたのはフランス語であった。また、当時のイングランドの王侯貴族が使うのもフランス語であり、したがって、1204年以降も引き続きチャネル・アイランズではフランス語が使われ続けた。

　本土とは隔絶され、また、フランスにほど近い位置にあるということもあり、イングランドで英語が広く使われるようになっても、チャネル・アイランズでは長らくフランス語が使われた。例えば、ジャージー島の議会において英語で議論することが許されるようになったのは1900年のことである。

　20世紀前半までは法律や公文書はフランス語で書かれることが多く、現在でもなおフランス語は英語と並んでジャージー島の公用語に指定されており、法的文書や契約書などはフ

ランス語で書かれることもある。

　一方、フランス語から発達した別の言葉として、ジャージー島のJèrriais, ガーンジー島のGuernésiais, サーク島のSercquiaisがある（オールダニー島にかつてあったAuregnaisは死語になっている）。書き言葉や公的な場面で使われるチャネル・アイランズのフランス語とは異なり、中世のノルマンディ訛りのフランス語から発達し、口語として使われるこれらの言葉はフランス語とはかなり異なるところが多い。

　第二次世界大戦中、チャネル・アイランズはナチス・ドイツ軍に占領されていたが、その際、ドイツ軍はフランス語の通訳を伴っていた。島の人々は、ドイツ人やフランス語通訳に聞かれて困るような話は、土着の言葉で話していたという。それだけこれらの言葉は標準的なフランス語からかけ離れていたのである。

　現在では、ジャージー島でもガーンジー島でも、これらの言葉を話すのは人口の3％程度で、保存活動が行われており、その一環として、この言葉による新聞やラジオもあるらしい。

チャネル・アイランズにおける英語の普及

　チャネル・アイランズはフランスの目と鼻の先の位置にあって、特にフランスとの戦争の際には守りを固める必要があり、イングランドから多くの兵士が送り込まれた。これらの島々に最初に大規模に英語が伝わったのは、そのような経緯によってであった。チャネル・アイランズへの派兵は17世紀頃から行われ、18世紀末から19世紀初めのナポレオン戦争の際には、島の人口の半分にも迫るほどの兵士が送られている。

　1815年にガーンジー島を訪れた人が書き残したところによれば、当時のガーンジー島では、あらゆる階級の人がフランス語を話していたという。1834年の記録によると、ジャージー島でもフランス語が一般の人々のみならず富裕層の間でも使われており、オールダニー島では英語を話す人はほとんどい

なかったとされている。

　しかしその一方で、派兵や土木工事、採掘、貿易その他の目的で、イングランドからチャネル・アイランズに渡る人も多く、もともとそれほど人口の多くない島々では、本土から渡ってきた人がかなりの割合を占めるようになっていった。例えば、1861年の記録によると、オールダニー島に住む人のうち、チャネル・アイランズ生まれは半分以下であったという。また、1901年の段階で、ガーンジー島の人口の25.6%がチャネル・アイランズ生まれでない人だった。移民の増加の影響で、19世紀後半には英語が急速に普及したようで、1893年に出版された本には、ジャージー島やガーンジー島では、都市部以外でも、英語で流暢にコミュニケーションできない人を見つけるのは難しい、とある。

　20世紀に入っても、引き続きイングランドからの移住者は増え続け、それに伴って英語がますます広く使われるようになっていった。1920年にはガーンジー島で、1928年にはジャージー島で、英語で書かれた所得税法が制定されているが、これはチャネル・アイランズにおいて英語が公的な文書に使われた最初の例である。また、ガーンジー島では1926年に、ジャージー島でも1946年に英語が公用語として認められている。

　1960年には、チャネル・アイランズに住む人の約半数がチャネル・アイランズ以外の出身者となり、1967年にはこの比率が61%にまで伸びている。

　チャネル・アイランズ出身者の比率は年を追うごとに下がっていき、それと比例するように土着のフランス語を使う人も減り、代わりに英語がますます広く普及していった。その結果、現在では、あらゆる人が英語を使い、土着のフランス語話者はせいぜい人口の3%程度であり、しかもその多くが60代以上の高齢者という状況になっている。

第3章

英語の世界進出

アメリカ

および

カナダの英語

もともとイングランドの言葉だった英語は、イギリス諸島全体に行き渡るのにもかなりの時間がかかった。世界中に広まるまでにはさらに時間を要したが、本章ではまず、英語が世界で広く使われるようになったのはいつ頃のことかを見ていこう。その上で、もう少し詳しく、世界にどのように英語が広まっていき、また広まった先々でどのような発展を見せているのかを確認することにする。

16世紀末から17世紀中頃の英語の広がり

　エリザベス女王時代の16世紀末、イギリスからアメリカへの植民が始まる直前の1582年に、リチャード・マルカスター (Richard Mulcaster, 1531頃-1611) は著書 *The First Parts of Elementarie* で次のように述べている。

> 我らが英語は及ぶ範囲が狭く、我らが島（ブリテン島）の外には及ばず。否、我らが島にても全土には及ばず。

　この時代にはまだ、ウェールズやスコットランドの北部には英語が根付いていなかった。アイルランド島も、一部を除けば英語はまだ根付いていなかった。

　マルカスターの本が出版されてから約70年後、1650年代の状況については、アイルランドの聖職者リチャード・フレクノー (Richard Flecknoe, 1600頃-78) の証言がある。彼は10年間かけてヨーロッパ、アジア、アフリカ、アメリカを旅してまわったが、その時のことを綴った手紙が *Relation of Ten Years' Travels in Europe, Asia, Affrique, and America*（1656）として出版されている。この中で彼は、旅の間、知っていて本当に便利だった言語はスペイン語とオランダ語で、英語は、時々役に立つ程度だったとしている。「世界の英語」とはかけ離れた状態であったことがうかがえる。

　この当時は、アメリカ植民が始まってまだまもなく、アメリカにおける英語圏は、東海岸のニューイングランド植民地

と南部植民地だけであり、英語話者も少なかった。

18世紀後半の英語の広がり

リチャード・フレクノーの記録の約100年後、1767年には、スコットランドの哲学者・歴史家デイヴィッド・ヒューム (David Hume, 1711-76) が、歴史家エドワード・ギボン（Edward Gibbon, 1737-94）に宛てた手紙の中で以下のように書いている。

> フランス人は、今現在、フランス語が広く用いられていることについて、勝ち誇っているがいい。（しかし）アメリカに我ら（英国人）がしっかり根付きその数を増してきていることを考えれば、英語はフランス語にも勝って安定し、長く用いられる言葉となるであろう。（括弧内は筆者による補足）

その約20年後の1780年には、後に初代アメリカ副大統領、そして第2代大統領になるジョン・アダムズ（John Adams, 1735-1826）が、議会に向けた手紙の中で、次のようなことを述べている。

> 英語は次世紀やそれに次ぐ世紀には、前世紀（17世紀）のラテン語や今世紀（18世紀）のフランス語と比べてもより広く一般に使われるようになる運命にある。理由は明白である。アメリカの人口は増え続けており、アメリカ人は幅広く世界のあらゆる国々との関わりを持っている。それに加え、イングランドの世界に対する影響力にも助けられ、英語は広く一般に使われるようになるであろう。（括弧内は著者による補足）

フランス語は、17世紀に外交や国際関係の分野における共通語としてラテン語に取って代わり広く使われるようになった。フランス語の地位はその後も19世紀末から20世紀初頭頃までは保たれた。1875年に日本とロシアとの間に結ばれた樺太・千島交換条約の正文がフランス語なのも、そのような事情を反映している。

一方、1919年に締結された、第一次世界大戦の講和条約であるヴェルサイユ条約では、フランス語と英語が正文となっており、この頃までには、国際社会において英語がフランス語と並ぶ言語となっていたと見ることができる。そう考えると、ヒュームやアダムズの「予言」が現実のものとなり、国際語としての現在の英語の地位が築かれたのは、20世紀前半以降のことだということができるだろう。つまり、英語が現在のように広く使われるようになってからまだ100年にも満たないということである。

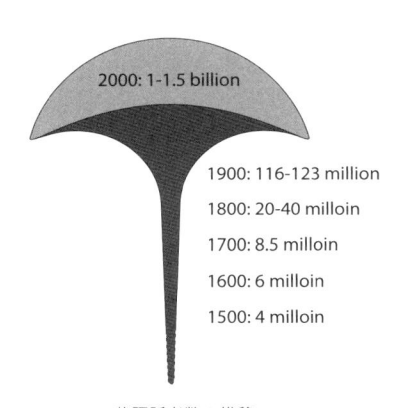

2000: 1-1.5 billion

1900: 116-123 million
1800: 20-40 milloin
1700: 8.5 milloin
1600: 6 milloin
1500: 4 milloin

英語話者数の推移
(Svartvik and Leech(2006) に基づく)

18世紀末までに形成された8つの英語圏

　5世紀にブリテン島にアングロ・サクソン人が侵入し、ここに英語を根付かせたことで、最初の英語圏が形成されて以来現在までに、英語を日常的に使う人がまとまって暮らしている「英語圏」は、世界に少なくとも8つできている。8つの英語圏をおよそ成立順に示すと以下のようになる。

1　イギリス諸島（5世紀以降）
2　北米大陸（アメリカおよびカナダ）（17世紀初頭以降）
3　カリブ海地域（17世紀初頭以降）
4　南アジア（18世紀後半以降）
5　オーストラリアとニュージーランド（18世紀末以降）
6　南アフリカ（18世紀末以降）
7　西アフリカ（18世紀末以降）
8　東南アジアおよび南太平洋地域（18世紀末以降）

　このように、英語がイギリス諸島を離れ、本格的に海外に進出し始めたのは17世紀初頭のことであった。最初は北米大陸やカリブ海地域、続いてアジアやアフリカに進出し、約200年の間に、イギリス諸島以外に7つの英語圏が形成された。このように、イギリス諸島以外の英語の歴史は、長く見積もっても400年程度であり、英語に約1500年の歴史があることを考えると、海外進出の歴史はまだ浅いといえる。
　以下では、18世紀末までに海外に成立した各英語圏に関して、それぞれいつ頃どのようにしてその土地に英語が根付くようになったのか、根付いた英語はその土地でどのように発展していったのかを見ていきたい。

COLUMN

19世紀後半の日本にも伝わった英語

　福沢諭吉の『福翁自伝』(1898-99) には、1858年頃のことを回想して、以下のようなことが書かれている。

> 　私は横浜に見物に行った。その時の横浜というものは、外国人がチラホラ来ているだけで、掘立小屋みたような家が諸方にチョイチョイできて、外国人が其処に住まって店を出している。其処へ行ってみたところが、一寸とも言葉が通じない。此方のいうこともわからなければ、彼方のいうことも勿論わからない。店の看板も読めなければ、ビンの貼紙もわからぬ。何を見ても私の知っている文字というものはない。英語だか仏語だか一向わからない。…ところで今、世界に英語の普通に行われているということはかねて知っている。何でもあれは英語に違いない、今我国は条約を結んで開けかかっている、さすればこの後は英語が必要になるに違いない、洋学者として英語を知らなければ迚（とて）も何にも通ずることができない、この後は英語を読むより外に仕方がない…

　鎖国時代に「洋学」を修めた福沢諭吉が開国後の横浜に行ったところオランダ語は通じず、何か別の言語が使われていたとされている。ここでも英語と並んでフランス語のことが言及されており、そこにはすでに見たような当時のフランス語の地位が反映されているといえる。しかしそれと同時に、世界で英語が広く使われていることが当時の日本の知識人にも知られており、これからは英語が必要になるに違いないと感じられるほど英語に勢いがあったことが分かり、非常に興味深い。

　ここに述べられているように、開国後まもなく、横浜には外国人の住む街ができ、そこで日本人との間に様々な交流が生まれた。その中で、横浜ピジン英語（Yokohama Pidgin English）が発達したことも知られている。開国後半世紀もしないうちに、日本でも英語の亜種が使われるようになったのである（ピジン英語については、239-240ページを参照）。

北米大陸への英語の伝播1
アメリカ英語の歴史

大航海時代と英語の世界進出の始まり

15世紀以降、ポルトガルやスペインの国外進出により大航海時代が始まると、約1世紀半遅れでイギリスも海外進出を始めた。これによりはじめて本格的に英語がイギリス諸島以外の土地にもたらされ、これ以降イギリス諸島から各地への植民が進むにつれて、英語圏が徐々に形成されていくことになる。

特に、後に多くの人口を抱え強大な国力を持つようになるアメリカへの植民は、世界の共通語としての英語の地位確立に大きく貢献した。アメリカがイギリスから独立して間もない18世紀末頃には、新興国アメリカ、そしてそこで使われる英語がすでに相当勢いづいていたということは、137ページのジョン・アダムズの言葉からもうかがい知ることができる。

ここでは、イギリス諸島以外で最初に英語が根付いた土地、北米大陸への英語の伝播とそこでの発達について見ていこう。

アメリカへの最初期の植民とヴァージニア

北米大陸の存在は、1492年にコロンブスがこれを「発見」して以来知られており、16世紀前半にはすでにスペイン、ポルトガル、フランスなどが植民を試みていた。一方イギリスは、半世紀ほど遅れて16世紀末近くになってようやく北米大陸への植民を始めた。

イギリスからアメリカへ最初に人が移り住んだのは、北米大陸「発見」から約1世紀後のエリザベス1世(在位 1558-1603)の時代であった。1584年に、女王の許可を得たウォル

ター・ローリー（Sir Walter Ralegh, 1554-1618）が、アメリカ東海岸沿岸地域に入植者を送ったのである。

　彼らは到着した島にロアノーク島という名前を付け、そこに住み着いたが、食糧不足や病気の流行などにより生活が安定せず、結局イングランドに引き返していった。その後も1580年代に2度、この地域への植民が試みられたが、いずれも失敗している。

　この当時、アメリカ東海岸沿岸地域には、ローリーあるいはエリザベス1世自身の提案により、ヴァージニアという名前が付けられ、それが現在でも州の名前として残っている。

　この地名は、北米大陸におけるイギリス初の植民地として、「女王エリザベス1世の土地」という意味で付けられたものである。エリザベス1世は生涯結婚せず、子供もいなかったため処女王（ヴァージン・クィーン）と呼ばれることがあるが、ヴァージニアはこの渾名（あだな）に因んだものである（-iaは、Australia, Romania, Tasmaniaのように、国名などによく用いられる接尾辞）。

最初のアメリカ永住植民地

　イギリスからの植民で最初に永住者が出たのは、エリザベス1世の死後、跡を継いだジェームズ1世の治世の初期、1607年のことであった。

　1606年に、3隻の船がロンドンから出航し、1607年にチェサピーク湾の入り口に位置する岬に到着した。彼らはそこからより住みやすい土地を求めてチェサピーク湾内に入り、川を遡って少し内陸に入ったところに定住した。

　彼らが最初に到達した岬には、当時の皇太子ヘンリー・フレデリック（1594-1612）の名に因み、ヘンリー岬（Cape Henry）という名が付けられた。また、彼らが遡っていった川とそのほとりに作られた町は、いずれも王の名に因みジェームズ川、ジェームズタウンと名付けられた。ジェームズタウンは同世紀末の火災で焼失してしまい現存しないが、この町のあった

島は今でもジェームズタウン島と呼ばれている。

ピルグリム・ファーザーズとニューイングランド植民

　ジェームズタウン建設の際には、ジョン・スミス（John Smith, 1580頃-1631）という人物が主導的な役割を果たした。探検家であった彼は、1614年にマサチューセッツ湾岸やその北部を探検し、この地をニューイングランドと名付けた。現在もマサチューセッツ、メーン、ニューハンプシャー、バーモント、コネチカット、ロード・アイランドの6州から成る地域はニューイングランドと呼ばれている。

　そして、この地域にはじめてイギリスから移り住んだのが、1620年にメイフラワー号で渡米した有名なピルグリム・ファーザーズ（Pilgrim Fathers）である。

　英国王ジェームズ1世は王権神授説を信奉し、息子にもこれに基づいた帝王学を施したことで知られる。ジェームズ1世は、神に国の支配を託された王は、神に等しい存在であり、神以外の何者もその地位を脅かすことはできないとし、議会を軽視し、あらゆることを独断的に進めようとしたとされている。それに加え、英国王はイギリス国教会の首長でもあり、政治のみならず宗教の世界でも頂点に君臨する立場にあった。

　このため、彼やその後継者チャールズ1世の治世においては政治的、宗教的な抑圧が強かった（それが高じて、後に清教徒革命が起き、チャールズ1世は処刑される）。特に、イギリス国教会員でない人々は、大学への入学も公務員としての採用も許されないなど、厳しい社会生活を強いられた。こうした迫害に反発し、国会議事堂を爆破し王を暗殺しようと計画する者まで現れるほどであった。

　なお、火薬陰謀事件 Gunpowder Plot として知られるこの計画は実行寸前で阻止された。それ以来現在までイギリスでは、この事件のあった11月5日は、計画実行犯の名前に因みガイ・フォークスの日 Guy Fawkes Day として一種の「お祭

り」が行われている。

　一方、新世界アメリカについての噂が広まると、イングランドの政治的、宗教的抑圧を逃れるためにアメリカに渡りたいと考える人が多く出た。ピルグリム・ファーザーズが渡米したのもこのような事情に後押しされたためである。

　彼らは当初、すでに植民地化が進んでいたヴァージニアに向かうつもりだったが、悪天候で航海がままならず、やや北に位置する現在のマサチューセッツに到着しそこに住み着いた。彼らが作った町はプリマス（Plymouth）と命名され、ここがニューイングランド植民の最初の拠点となった。

三大植民地圏の成立

　ジェームズタウンやプリマスに続き、イギリスからのアメリカ植民が軌道に乗ってくると、アメリカ東海岸の北部、中部、南部にそれぞれ以下のような植民地が形成されていった（括弧内の数字は永住植民が最初に行われた年あるいは植民地の成立年）。これらの植民地がやがてアメリカの独立を機に州へと発展していくのである（カロライナは1712年に南北二つに分かれた）

ニューイングランド植民地
マサチューセッツ（1620）、ニューハンプシャー（1629）、コネチカット（1636）、ロード・アイランド（1636）
中部植民地
ニュージャージー（1664）、ニューヨーク（1664）、デラウェア（1664）、ペンシルベニア（1681）、
南部植民地
ヴァージニア（1607）、メリーランド（1632）、カロライナ（1663）、ジョージア（1732）

植民地時代の歴史が刻まれた州名

　ヴァージニアという地名と同様に、カロライナはチャールズ2世（在位1660-85）の許可に基づいて植民が行われた際、彼の父チャールズ1世（のラテン語名 Carolus）に因んで命名された。メリーランドはチャールズ1世の妻ヘンリエッタ・マリアの名に、ジョージアはジョージ2世（在位1727-1760）の名に因んでいる。このように南部植民地の名前はいずれもイギリスの王や王妃の名や渾名（あだな）に由来している。

　前節の表に見られるように、中部植民地は他に比べ少し成立年が遅いが、これはこの地域にいち早くオランダが進出していたことと関連している。中部植民地成立以前に、すでにオランダが植民を進めていたこの地域はもともとニューネザーランド（Netherlandはオランダのこと）と呼ばれていた。

　ニューネザーランドの中心都市はオランダの首都に因み、ニューアムステルダムと呼ばれていた。1664年にイギリスがこの町を手中に収めると、当時の英国王チャールズ2世はこの町を含む周辺一帯の土地を弟のヨーク公ジェームズ（のちのジェームズ2世、在位1685-1688）に与えた。これを記念して、ニューアムステルダムはニューヨークと改名された。

　イギリスがオランダから引き継いだ土地はまた、清教徒革命とその後の内戦の間、チャールズ2世を英仏海峡のジャージー島でかくまった人物にも与えられた。これに因みこの人物に与えられた土地は、ニュージャージーと命名された。

13植民地とアメリカ独立

　17世紀から18世紀前半にかけて、東海岸にできた英国13植民地が繁栄するにつれて、税制を含む様々な政策を押しつけるイギリス本国への反発が強まっていった。そしてついに、13植民地は1775年に独立戦争を始め、1776年7月4日にアメリカの独立を宣言する。

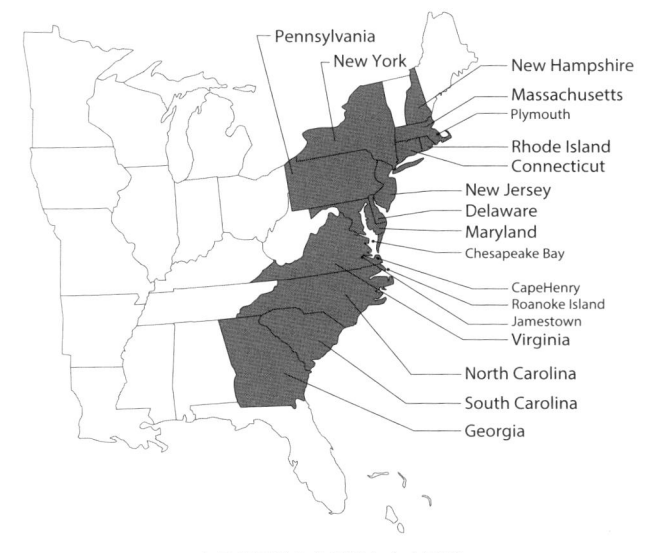

十三植民地から発達した十三州

　こうして、イギリスによるアメリカへの植民とそれに続くアメリカの独立により、北米大陸に英語が根付き、イギリス諸島に次ぐ第二の英語圏が形成された。とはいえ、当時のアメリカは13州から成る国で、上の地図にも見られるように、現在のアメリカに比べれば面積も人口も比較にならないほど小規模であった。

アメリカにおける最初期の英語

　アメリカ英語の出発点は、植民開始から独立前後まで、およそ17世紀から18世紀後半にかけてのイギリス英語（初期近代英語）であった。しかし、新しい環境に置かれた言語は徐々にその環境に適応し、新しい特徴を獲得していくものであり、アメリカに根付いた英語も例外ではなかった。

　アメリカに根付いた英語が独自の特徴を帯びるように

なった最も初期の例にcornという語の用法がある。この語は主要な穀類を指して用いられる語で、当時のイギリスでは主に小麦やライ麦を指していた。ところが、アメリカに渡った人々は当初、小麦の栽培に失敗し、代わりにネイティブ・アメリカンに栽培法を習ったトウモロコシが主要な穀類となった。それでアメリカではトウモロコシをcornと呼ぶようになった（イギリスではmaizeを用いる）。

　cornを最初にトウモロコシの意味で使ったのは、ジェームズタウンの建設を主導したジョン・スミスで、1608年のことである。1607年の植民の翌年にはすでに、ささやかながらもアメリカ独自の言葉遣いが誕生していたことを示す一例である。新しい環境に置かれた英語は、このような小さな変化を積み重ねていくことで、初期近代英語期以降、徐々に「アメリカ英語」へと発達していく。

　しかし、それと同時に忘れてはならないのは、イギリス英語もまた独自の進化を遂げてきているということである。そのため、イギリス英語で失われた特徴がアメリカ英語には現在まで保存されているということもよくある。したがって、元祖であるイギリス英語が保守的で、そこから発達したアメリカ英語が革新的であるとは限らず、その逆のケースも少なくないのである。

ネイティブ・アメリカンの言語からの語彙借用

　新しい環境に置かれた言語が新しい特徴を獲得する際の一つの典型例として、新天地で出会う人たちの話す言語からの語彙借用が挙げられる。アメリカでは、ネイティブ・アメリカンの言語から英語に取り入れられた語が数多くある。

　1550年以前、英語はアメリカ大陸との関わりがなく、ネイティブ・アメリカンの言語からの語彙借用も全く行われていなかった。一方、北米への探検が行われるようになった16世紀後半からは小規模ながら語彙借用が始まっている。そして、

植民が本格化する17世紀前半以降、語彙借用は急激に活発化している。

19世紀には借用語数が特に伸びているが、これは、この時代に西部への国土拡大が行われたことが関係している。独立後、1790年頃から約100年間にわたり、未開地を開拓すべく西部に向かう人が多く出た。その際、先住民族に対する迫害が各地で行われたこともよく知られているが、多くの人々が西部に進出したことで先住民族との交流の機会が増え、語彙借用が促進されたのである。

ネイティブ・アメリカンの言語からの借用語の中で、ある程度一般性のある語には以下のようなものがある。それまで知られていなかった動植物や先住民族の文化と関連する語彙が多く借用されている。*OED Online*にはネイティブ・アメリカンの言語からの借用語がこれらを含め339語収録されている（カナダにおける借用語も含む）。

jaguar	ヒョウ、ジャガー
raccoon	アライグマ
opossum	オポッサム
skunk	スカンク
capybara	カピバラ
persimmon	柿（の木）
tomahawk	トマホーク（斧の一種。地名やミサイルの名前としても知られている）

この他、アメリカの地名にはネイティブ・アメリカンの言語に由来するものが非常に多い。例えば、アリゾナ、ミネソタ、ミシシッピ、ネブラスカ、ユタなど、50州のうち26の州名はネイティブ・アメリカンの言語に由来する。

シカゴ、シアトル、マイアミなどの都市名や、マンハッタンのような地区名、ナイアガラの滝、ミシシッピ川、ポトマック川など滝、川、湖の名前にも先住民の言語に由来するものが数多くある。

このように、他言語を話す人々の侵略や征服を受けた人々の言葉（基層言語）が地名に留められることはよくあることで、イングランドにも、例えばロンドンやテムズ川の場合のように先住民族のケルト系言語に基づく地名が多くある。アボリジニの言語に由来するオーストラリアの地名や、アイヌ語に由来する北海道の地名も同様の例である。

スペイン語からの語彙借用

英語話者たちが北米大陸で出会ったのはネイティブ・アメリカンだけではなかった。当時の北米にはすでにヨーロッパの複数の国々が進出しており、それぞれ植民地を作っていた。植民地間の交流を通じてヨーロッパ系言語からの語彙借用が行われることもあった。

北米大陸に最初のヨーロッパ系植民地を作ったのはスペインである。中でも最初期に作られたのは、1565年にフロリダ半島の付け根辺りに作られたセント・オーガスティンである。スペインはその後植民地を拡大し、フロリダ、ニューメキシコ、カリフォルニア、メキシコ、西インド諸島等からなるニュースペインを形成するようになった。

英語話者がアメリカ大陸への探検や植民をするようになると、現地のスペイン語話者たちから学んだスペイン語の語彙が英語に入るようになった。アメリカ大陸においてスペイン語から借用された語には例えば以下のようなものがある。

canoe	カヌー
hurricane	ハリケーン
hammock	ハンモック
tobacco	タバコ
potato	ジャガイモ
tomato	トマト
chocolate	ココア

chilli	チリ、唐辛子
mosquito	蚊
alligator	ワニ

　アメリカの独立後、19世紀に入って英語話者たちの西部や南部への進出が本格化するにつれ、スペインの植民地に住むスペイン語話者との接触が増え、スペイン語からの語彙借用も活発化した。例えば、19世紀の北米大陸西部というと、西部劇の世界が思い起こされるが、そこに登場するカウボーイは本来、北米大陸に根付いていたスペインの牛飼い（vaquero）の伝統に端を発する牧畜業従事者である。そのため、buckaroo「カウボーイ」、lariat「投げ縄」、rodeo「ロデオ」など、カウボーイや牧畜業と関連する語彙には、スペイン語に由来するものが多い。

　1848年に始まるゴールド・ラッシュの時代に普及したbonanza「大鉱脈、大当たり、大儲け」もスペイン語に由来する。barbecue「バーベキュー」、tortilla「トルティーヤ」、cafeteria「カフェ」などの食文化と関連する語彙もスペイン語から取り入れられている。

　ニュースペイン時代の名残はアメリカの地名にも刻まれている。例えば、カリフォルニア、コロラド、フロリダ、モンタナ、ネバダ、ニューメキシコの6州の州名はスペイン語に由来する。この他、アリゾナ、テキサスおよびユタはネイティブ・アメリカンの言語に由来するが、スペイン語を経由して現在の形になっている。かつてニュースペインの一部であった地域を中心に、サンフランシスコ、ロサンゼルス、ラスベガス、サンノゼなど、スペイン語由来の都市名も非常に多い。

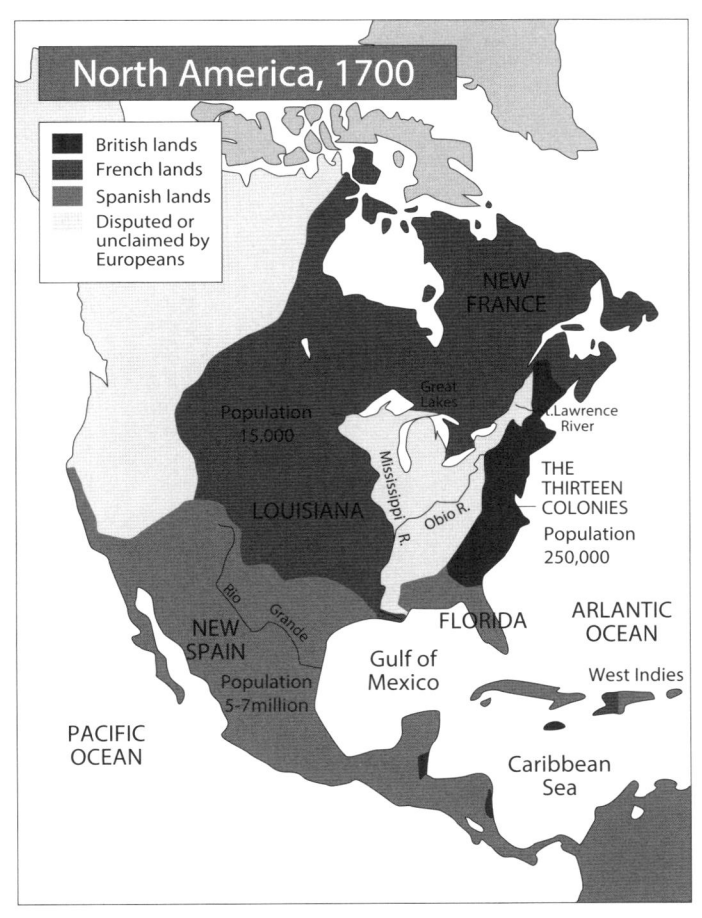

1700年頃の北米大陸

オランダ語からの語彙借用

　イギリスの中部植民地が作られた地域には、より早くからオランダの植民地、ニューネザーランドがあった。両国間の争いの結果、オランダは北米から撤退し、イギリスの中部植民地が形成された。この際、ニューアムステルダムがニューヨー

クに改名されたことは145ページで見た。

　しかし中には、オランダ語に由来する地名が英語風の発音になってそのまま使われ続けているケースも少なくない。例えば、以下のようなニューヨークのよく知られた地名はオランダ語に由来する。

現在の地名	元になるオランダ語の地名
Broadway	Brede Weg
Brooklyn	Breukelen
Harlem	Haarlem
Long Island	Lange Eiland
Wall Street	Walstraat

　メジャー・リーグにニューヨーク・ヤンキースというチームがあるが、Yankee という言葉もオランダ語に由来すると考えられている。John に対して愛称 Johnny があるのと同じように、オランダ語では Jan に対する愛称として Janke があるが、これが英語風の綴りに改められて Yankee という語になったとされている。Yankee は本来、ニューイングランドに住むオランダ系の人々を指したものであったが、それがやがてこの地域に生まれ育ったオランダ系以外の人や、さらにその後意味が拡大されアメリカ人一般を指すようにもなっている。上述のように当時のアメリカはまだ非常に小規模で、ニューイングランドはアメリカの主要部だったためにこのような意味の拡大が可能だったのだろう。

　この他、植民地時代から独立初期にかけてオランダ語から英語に入った語には次のようなものがある。

boss	上司、ボス
cole-slaw	コール・スロー
cookie	クッキー
Santa Claus	サンタクロース
waffle	ワッフル

アメリカ英語に対する批判

　イギリスとは異なる語彙の使用や、アメリカ独自の語の意味や使い方が発達してくると、イギリス人はアメリカ人の言葉遣いを野蛮で腐敗したものとして批判的に捉え馬鹿にするようになった。そのような例の最初期のものに、1735年にジョージアを旅したフランシス・ムーアが書いた旅行記の一節がある。

> この（サバナという）町は周囲2キロほどで丘の上の平原に位置する。川に臨むこの丘（彼らはこれを野蛮な英語でbluffと呼んでいる）は急勾配で、高さが約45フィートもあるので、重い荷物はみなクレーンで運び上げられる…。

　ここで「野蛮な英語」とされているbluffは、オランダ語からの借用語である。
　はじめての本格的な英語辞書を編纂したことで知られるサミュエル・ジョンソン（Samuel Johnson, 1709-1784）も1755年にアメリカで出版されたある本の書評の中で、「本書は論題に相応しく上品に書かれている。もっとも、いくらかアメリカの方言、つまり広く広まった言語であればいかなる言語でも逃れられない腐敗の跡、が混ざっていないとはいえないが」と書いている。
　当時のアメリカ英語は、アメリカ人自身によっても批判されることがあった。例えば、ニュージャージー代表として独立宣言に署名したジョン・ウィザースプーン（John Witherspoon, 1723-1794）は1781年の記事で次のように述べている。

> この国では、上院においても、法廷でも、説教壇でも、また報道においても、イギリスで同等の社会的地位や教養を持つ人物にはほとんど見られないような文法的誤りや不適切かつ野卑な言葉遣いが行われているのを耳にし、目にしてきた。

　ウィザースプーンはこの記事を書いたのと同年に、アメリカ

特有の言葉遣いを言い表すのにAmericanismという言葉をはじめて使ったことでも知られている。

　1808年発行の*Monthly Mirror*や*Annual*というイギリスの雑誌、また小説家のフランセス・トロロープが1832年に出版したアメリカ見聞録や、1833年に出版されたトマス・ハミルトンというスコットランド人のアメリカ見聞録にもアメリカ英語への苦言が見られる。

　このように、アメリカ独立前後の時代以降、アメリカ英語は野蛮で腐敗していると批判され、また侮蔑の対象とさえなっていた。現代においてもなお、イギリスでは時々アメリカ英語のことを（多くの場合冗談半分で）揶揄するような言葉が聞かれることがある。イギリスにおいてアメリカ英語を批判的に見る「伝統」はまだ消えていないのかもしれない。

初期アメリカで生まれた表現：略語

　当初批判にさらされたアメリカ独自の言葉遣いの中には、その後より一般的になり、イギリスを含め広く英語圏で使われるようになったものも多くある。ここでは当時のアメリカで発達した新たな表現についていくつか見ておこう。

　19世紀のアメリカでは、略語ブームとでも呼べるような動きがあり、多くの略語が使われた。日本語でも使うOK「了解」はこのブームの中で生み出されたもので、all correctをおどけて綴ったoll korrectの略として1839年にはじめて使われたものである。当時は他にもKY (know yuse = no use)「役に立たない」、KG (know go = no go)「駄目、失敗」、RTBS (remains to be seen)「続きはのちほど」など多くの略語が生み出された。NG (no go/good)「駄目な」もこの当時作られた略語である。

　日本でも2007年頃にKY「空気読めない」など、略語が流行ったことがあった。似たようなことが19世紀のアメリカでも起きていたということである。日本のKY語は一部の若者の間で好んで使われた一方、より年齢層の高い人たちからは眉を

顰められることが多かった。同様に、19世紀アメリカの略語ブームも、イギリス人達に批判的に見られていたのである。

なお、ASAP (as soon as possible)、AKA (also known as)、TGIF (Thanks God it's Friday) など、この種の略語はその後もアメリカで多く生み出されている。また、テキスト・メッセージやツイッターの普及により、例えば、OMG (Oh my God !)「何と！」、LOL (laughing out loud)「爆笑」、CU (See you)「じゃあね」など、イギリスでも（特に若い世代を中心に）略語がよく使われるようになってきている。

また、これとは少し性格が異なるが、やはり19世紀のアメリカで好まれた省略表現に、phone (< telephone)「電話」、prof (< professor)「教授」、pants (< pantaloons)「ズボン」、gents (< gentlemen)「男性」などもある。Thank you の代わりに使う Thanks「ありがとう」もこれと似たある種の省略表現として当時好んで使われたものである。

初期アメリカで生まれた表現：新語、新しい意味

略語の他にも、19世紀のアメリカで生み出され、その後より広く普及した語句は数多い。例えば、既存の sleepy「眠たい」や healthy「健康的な」の場合と同じように、名詞に形容詞を作る接尾辞 -y を加えた以下の派生語はみな19世紀のアメリカで使われ始めたものである（ただし、choosy については動詞＋-y からなる）。

bossy	威張りたがる
choosy	好みのうるさい
chunky	分厚い、大きな塊の
pushy	押しの強い
sexy	セクシーな
sporty	運動に適した

以下の語も19世紀のアメリカで既存の語根、語、接尾辞を利用して作られたもので、現在ではイギリスを含め英語圏で広く使われるようになっている。

acculturation	文化変容
buddy	相棒（cf. mate）
donate	寄付する
free-range	放し飼いの
gangster	ギャングのメンバー、悪党
hometown	地元の町
postgraduate	大学院生；大学院の
proofread	校正する
seafood	魚介類、海産物
shortage	不足
southpaw	左利きの（人）
winery	ワイン醸造所

　既存の単語がアメリカでは従来とは異なる意味で用いられるようになることもよくあった。例えば、cuteはacute「鋭い」のa-が語頭音消失により落ちてできた語で、もともとは「鋭い、賢い」などの意味で用いられていたが、現在普通に使われる「可愛い」という意味は19世紀のアメリカで発達したものである。

　本来「囲い地」を意味するparkは16世紀頃から「囲い込む」という意味の動詞としても使われていたが、19世紀アメリカでは新たに「（車を）駐車する」という意味が発達した。

　口語英語で極めて頻繁に用いられるguy「やつ、男」は、ジェームズ1世の暗殺計画を実行しようとしたガイ・フォークス（Guy Fawkes）の名に由来する語で、本来は火薬陰謀事件（143-144ページを参照）を記念したガイ・フォークスの日（11月5日）に燃やされるガイ・フォークス人形のことを言い表すものだった。そこから転じて、「（この人形のように）醜い人物」という意味でも用いられていた。それが19世紀のアメリカでは否

定的な意味が失われ、中立的な「男、人」の意味で用いられ始め、現在ではこれがこの語の最も一般的な意味になっている。

アメリカ国家の整備と国語の整備

13の州が集まってできた新興国アメリカでは当初、様々な制度が未整備であった。例えば、当時のアメリカには標準時がなく、州や地域ごとに時間がばらばらであった。通貨に関してもイギリスの通貨をはじめ様々なものが使われていた。国としての統一を図る必要から、これらは徐々に整備が進められていった。

英語についても同様に、独立前後の時代から整備の必要性が感じられていた。すでに見たように、そもそもアメリカにもたらされる以前のイギリスの英語それ自体が、他のヨーロッパの言語に比べ、しばしば粗野で未整備な言語だと捉えられていた。そこで、国家の様々な制度とともに英語も整備すべきだと考える人が多く出た。

例えば、1774年の *Royal American Magazine* という雑誌には、英語の整備を目的とした「アメリカ言語協会」（American Society of Language）の設立を提案した記事が掲載されている。1780年には、後に第2代大統領となるジョン・アダムズが大陸議会の議長に宛てた手紙の中で、「英語の矯正、改善、確定のためのアメリカン・アカデミー」（American Academy for correcting, improving and ascertaining the English language）の設立を提案している。

1788年には、次節で見るウェブスターが中心となり「アメリカの言語の確定と改善」を目的として「文献学協会」（Philological Society）が設立された。また、1820年には「英語の純正性と統一性を普及・促進させる」ことを目的とした「アメリカ言語・文学アカデミー」（American Academy of Language and Belles Lettres）が設立されている。

しかし、これらの提案はいずれも実現されず、また設立

された組織も十分に機能しないまま解散しており、アメリカにおける英語の整備には役に立たなかった。

国家のアイデンティティとしてのアメリカ英語

　「アメリカ言語・文学アカデミー」の運営が頓挫したのは、アカデミーの掲げた理念が広く一般には受け入れられなかったためだった。このアカデミーが目的としたのは、アメリカの英語に発達しつつあった様々な「腐敗」を見つけ出しこれを排除し、(イギリスの知識層の間で使われるような) 標準的で適切な英語の使用を推奨することであった。

　ところが、独立前後から育まれてきたナショナリズムにも後押しされて、イギリスの英語とは別個に、アメリカにはアメリカの英語があってよいはずだと考える人が多く出始めてもいた。アメリカ建国の父の一人で後に第3代大統領となるトマス・ジェファーソン (Thomas Jefferson, 1743-1826) もそのような考えを持っていたようで、アメリカ言語・文学アカデミーの名誉会長になるよう求められた際にはこれを固辞している。

　このような考え方に基づき、アメリカ英語の確立に最も大きな影響を与えた人物にノア・ウェブスター (Noah Webster, 1758-1843) がいる。独立戦争の時代に青年期を迎え、愛国者として育った彼は、アメリカが真の独立国となるには、政治的な独立のみならず、文化的、精神的な面での独立も必要だと考え、特にイギリスの英語とは異なるアメリカ英語の整備に力を注いだことで知られている。

　このような信条を持ちつつ教師として英語を教えていた彼は、アメリカの学校ではアメリカで書かれた教科書を使うべきだと考え、自ら教科書を執筆するようになった。彼が最初に出版したのは *The American Spelling Book* (1783) という綴り (および発音) に関する手引書であったが、その目的について、彼は以下のように述べている。

> 言語の統一性と純正性をアメリカに普及させること、方言に見られる些細な違いに由来し（別の方言話者同士が）相互に揶揄し合う原因ともなる地域性に根差した偏見を排除すること、そして文学に対する興味や合衆国の調和を促進することこそが著者が最も強く望むことである。

　「アメリカ」や「合衆国」という言葉で強調されているように、ウェブスターが目指したのは（イギリス英語とは別個の）アメリカ英語の標準を示すことであった。この本は出版からウェブスターが亡くなるまでの約60年間に2400万部売れ、彼の死後さらに19世紀末までには8000万部以上を売り上げたという。
　綴りの手引書に続いて、ウェブスターは文法 *American Grammar* (1784) および読本 *American Reader* (1785) も出版している。最もよく売れたのは綴りの手引きであったが、読本も1830年代まで多くの学校で主要な教材として使われた。
　この教科書を通じて、ウェブスターはアメリカ英語の整備や発達に大きな影響を与えた。

ウェブスターのアメリカ英語辞書

　教育者・教科書編者としての功績も計り知れないほど大きいが、ウェブスターの業績として一般に最もよく知られているのは、アメリカ最初の本格的な英語辞書、*An American Dictionary of the English Language* (1828) である。ウェブスターはこの辞書の序文の中で、編纂の目的について以下のように述べている。

> 今や我が同胞に提供された本書において、私が目指したことは、英語の正書法や構造に関する正しい原則を確認し、明らかな誤りを取り除き、例外的な事項を減らし、語および文の形式にさらなる規則性と統一性を与えること、またそうすることでわが国の言語の標準を示すことである。

この当時まで、最も広く使われていた英語の辞書は1755年に出版されたサミュエル・ジョンソンの辞書だったが、アメリカ独立以前のイギリスで出版されたこの辞書では、アメリカ英語は扱われていない。

　一方、アメリカ英語の標準形を示すことを目指したウェブスターは口語的なものも含め、アメリカ特有の語彙を積極的に収録した。例えば、chowder「チャウダー」、hickory「ヒッコリー (木)」、skunk「スカンク」などは当時主にアメリカで用いられた語彙で、ウェブスターがはじめて辞書に取り上げた語である。アメリカ特有の語彙に加え、科学技術関連の語彙をはじめジョンソンの辞書には収録されていない語も多く取り入れられており、収録語数も約4万3000語収録のジョンソン辞書をはるかに上回る約7万語である。彼は語の用例を示す文にもアメリカで書かれたものを多く採用した。

　綴りの手引書を出版して以来、ウェブスターは英語の正書法の不備や不統一を指摘しながら、これを改善しようと努力してきた。そして、この権威ある辞書にも彼の提唱する正書法が採用されたことで、イギリス英語とは異なるところのあるアメリカ式の正書法が一般に定着したといえる。

ウェブスターの提唱したアメリカ綴り

　*American Spelling Book*以来、ウェブスターは折に触れ正書法の問題を扱っている。1806年出版の *A Compendious English Dictionary* の序文においても、ジョンソンの辞書あるいはラウスやマリーの文法書に見られる問題点を指摘し、これらを正す必要性を論じている。

　17世紀の綴り字改革論者の体系的で大規模な綴り字変更の提案とは異なり、ウェブスターの提案は小規模なものだった。そのため、彼の提案の中には、広く一般に受け入れられ、現在までアメリカ綴りとして使われているものが多くある。彼自身途中で考えを変えるということもあったが、ここでは、1828

年の *An American Dictionary of the English Language* に採用されている彼の綴り字とその影響について見ておこう。

　　綴りについてウェブスターが特に問題視したのは、余分な文字、発音されない文字の存在、あるいは綴りと発音の乖離であった。彼が採用した綴りには、例えばジョンソンの採用した綴りと以下のような違いがある。

ジョンソン	ウェブスター
axe	ax
goal	jail
humour	humor
mosque	mosk
republick	republic
theatre	theater
[travelled]	traveled

　　読まない -u- や -e を排除した labor, humor, color, ax, 蛇足に見える -k や -l- を排除した republic, academic, traveled, canceled および、発音によりよく則した theater や center のような綴りはアメリカ綴りとして定着している（republic 等はイギリスでものちに採用されている）。同じ理由から、waggon は wagon、jewellery は jewelry とされ、これも定着している。

　　しかし、ウェブスターが採用した綴りの中には、一般には受け入れられなかったものも少なくない。例えば、acre, massacre, ache, cloak, sponge, thumb, tongue に対してウェブスターはそれぞれ aker, massacer, ake, cloke, spunge, thum, tung という綴りを採用しているが、これらは普及しなかった。thumb や tongue については、腐敗したあるいは誤った綴りであるというコメントまで付けているが、伝統を覆すことはできなかった。

　　同様に、mosque「モスク」を mosk に改める提案は受け入れられなかったが、その一方、masque や cheque を mask, check と改める提案は受け入れられている。

ウェブスターの辞書は1840年頃までにはアメリカにおける英語辞書の最高峰とみなされるようになったといわれており、1864年以降は政府印刷局でも彼の辞書（の改訂版）に従った綴り字が採用されている。

ウェブスターの影響下で発達したアメリカ綴り

　受け入れられなかったものも多いとはいえ、綴り字に関するウェブスターの提案の趣旨は広く一般に理解され、実際、アメリカ綴りの発達に大きな影響を及ぼしている。つまり、ウェブスター自身の提案ではないものの、黙字や余分な文字の排除を中心とする彼の路線に沿った多くの綴り字がアメリカで一般に使われるようになっているのである。

　1876年にはアメリカ文献学協会（American Philological Association）が、次のような新たな綴りを提案している。

既存の綴り	アメリカ文献協会の提案
are	ar
catalogue	catalog
definite	definit
guard	gard
give	giv
have	hav
infinite	infinit
live	liv
though	tho
through	thru
wished	wisht

　同年に組織された綴り字改革協会（Spelling Reform Association）もこれら11の綴りの使用を奨励している。このうち、catalogとthruは定着し現在まで使われている。1886年にはアメリカ文献学協会がウェブスターの路線に基本的に沿った

形で、約3500語に関わる新たな綴り字の導入を提案している。

1898年には国家教育協会（National Educational Association）が以下の綴りを使うことを提案している。これらもウェブスターの基本路線に従ったものである。

既存の綴り	国家教育協会の提案
catalogue	catalog
Decalogue	decalog
pedagogue	pedagog
programme	program
prologue	prolog
though	tho
although	altho
through	thru
throughout	thruout
thorough	thoro
thoroughly	thoroly
thoroughfare	thorofare

1906年には簡易綴り字委員会（Simplified Spelling Board）が組織され、推奨される300の綴りのリストを発行し、同年中にはルーズベルト大統領が政府印刷局にこれらの綴りの導入を指示している。ここで推奨されたのも、例えば det (= debt), tel (= tell), twelv (= twelve), wil (= will), yu (= you) など、黙字や余分な字を排除した綴りであった。

この種の綴字簡略化運動は、大きな成功を収めることはなかった。しかしそれでも、例えば catalog や program のような綴りは定着し今でも使われている。

アメリカで定着した「簡易」綴りには他にも以下のようなものがある。

イギリス綴り	アメリカ綴り
amoeba	ameba「アメーバ」
anaemia	anemia「貧血」
archaeology	archeology「考古学」
cauldron	caldron「大釜」
diarrhoea	diarrhea「下痢」
encyclopaedia	encyclopedia「百科事典」
manoeuver	maneuver「軍事演習」
mediaeval	medieval「中世の」
storey	story「(建物の)階」

　これらのうち、archeology, caldron, encyclopedia, medievalなどは、イギリスでも使われるようになっている。

アメリカ英語の保守性1：語彙

　アメリカに当初根付いたのは17〜18世紀にかけてのイギリス英語であった。以降、少しずつアメリカ独自の英語が形成されていくにつれ、イギリス英語との間に様々な違いが生じるようになった。それと同時に、イギリス英語もまた少しずつ変化し続け、その結果、イギリスでは失われた特徴がアメリカでは生き残っているというケースもある。

　1781年にAmericanism「アメリカ的言葉遣い」という言葉が最初に使われて以降、アメリカ的な言葉遣いとは何かという議論が盛んに行われるようになった。そして、この種の議論において、他言語からの語彙借用などとともにアメリカ語法の起源の一つとしてよく言及されたのが、アメリカ英語の語彙の保守性であった。つまり、イギリス英語では失われた語や語の意味がアメリカ英語には留められているのである。

　よく知られた例として、loan「貸す」やguess「〜と思う」が挙げられる。これらはいずれも中世の文献に最初の記録があり、18世紀頃まではイギリスでもアメリカでも使われていた。しかしそれ以降イギリスではこれらは徐々に使われなくなって

いき、結果として、現在では主にアメリカでのみ用いられる。fall of the leaf「落葉(の季節)」に由来し、現在では主にアメリカで使われるfall「秋」も本来はイギリスで使われ始めたものである。しかしイギリスではautumnを使うのが一般的であり、この意味のfallは一部の決まり文句や方言以外では使われなくなっていった。

　アメリカ英語で「しばしば」を意味するのに使われるoftentimesも、中世のイギリスで使われ始めたが、イギリスではその後使われなくなっている。

　be mad at「～に腹を立てて」に含まれる「怒って」の意のmadも中世イギリスで使われ始めたものであるが、その後イギリスでは一部の方言を除きこの意味は廃れていった。一方、アメリカでは、「正気でない」という意味と並んで、現在までこの意味のmadも主に口語で使われている。

　sickにも似たことがいえる。古英語期以来、この語は「病気の」という意味で使われてきたが、イギリスでは15世紀以降徐々にill「病気の」が台頭し、sickは「吐き気がする、むかつく」のように、より特化された意味で用いられるのが一般的になっていった。一方、アメリカでは「病気の」の意味のsickが現在まで広く使われ続けている。

アメリカ英語の保守性2：文法

　文法に関しても、アメリカ英語の方がイギリス英語よりも保守的な特徴を留めている場合がある。

　例えば、動詞の語形変化と関連した例としてgetの過去分詞gottenが挙げられる。中英語期にはgetの過去分詞はgetenやgotenという形で -enという語尾が付いていたが、15世紀以降はこの語尾が落ちた形も並行して使われるようになり、やがて語尾の落ちた形が一般的になったのに対し、アメリカでは語尾を留めたgottenが現在でも使われる。

　もう一つよく知られた例として、アメリカ英語における

仮定法現在の使用が挙げられる。以下の例文のように、アメリカ英語では、suggest, demand, require, insist, advise など提案、要求、勧告等を表す動詞に続くthat節中においては、仮定法現在が用いられる。これに対し、従来のイギリス英語では「should + 動詞の原形」が用いられる傾向にある。

> （米）He insists that she attend the meeting.
> （英）He insists that she should attend the meeting.
> 「彼は彼女がその会議に出席するべきだといっている」

仮定法現在は古英語期以来の動詞の語形変化の伝統を留めたものである。イギリス英語においても、if need be「必要とあらば」や be it ever so humble「たとえどんなに貧しくとも」など、古風な言い回しを留めた決まり文句の類にはこれが使われることがある。最近では、アメリカ英語の影響により、イギリスでも、上記のような構文内での仮定法現在の使用が復活してきている。

アメリカ英語の保守性3：発音

発音に関しても、イギリス英語では失われた古い時代の特徴がアメリカ英語に留められていることがある。

最も分かりやすい例としては doctor や bird に見られるような語末あるいは子音の前にある r の発音が挙げられる。すでに見たように、「rの脱落」（88-89ページ）により、イギリス英語では18世紀にこのrは発音されなくなった。一方、アメリカではその後もこのrは発音され続け、現在に至っている。綴りにrの文字が含まれているのは、もともとそこにr音があったからであり、これを今でも発音するという点でアメリカ英語のほうがイギリス英語よりも保守的ということができる。

white や what の語頭の wh- の発音についても、アメリカ英語はより保守的な傾向を示している。この種の語頭の wh- は、

古英語期には hw- と綴られ、/hw/ と発音された。中英語期以降、これが /w/ 音で発音されるようになり、19世紀にはこれがイギリスにおける標準的な発音となった。一方、アメリカでは現在まで語頭のh音を保った発音がよく聞かれる。

　herb「草、薬草」もアメリカに古い時代の発音が留められている。herbはフランス語から借用された語で、フランス語の伝統にならってもともと語頭のhは発音されていなかった（実際、erbeのような語頭のhがない綴りも記録されている）。イギリスではその後、語頭のhが発音されるようになり今日に至っているが、アメリカ英語では昔の発音が留められ、今でもこれを/ə:rb/ と発音するのが一般的である。

アメリカ英語の方言圏

　独立当初アメリカは東海岸の13州だけであったが、やがて西部の開拓が進み、19世紀末までには現在のアメリカのほぼ全域に英語話者が住むようになった。このようにして広大な北米大陸に英語が行き渡ることになったが、歴史の浅さや人々の流動性の高さのため、アメリカの方言差はイギリスよりも小さい。

　詳しく見ればより細かい分類が可能であるが、一般に、アメリカ英語の方言は以下の3種に大別される（この他、黒人英語については250ページ以降を参照）。

> 一般アメリカ英語（General American, GAと略す）
> 北東部方言（Northeastern）
> 南部方言（Southern）

　これらの方言の地域的分布はおよそ以下の地図に示された通りである。ただし、一般アメリカ英語については、この範囲に限らず、全土に話者が多くいる。

アメリカ英語の方言圏

　一般アメリカ英語は標準的なアメリカ英語と認識されているもので、英語を母語とするアメリカ人の3分の2程度がこれを話すといわれている。本書でも、断りのない限り、「アメリカ英語」といった場合には一般アメリカ英語のことを指す。以下で扱うアメリカ英語の歴史やその特徴についても、一般アメリカ英語を中心に見たものである（その発音の特徴については、88-91ページを参照）。

北東部方言

　北東部方言は、ニューイングランドおよび（ニューヨークを除く）ニューヨーク州で使われる。そして、この方言には（古い時代になればなるほど）イングランドの英語と似た特徴が認められる。

　ピルグリム・ファーザーズがプリマスの町を作って以来、南北戦争（1861-65）頃まで、この地域は政治的にも経済的にもアメリカの中心であり、アメリカ社会を牽引するイングランド系エリートたちの多くが集まる地域であった。そして、彼らの多くはイングランドの英語を威信あるものとして模倣する傾向にあった。その影響で、北東部方言にはイングランドの英語と

似た特徴が多く認められるのである。

　北東部方言のよく知られた特徴を一つだけ紹介しておくと、一般アメリカ英語と異なり、北東部方言はnon-rhotic accentであることが知られている。18世紀末までにイングランドにおいては「rの脱落」（88-89ページ）のために語末や子音の前のrが発音されなくなった。アメリカにおいても、当時のイングランド系エリートたちの多くは、これを模倣したのである。

　第35代大統領、ジョン・F・ケネディの英語には北東部のエリートたちの訛りの特徴がよく表れているといわれている。彼の訛りは特に、ボストン・ブラーマン訛り（Boston Brahmin accent）という、ボストンのイギリス系エリートが使った訛りであるとされる。

南部方言

　北東部のニューイングランドと並んで早い時期から植民が行われた南部植民地のあった地域を含む、北はヴァージニア州、西はテキサス州にまたがる地域で使われる南部方言は、北東部方言と同様、伝統的にnon-rhotic accentであることで知られる。

　南部方言には母音の発音に顕著な特徴が見られる。特に、サザン・ドロール（Southern drawl）と呼ばれる、母音を引き延ばしたような独特な発音が知られている。サザン・ドロールは地域差があったり、母音の置かれた音環境によっても様々なヴァリエーションがあったりし、非常に複雑で、その詳細をここで扱うことはできないが、いくつか代表的な例を見ておこう。

　例えば、一般アメリカ英語の /aɪ/ は、サザン・ドロールの影響で、南部方言ではしばしば [aː] と発音される。したがって、I, hi, time はそれぞれ ah, hah, tahm のような発音に聞こえる。

　/ɪ/, /ɛ/, /æ/ 音は唇音で終わる単音節語において、渡り音を伴うようになり、それぞれ /ɪə/, /ɛə/, /æeə/ と発音される。同じ

音変化は、歯音や歯茎音で終わる単音節語においても起きがちである。したがって、web, lip, bad, hitはそれぞれ [wεəb], [liəp], [bæəd], [hiət] のように発音される。

　この他、よく知られた南部方言の語彙的特徴としては、youの複数形y'all（< you all）の使用が挙げられる。

イギリス英語とアメリカ英語の違い：語彙

　アイルランドの劇作家ジョージ・バーナード・ショーは、「イングランドとアメリカの2ヵ国は共通の言語によって分け隔てられている」(England and America are two countries divided by a common language.) と言ったとされる。同じ英語を使う国とはいえ、英米の間には「言葉の壁」があるということをうまく表現した言葉である。

　このような「言葉の壁」を意識し、もともとイギリスで出版された『ハリー・ポッター』シリーズは、アメリカ版出版に際して、特に若年層のアメリカの読者に配慮し、イギリス風の語句や言い回しをアメリカ風に書き直す作業が行われている。例えば、「デザート」はpuddingからdessertへ、「サンタクロース」はFather Christmas から Santa Clausへ、「ポテトチップ」はcrispsからchipsへと変更されている。

　これらの例のように、イギリス英語とアメリカ英語で同じものに対し異なる語彙が用いられることがよくある。以下に英米で異なる語彙を使う例をいくつか挙げておく（さらに多くの例については、本書特設ウェブサイトを参照）。

	イギリス	**アメリカ**
アンテナ	aerial	antenna
反時計回りに	anticlockwise	counterclockwise
なす	aubergine	eggplant
ビスケット、クッキー	biscuit	cookie
（車の）ボンネット	bonnet	hood

ズッキーニ	courgette	zucchini
ポテトチップ	crisps	potato chips
（電話の）発信音	dialing tone	dial tone
サッカー	football	soccer
掃除機	hoover	vacuum cleaner
犬小屋	kennel	doghouse
エレベーター	lift	elevator
トラック	lorry	truck
高速道路	motorway	expressway
おむつ	nappy	diaper
（車の）ナンバー	number plate	license plate
ガソリン	petrol	gas
行列	queue	line
鉄道	railway	railroad
地下道	subway	underground
蛇口	tap	faucet, spigot
（缶詰の）缶	tin	can
懐中電灯	torch	flashlight
地下鉄	underground	subway
肌着	vest	undershirt
ベスト、チョッキ	waistcoat	vest
ゼット（の文字）	zed	zee

英米で異なる語彙が使われがちな分野

　上の表を眺めると、どういった分野において英米で異なる語彙が使われがちかが見えてくる。

　例えば、上表中には「犬小屋」、「おむつ」、「蛇口」など、日々の生活と密着した身近な言葉が多く含まれていることに気づく。この種の言葉は、イギリスとアメリカとの間の国際的なコミュニケーションの場で使われることは少なく、その結果、両国間で異なる語彙が使われるようになることが少なくないのである。

また、交通や輸送と関連する分野の語彙も多く含まれている。車や電車など乗り物を使った交通や輸送は19世紀以降に発達したものである。同様に、エレベーター、電話、懐中電灯、缶詰が発明され普及したのも、現代のサッカー（あるいはサッカー協会）が確立したのも、ポテトチップやなすが広く知られるようになったのも、いずれも18世紀末から20世紀初頭にかけてのことである。

　アメリカ英語とイギリス英語は18世紀中頃以降、特に1776年にアメリカが独立して以降、本格的にそれぞれ別々の道を歩み始めた。そして20世紀前半に様々な輸送やコミュニケーションの手段が整備されるまでの間、両国間の交渉は現代とは比べものにならないぐらい希薄であった。そのため、18世紀末から20世紀初頭までの間に発達・普及したものについては、英米の間で別々の名前が付けられていることが多いのである。

英米で同じ語が異なる意味で使われる例

　イギリスとアメリカで、同じ語が別々のものに使われることもある。この場合は特にイギリス英語話者とアメリカ英語話者の間に誤解が生じやすい。

　例えば、first floor, second floorといえば、それぞれアメリカでは「1階」、「2階」イギリスでは「2階」、「3階」を表すが、これなどは誤解を生む典型的な例である（イギリスでは「1階」はground floorという）。同様に、イギリスでは「フライドポテト」、アメリカでは「ポテトチップ」を表すchipsや、イギリスではリンゴから作られるアルコール飲料、アメリカではリンゴから作られるノンアルコール飲料を表すciderなども、誤解を招きやすい例といえる。

　以下の表に、英米で別々のものを表す語の主だった例を挙げておく。

	イギリスでの意味	アメリカでの意味
bill	（飲食店の）伝票、勘定書	紙幣
biscuit	ビスケット	（スコーンのような）パン
casket	宝石箱	棺桶
chips	フライドポテト	ポテトチップ
cider	リンゴ酒	リンゴジュース
dresser	食器棚	化粧台
first floor	2階	1階
football	サッカー	アメリカンフットボール
jumper	セーター	ジャンパー
pantomime	小喜劇	パントマイム
pants	パンツ（下着）	ズボン
sherbet	炭酸ジュース（を作る粉末）	シャーベット
shop	小売店	（大型店内の）専門店
store	（デパート等）大型店	小売店、店
subway	地下道	地下鉄
suspender	ガーター・ベルト	（ズボンの）サスペンダー
tank top	袖なしのセーター	タンクトップ
tights	ストッキング	タイツ、レギンス
underground	地下鉄	地下道
vest	肌着	ベスト、チョッキ

文法・語法の違い1：名詞

　すでに触れたもの以外にも文法や語法に関して、英米間で異なる点が多く見られる。例えば、集合名詞の扱いについて、英米間で異なるところがある。team「チーム」、military「軍隊」、press「報道機関」、council「地方議会」のような複数の人から成る組織を表す語や、EnglandやLondonのような国や都市は、イギリス英語では複数扱いされることがある。一方、アメリカ英語ではこの種の語は単数形であれば単数扱いをする。『ハリー・ポッター』でも、以下のような書き換えが行われている。

イギリス版	アメリカ版
Gryffindor <u>have</u>n't won for seven years now.	Gryffindor <u>has</u>n't won for seven years now.
Slytherin <u>win</u>	Slytherin <u>wins</u>
Bulgaria <u>have</u> got	Bulgaria <u>has</u> got

　GryffindorやSlytherinというのは寮の名前で、多くの学生から成ることから、イギリス版では複数扱いされているが、アメリカ版では単数扱いに書き換えられている（下線部）。

　名詞の複数形についても、英米間に違いが見られる場合がある。借用語の一部では、英語風の -s複数形と並行して、借用元の言語における複数形がそのまま使われることがあり、そういった場合に英米で好まれる複数形の形が異なることがある。一般論として、イギリス英語では借用元の言語の複数形が好まれ、アメリカ英語では -s複数形が好まれる傾向がある（しかし、以下の表中のsyllabusはこれが逆になっている）。

単数形	イギリスで好まれる複数形	アメリカで好まれる複数形
bureau「事務局」	bureaux	bureaus
formula「常套句、公式」	formulae	formulas
milieu「境遇」	milieux	milieus
syllabus「シラバス」	syllabuses	syllabi

　なお、appendix「補遺」に関しては英米共に借用元の語形変化に準じた appendicesが英語風のappendixesよりも優勢である。一方、stadium「競技場」に関しては両国ともに英語風のstadiumsがラテン語由来のstadiaよりも優勢である。

　特にイギリス英語にごく最近起きつつある言葉遣いの変化についても一つ紹介しておくことにする。

　bus stop「バス停」やholiday plan「休暇の計画」のように「名詞＋名詞」で一つの句を成す場合、形容詞的に機能する最初の名詞には（常に複数形で用いる語を除き）単数形を用いるのが原則である。しかし近年のイギリスでは、このような句の第一

要素に複数形の名詞が用いられることが多くなってきている。例えば、admissions office「入学事務局」、arrivals hall「到着ロビー」、careers officer「就職相談員」、complaints list「苦情リスト」、jobs offer「求人」、rates system「料金制度」などである。アメリカ英語でもこの種の表現が使われようになってきているが、これはイギリス英語からの影響だろうといわれている。

文法・語法の違い2：前置詞

　英米間では前置詞の用法も異なることがある。「～を取り巻いて、回って」を意味するroundとaroundについては、アメリカではaroundが好まれ、roundは使用頻度がかなり低いのに対し、イギリスではroundのほうが好んで使われる傾向がある。同様に、「～のほうへ」を意味するtowardsとtowardは、イギリスでは前者が、アメリカでは後者が使われる傾向がある。

　また、例えば「3月から5月まで」というような時に、イギリス英語では通常 from March to May というが、アメリカ英語では from March through May という言い方もよくされる。throughを使うと5月の終わりまでというニュアンスが強調されるのに対し、toだとは5月のいつまでなのかがはっきりしない。このようなことから、アメリカではthroughを使った言い回しが発達したのであろう。

　英米の前置詞の用法の違いを反映し、『ハリー・ポッター』アメリカ版では、以下のような書き換えが行われている。

イギリス版	アメリカ版
second from last「最後から2番目」	second to last
at weekends「週末に」	on weekends
pointing at「～を指さして」	pointing to
On excellent form「改めまして」	In excellent form
for one o'clock「1時までに」	by one o'clock
on eighty-five points「85点で」	with eighty-five points

文法・語法の違い3：冠詞

　冠詞の使い方にも英米で違いが見られる。例えば、以下のような表現は、イギリス英語では無冠詞で使われることがある一方、アメリカ英語では冠詞を付けて使うのが一般的である（特に in hospital については、イギリス英語では無冠詞で用いるのが一般的）。

at (the) dead of (the) night	真夜中に
at/on (the) table	食卓で
in (the) future	将来
in (the) hospital	病院に
(the) next moment	次の瞬間

　『ハリー・ポッター』アメリカ版でも、以下のような書き換えが見られる。

イギリス版	アメリカ版
he's got flu「彼はインフルエンザだ」	he's got the flu
end of term「学期末」	end of the term
to bursting point「我慢の限界まで」	to the bursting point
next day「翌日」	the next day

　英米における文法や語法の違いについては、他にも膨大な例があり、ここに紹介したのはその中のごく一部に過ぎない。Algeo (2006) にはこの種の問題が詳しく扱われている。

イギリス英語とアメリカ英語の違い：発音

　発音の面でもイギリス英語とアメリカ英語は異なるところが多々ある。例えば以下のような語を見てみよう。

	イギリス英語	アメリカ英語
advertisement	ədvá:tismənt	ædvərtáizmənt
apparatus	æpəréitəs	æpərǽtəs
apricot	éiprikɒt	ǽprikɑ:t
dynasty	dínəsti	dáinəsti
either/neither	(n)áiðə	(n)í:ðər
figure	fígə	fígjər
lieutenant	lefténənt	lu:ténənt
medicine	médsən	médisən
patriot	pǽtriət	péitriət
privacy	prívəsi	práivəsi
promenade	prɒmənɑ́:d	prɑ:mənéid
schedule	ʃédju:l	skédʒu:l
stratum	strɑ́:təm	stréitəm
tomato	təmɑ́:təʊ	təméitoʊ
vase	vɑ:z	veis
vitamin	vítəmin	váitəmin
z	zed	zi:

発音の体系的な違い1：T Voicing

　すでに見たように、「rの脱落」（88-89ページ）は18世紀のイギリス英語において、子音の前や語末に位置するr全てに起こった音変化である。アメリカではこの音変化は起こらず、そのため、この種のrを発音するかしないかで、英米の英語の発音は相当違って聞こえる。ここからはしばらく、この例のように、英米間の発音の違いが特に顕著で、なおかつ両者の違いが体系的、規則的に見られる例をいくつか紹介しておくことにする。

　イギリス英語では、transportに含まれるような語頭や語末のtも、waterやthirtyのような語中のtも、いずれも無声音で、/t/と発音される。一方、アメリカ英語では有声音に挟まれ後にアクセントの置かれない母音の続くtはしばしば有声音

化し[d]あるいは[ɾ]に近い音で発音される（発音記号では [ɾ] と表される）。これは「tの有声音化」（T Voicing）と呼ばれる現象で、アメリカ英語では上記の環境において規則的に見られる。一方、イギリス英語ではこの現象は基本的に起きず、結果としてwaterやthirtyのような語は英米でかなり発音が異なる。

　この現象により、イギリス英語ではそれぞれ異なる発音がなされる以下のような単語のペアは、アメリカ英語では、いずれも非常に似通った音で発音される（T Voicingはアメリカの他、カナダやオーストラリアの英語にも見られる）。

bitter	bidder
latter	ladder
putting	pudding
writer	rider

発音の体系的な違い2：NT Reduction

　internationalの場合のように、/nt/の後にアクセントのない母音が続く場合、アメリカ英語においてはしばしば/t/が/n/に同化し発音されなくなる。NT Reductionと呼ばれるこの現象は、イギリス英語には見られない。

　例えば、sentimentalにはこの/nt/が二度使われているが、イギリス発音ではおよそ綴り通りに「センティメンタル」と聞こえるのに対し、アメリカ英語では「セニメノル」のように聞こえる。twentyやseventyがアメリカ英語では「トゥウェニ」、「セヴェニ」のように聞こえるのも、winterがwinnerと同じように発音されるのもこの現象のためである。

　NT Reductionは語中のみならず、went over のように語末の/nt/にアクセントのない母音で始まる語が続く場合にも起きる。want to の意味の口語表現 wanna も、want to にNT Reductionが起きた形に由来するものである。

　NT Reductionはアメリカ英語の他、カナダやオーストラ

リアの英語にも見られる。最近ではイギリスでも、twentyに限って、これをアメリカ発音に近い音で発音する人が増えてきている。しかし、それ以外の語に関しては今のところ /nt/ が保持されており、アメリカ英語のような体系的な NT Reduction は見られない。

発音の体系的な違い3：Yod Dropping

18世紀の初め頃から、特定の子音に続く /ju:/ という音から /j/ が落ちて /u:/ になるという音変化が起き始めた。例えば、throwの過去形threwはこの音変化が起きる前までは /θrju:/ と発音されていたが、この音変化を経て through /θru:/ と同じ発音になった。blue, brew, crew, flew, glue, grew, rude などもみなこの音変化を経て現在のような /u:/ という母音を持つに至ったものである。

イギリス英語では、この音変化は多くの場合、/t, d, n, s, z/ の後の /ju:/ には及ばず、この環境では /j/ が留められた。一方、アメリカ英語ではこれらの音の後の /ju:/ にもこの音変化が及び、結果として同じ単語でも英米で少し違って発音されるようになったものがある。以下はその例である。

	イギリス英語	アメリカ英語
assume	əsjú:m	əsú:m
attitude	ǽtitju:d	ǽtətu:d
new	nju:	nu:
reduce	ridjú:s	ridú:s
student	stjú:dənt	stú:dənt
Tuesday	tjú:zdei	tú:zdei
tuna	tjú:nə	tú:nə

/ju:/ から /j/ が落ちる現象は Yod Dropping と呼ばれ、18世紀初め頃のものは Early Yod Dropping、のちにアメリカ英語に起きたものは Later Yod Dropping として区別されることがある。

なお、suitの場合のように、イギリス英語でも単語によってはLater Yod Droppingの起きた発音が主流になりつつあるものもある。

COLUMN
ジョン万次郎が「記録」したアメリカ英語

　ジョン万次郎として知られる中濱萬次郎（1827-98）は、1841年に、漁の最中に嵐に遭い、海上を漂流し伊豆諸島の無人島に漂着した。無人島で生活しているところをアメリカの捕鯨船の乗組員に発見・救助され、鎖国中だったため、日本には戻れず、捕鯨船と共にハワイ経由でアメリカ本土に渡った。その後、捕鯨船の船長の養子となり、アメリカで学校に通ったり、捕鯨船で働いたりした。

　1850年には、小舟を持って上海行きの船に乗り、1851年に上海からこの小舟を使って日本に戻った。帰国後は英語を教えたり、通訳をしたり、外国との条約締結の際に助言等をするなどして活躍した。

　1860年には、通訳として日米修好通商条約の批准書交換のための使節団に加わり、勝海舟らと咸臨丸に乗り渡米している。この時一緒に渡米した福沢諭吉が、のちに『福翁自伝』に書き残したところによると、この時、中濱はウェブスターの辞書を購入し持ち帰ったらしい。地元の新聞 *San Francisco Herald* にも彼らが書店を訪れウェブスターの辞書を購入した時のことが報じられている。

　咸臨丸で渡米する1年前の1859年に、中濱は『英米対話捷径』という英会話の本を出版している。この本の中で使われている例文には、カタカナで発音が示されているが、アメリカで耳から英語を学んだ彼は、多くの場合、聞こえた通りの発音をカタカナに直して表記したようである。例えば、coming は「カメン」、mistaken「メステキン」、tongue「タン」、weather は「ワザ」などといった要領である。

　発音を忠実に再現しようという努力のうかがわれるカタカナ表記をたどっていくと、時に、当時のアメリカ英語の発音の特徴が垣間見えることがある。例えば、what「ハッタ」、why「ホワイ」、when「ホエン」、where「フハヤ」、which「フッチ」などという表記からは、この当時のアメリカ英語では、wh- が /hw/ と発音されることが多かったことがうかがわれる（この発音については85-86ページも参照）。

newには「ヌー」という表記がされており、これは、この当時のアメリカ英語ですでに「/j/の脱落」(Yod Dropping, 179-180ページ)が起きていたことを示すものかもしれない。

　better「ベタ」、water「ワータ」の例、また、twenty「ツーエンテ」、seventy「セブンテ」、ninety「ナインテ」の例からは、中濱の聞き馴染んだ英語は、T Voicing や NT Reduction の起きていない英語だったということもうかがわれる。また、「ウォータ」ではなく「ワータ」となっている辺りには、アメリカ英語的な特徴がよく表れている。

　中濱のカタカナ表記には、いろいろと「気まぐれ」なところがあり、その全てを真に受けるわけにはいかないが、19世紀中頃のアメリカ英語が日本人の耳にはどのように聞こえたのかを記録した、興味深い資料であることは間違いない。

北米大陸への英語の伝播2
カナダ英語の歴史

カナダ「発見」の歴史

　　コロンブスはヨーロッパから西回りでアジアに到達しようとして1492年にアメリカ大陸を「発見」した。その5年後の1497年には、ジョバンニ・カボトというイタリア人船長の乗るイギリス船がやはり西回りでアジアに向かおうとしてカナダの東部に到達した。中世に北欧のヴァイキングがカナダに渡ったのを除けば、ヨーロッパからカナダへ人が渡ったのは、記録に残っている限りこれが最初のことであった。

　　ちょうどこの頃から、この地域の近海には鱈のよい漁場があることが知られるようになり、イギリス、フランス、スペイン、ポルトガルなどの漁師たちがこの辺りまでよく鱈漁に来るようになった。また、この地域には、帽子の素材に適した質の良い毛皮の取れるビーバーが多く生息しており、ビーバーの毛皮を目当てにカナダに渡る人も多かった。

　　このようにカナダ東部の自然資源の豊かさが知られるようになると、1500年頃からはポルトガルがこの地域の領有を主張するようになる。この前後より、ポルトガルの航海士がこの辺りをよく探検しており、彼らによって地図が作られ、その中では彼らの決めた新しい地名が使われた。

　　例えば、この地域は現在ではニューファンドランド・ラブラドール州（Newfoundland and Labrador）と呼ばれているが、Newfoundland「新発見の土地」は、この当時ポルトガル人が付けた名前 Terra Nova「新しい土地」を英訳したものである。また、Labradorの方は、最初期にこの地域を探検したポルトガルの航海士の名前に由来する。

　　1534年には、当時のフランス王フランソワ1世の命を受

けた探検家ジャック・カルティエが西回りでインドへ到達する航路を見つけるべく航海をし、やはりカナダ東部に到達している。彼はセント・ロレンス湾を発見し、そこに住むイロコイ族と話をし、その中で北方にカナダという名前の国を含めいくつかの裕福な王国があることを聞いたと書き残している。これがカナダという国名の最古の記録であるが、これはイロコイ族の言語の kanata「村、社会」という単語に由来するものだといわれている。

　カルティエは現在のケベック州東部に位置するガスペ半島に十字架を立て、ここをフランソワ1世の支配地であると宣言した。この後、フランスは北米大陸に本格的に進出し、18世紀初めの最盛期にはニューファンドランドからメキシコ湾に至る広大な植民地、ニューフランスを築いた。

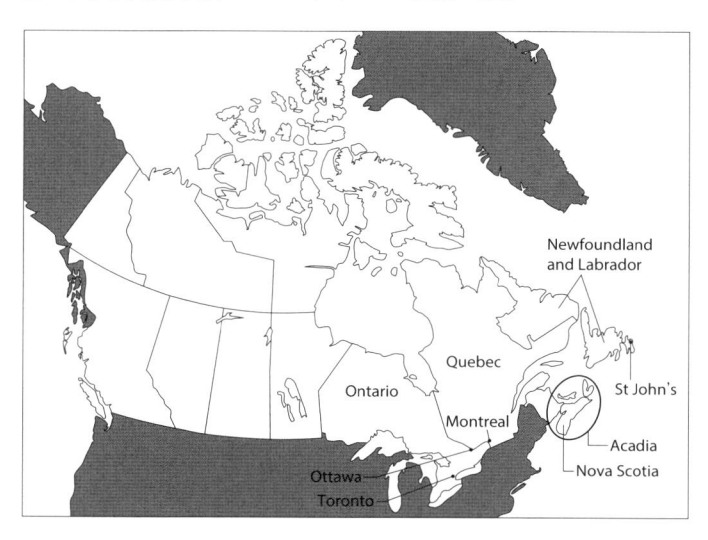

北米大陸初のイギリス植民地

　鱈やビーバーの皮、木材などを求めてヨーロッパからカナダ東部へと人が多く渡るようになる中で、この地域に北米大陸初のイギリス植民地が作られることになった。1583年にイ

ギリスの探検家ハンフリー・ギルバート（Humphrey Gilbert）がニューファンドランド島を探検し、この島の東端のセント・ジョンズ（St John's）という港とその周辺地域をエリザベス女王の支配地であると宣言し、植民地としたのである。

セント・ジョンズに続き、同じニューファンドランド島にさらにいくつかの植民地が作られ、1638年にはこの島全体を統括する総督が置かれた。このように、ニューファンドランド島にイギリスの植民地ができたことで、英語もこの地に根付くことになった。

ニューフランスとその名残

ニューファンドランド島と隣接する現在のケベック州付近には、ジャック・カルティエ以来、フランスが進出していた。1608年には永住植民地ケベック・シティが築かれ、ここがさらなる植民の拠点とされた。1663年には当時のフランス王ルイ14世がカナダにおけるフランス植民地を王室領とし、入植者に助成金を出すなどして植民をさらに推し進めた。このようにして、北米大陸にニューフランスと呼ばれるフランスの植民地が作られ、そこにはフランス語が根付くことになった。

特にケベック州では現在までフランス語が公用語で、人口の80％近くがフランス語のネイティブ・スピーカー、95％がフランス語話者であるとされている。また、モントリオール（Montreal）をはじめ、ケベック州の都市名の8割ほどはフランス語起源であるという。

フランスからの植民は現在のケベック州付近に留まらず、沿海州と呼ばれる地域、ハドソン湾沿岸や五大湖周辺からメキシコ湾に至るまでのミシシッピ川流域一帯を含む広大な地域に及ぶようになった。ニューフランスが最盛期を迎えた18世紀初めには、北米全体の4分の3近くがこれに含まれたともいわれている。

このような歴史を反映し、カナダのみならずアメリカに

もフランス語に由来する地名が多くある。例えば、自動車産業で有名なデトロイト (Detroit) の名はフランスからの入植者たちによって付けられたもので、「海峡」を意味するフランス語に由来する。

　メキシコ湾に面したルイジアナ (Louisiana) という州の名前もまたフランス語に由来するものである。フランスが最初にこの土地の領有を主張した際に、当時のフランス王ルイ14世に敬意を表して付けられたもので、「ルイ王の土地」という意味である。そのルイジアナ州の州都バトン・ルージュ (Baton Rouge) の名は「赤い杖」を意味するフランス語に由来する。フランス人の探検家がこの地を訪れた際に、先住民族の習慣として、土地の境界を記すのに赤い杖状のものが使われているのを目にしたことに由来するとされている。

　ルイジアナ州最大の都市ニューオーリンズ (New Orleans) の名もまたフランス語に由来するものである。17世紀末にフランスからの入植者がこの町を作った際に、当時のフランス王ルイ15世の摂政を務めていたオルレアン (オーリンズ) 公フィリップ2世に因んでいる。これ以外にも、カナダとアメリカにはフランス語に由来する地名がかなりあるが、その多くはニューフランス時代の歴史を伝えるものである。

　フランス語起源の地名が多くある半面、カナダ英語においてフランス語から借用された語は少なく、*OED Online* には20語しか収録されていない。その中で、ある程度一般性がある語としては、tuque/toque「トーク」(帽子の一種) が挙げられるが、それ以外は一般的には使われないものばかりである。

カナダのイギリス植民地化

　カナダに進出したイギリスとフランスの間には、植民地の拡大に伴った争いが繰り返され、絶えず支配地の奪い合いが行われていた。例えば、現在ノバスコシア (Nova Scotia) と呼ばれている土地には、もともとフランス人が入植していたが、

1620年代にはスコットランドから植民が行われ、1629年頃までにはイギリスの植民地となった。しかし、1631年には両国間の休戦協定に基づき、この土地は再びフランスの支配地となった。ちなみにノバスコシアとはラテン語で「新スコットランド」の意味であり、この時代のスコットランド植民の歴史を留めている。

　植民地争奪戦が繰り返される中、ニューフランスの支配地が最も広範囲に及んだのは18世紀初頭であった。しかしその後はニューフランスの勢いが徐々に衰え始め、これに代わってイギリスが攻勢に転じた。1710年にはノバスコシアを含むアカディア（Acadia）と呼ばれる地域（現在の沿海州）の大半がイギリスの植民地となった。その後も、イギリスの攻勢は続き、ついに1763年のパリ条約により、フランスはカナダのほとんどの土地から手を引くことになり、カナダはイギリスの植民地となった。

ケイジャン・フレンチとケイジャン文化

　1763年にイギリスの植民地となって以降も、カナダではフランス系住民が従来通りの生活を送ることが認められ、財産が保証されただけでなく、言語も宗教も法律も従来のものが基本的に留められた。その結果、今日でもケベック州ではフランス語が公用語として広く使われ、カトリック教徒が大半で、ケベック法という特別な法律が通用している。

　一方、植民地争奪戦の最中には、イギリスの植民地となった土地からフランス系住民が強制的に排除されることもあった。上述のアカディア（沿海州）からは1755年に約1万2000人のフランス系住民が強制的に排除されている。この土地を追われた彼らの多くは、当時まだフランスの支配下にあったルイジアナのニューオーリンズへ移住した。

　アカディアを追われニューオーリンズに来た彼らは当初 Acadian (/əkéidiən/)「アカディア人」と呼ばれたが、これが

訛って彼らの子孫は現在ではCajun (/kéidʒən/)「ケイジャン」と呼ばれるようになっている。彼らはケイジャン・フレンチと呼ばれるフランス語を話し、独特な音楽や食文化を持つことで知られている（ただし、近年では若い世代を中心にケイジャン・フレンチを話さない人が増えているらしい）。

カナダの英語に対する先住民族の言語からの影響

　アメリカにおいて、植民時代以降、先住民族との交流を通じて彼らの言語から多くの語彙が借用されたように、カナダにおいても、先住民族の言語から語彙借用が行われるようになっている。カナダという国名自体、イロコイ族の言語に由来することはすでに見た。

　同じように、カナダの地名には、先住民族の言語に由来するものが多くある。例えば、首都オタワ（Ottawa）や最大都市トロント（Toronto）の名もそうである。また地名だけでなく、動植物の名や先住民族の文化と関連する語彙を中心に、一般の語彙も借用されている。中でも以下の語はカナダのみならず英語圏に広く知られるようになっている。これら以外にも100前後の語が借用されているが、そのほとんどは一般には使われないものである。

anorak	アノラック（フード付きジャケット）
husky	ハスキー犬
igloo	イグルー（氷を重ねて作ったドーム状の家）
kayak	カヤック（小舟）
moose	ムース、ヘラジカ
totem	トーテム

アメリカの独立とカナダ

　1763年にカナダがイギリスの植民地となってからまもな

く、アメリカでは独立に向けての動きが活発化し始める。イギリスと植民地をめぐって長年争ってきたフランスがカナダから手を引き、北米におけるフランスの力が衰えたことで、アメリカ13植民地がフランスの勢力に対抗するためにイギリス本国に頼る必要性が薄れたことも、独立に向かう一つのきっかけを与えた。

　イギリスからの独立については、アメリカの内部でもこれに反対する人が少なからずいた。彼らはロイヤリスト（Loyalists）と呼ばれ、独立に反対しアメリカを去る人も多かった。そしてアメリカを去った人々の多くが向かったのがカナダであり、彼らの英語が、カナダ英語の一つの基礎となった。

　1812年から1815年にかけてイギリスとアメリカの間に戦争が起こると、アメリカと戦うためにイギリスやアイルランドから多くの人々がカナダに渡った。カナダの人口が倍増したといわれるほど、この時の移住は大規模であった。その後、1850年代にもスコットランドやアイルランドから多くの人が渡っている。彼らの言葉もカナダ英語の一つの基礎となった。

　このように、カナダは歴史的にイギリスと近い関係にあり、実際にイギリスから多くの人が移住してきている。カナダがイギリスから独立したのは1931年のことであるが、その後も現在までイギリス連邦の加盟国として、立憲君主制を採りイギリス国王を国家元首としている。その意味で、カナダは現在でもかつてのロイヤリストの伝統の延長線上にあるということができる。

　その一方、カナダは地理的にアメリカに圧倒的に近く、上述のように、カナダ英語の基礎の一部を築いたのは、アメリカから移住した人々であった。現在、両国間の人の行き来は極めて容易で、そのため人的交流が盛んである。これに加え、政治、経済、軍事など様々な分野でアメリカと密な関係を保っているカナダの英語には、アメリカ英語からの影響が色濃く見られる。

　このような事情を反映し、カナダの英語にはイギリス英

語とアメリカ英語が折衷されたような一面がある。

カナダ英語の発音上の特徴

　カナダは世界で二番目に広い国土を持つが、そこで使われる英語は、訛りの差が非常に少ないことで知られている。訛りが特徴的なのは、最初期にイギリスからの植民が行われたニューファンドランドぐらいで、あとはどこでも訛りはあまりないといわれている。ここでは、カナダで広く一般に使われている英語の発音について見ておこう。

　カナダ人の話す英語を聞いた時、大抵のイギリス人はそれをアメリカ英語だと思う、とよくいわれる。そして実際、カナダ英語の発音は、一般アメリカ英語の発音と非常によく似ている。子音については、基本的にアメリカ英語と同じである。

　特に、一般アメリカ英語と共通し、イングランド容認発音と異なる特徴としては、語末や子音の前のrを発音するrhotic accent（88-89ページ）であること、BATHの母音を（/ɑː/ではなく）/æ/と発音すること、「tの有声音化」（T Voicing, 177-178ページ）や「ntの簡略化」（NT Reduction, 178-179ページ）が起こることなどが挙げられる。

　母音に関する限り、BATH以外についても、全体的に一般アメリカ英語と共通するところが非常に多い（詳しくは本書特設ウェブサイトを参照）。

　母音の発音で特徴的なのは、Canadian Raisingという音変化が起こる点である。PRICEの /aɪ/ や MOUTHの /aʊ/ は、直後に無声子音が続く場合、この音変化が起こり、それ以外の場合とは少し違う発音になる。この音変化が起こると、これらの二重母音の最初の母音の調音位置が上方にずれ、それぞれ /əɪ/, /əʊ/（あるいは/ʌʊ/）となる。したがって、同じhouseでも、二重母音の直後に無声子音が続きCanadian Raisingが起こる単数形（/həus/）と、二重母音の直後に有声子音が続くため、この音変化が起こらない複数形（/haʊzɪz/）とでは、母音の発音が異なる

ことになる。

英米語の混在するカナダ英語

　カナダ英語は英米両国の英語からの影響が混在しているが、中でも特に顕著なのは綴りである。カナダでは、英米で綴りが異なる語の多くについて、そのいずれもが使われることがあり、人によって、あるいは分野によって、どちらの系統の綴りを使うかがまちまちである。

　例えば、新聞などではアメリカ綴りのほうが優勢なのに対し、教科書や専門誌ではイギリス綴りが好まれる傾向にあるという。1998年に出版され、カナダ英語の語彙をまとめたはじめての大規模な辞典 *Canadian Oxford Dictionary* においても、多くの見出し語について（どちらが先に置かれているかは措くとして）、英米両方の綴りが併記されている。

　語彙についても同様のことがいえる。例えば、英米で異なる語が使われる以下のような語に関して、カナダではどちらも使われることがある。

意味	イギリス英語	アメリカ英語
掲示板	hoarding	billboard
歩道	pavement	sidewalk
ガソリン	petrol	gasoline, gas
スパナ、レンチ	spanner	wrench
蛇口	tap	faucet

　しかし、語によっては、英米いずれかの語彙が好まれることもある。その典型的な例が z の文字の名称である。z はアメリカでは zee, イギリスでは zed と呼ばれるが、カナダでは通常イギリス風の zed が使われる。

　発音に関しても同様で、例えば以下の表にまとめたように、英米どちらの発音も用いられる語が多くある。

	イギリス発音	アメリカ発音
missile	mɪsaɪl	mɪsəl
news	njːuz	nuːz
progress	prəʊgres	prɑːgrəs
schedule	ʃédjuːl	skédʒuːl
tomato	təmɑːtəʊ	təmeɪtoʊ

　これらのうち、newは、「/j/の脱落」(Yod Dropping, 179-180ページ)の有無の違いである。アメリカ英語で「/j/の脱落」が起き、イギリスではこれが起こらないような語（due, student, tuneなど）については、カナダ英語ではアメリカ、イギリス両方の発音が混在している。

　このように、カナダ英語は、綴り、語彙、発音のいずれに関しても、英米語の特徴が混在していることがよくある。そして、それはカナダの歴史的、地理的位置づけをよく反映したものということができる。

第4章

南半球に伝わった英語

オーストラリア、

ニュージーランド、

南アフリカ

オーストラリア英語の歴史

オーストラリアの「発見」と国名の由来

　　オーストラリアの先住民族は「アボリジニ」として知られているが、このAborigineという語はラテン語のフレーズ ab origine「最初から」に由来する。オーストラリアに最初から住んでいる人々という意味合いで付けられた名前である。彼らはこの土地に何万年も前から住んでおり、現在まで同じ場所に継続的に言語や文化を留める民族としては世界最古かとも言われるほど長い歴史を持つ。

　　古代・中世のヨーロッパにおいては、南半球の地理はよく知られていなかった。当時は北半球にある大陸とのバランスを取るような形で南半球にも大きな大陸があるのではないかと考えられており、この空想上の未知なる大陸はラテン語でTerra Australis「南の土地」と呼ばれていた。

　　17世紀に入るとヨーロッパ人が南半球を探検するようになり、空想されていたような巨大なTerra Australisは存在しないことが分かった。やがて、この名前が特にオーストラリアについて使われるようになり、そこからオーストラリアAustraliaという名前が生まれたのである。

オーストラリアへの初期の探検

　　記録にある限り、ヨーロッパからオーストラリアに最初に人が到達したのは、オランダの探検家ウィレム・ヤンスゾーンがこの地を探検した1606年のことである。

　　1642年と1644年にはやはりオランダの探検家アベル・タスマンがオーストラリアやニュージーランドを含む南太平洋

を探検し、オーストラリアにNova Hollandia「新オランダ」という名前を付け、これが18世紀中頃まで使われた（彼はオーストラリア南東の島タスマニアを最初に探検した人物としても知られており、島名も彼の名に由来する）。

ところがこの時期、この土地を植民地化しようとする動きはなかった。水源不足と不毛な土地のため、植民には向かないと判断されたようである。17世紀末頃には、イギリスからもオーストラリアに探検に行く人が出たが、やはり植民地化にはつながらなかった。

植民の開始とシドニーの建都

イギリス人初のオーストラリア探検から約80年後の1770年にはジェームズ・クック（James Cook, 1728-79）がオーストラリア東海岸沿岸を探検し、この地にニューサウスウェールズ（New South Wales）という名前を付け、これをイギリス領と宣言した。1787年には最初の入植者たちを乗せた11隻の船から成る「第一船団」（First Fleet）がイングランドを出航し、翌年はじめにはボタニー湾（Botany Bay）に到着している。これがオーストラリア植民の始まりである。

最初に到着したボタニー湾付近は水源不足や不毛な土地のため植民に適さなかったので、彼らはそこから少し北のより条件の良い場所を最初の定住地とした。彼らが住む場所を定め、そこにイギリス国旗を立てたのは1788年1月26日のことで、現在ではこれが「オーストラリアの日」（Australia Day）という建国を記念した祝日になっている。

こうしてできた最初の町は、植民の許可を与えたシドニー卿トマス・タウンゼントに敬意を表しシドニー（Sydney）と名付けられた。シドニーは、現在までニューサウスウェールズ州の州都で、オーストラリア最大の都市でもある。

さらなる植民から「独立」まで

　1788年の植民以降も、イギリスからの植民が続けられ、タスマニア（1803）、ウェスタン・オーストラリア（1828）、サウス・オーストラリア（1836）、ヴィクトリア（1851）、クイーンズランド（1859）に相次いで植民地が作られた。

　1901年1月1日には、これら6つの植民地が連合し、英国自治領として独自の憲法を持つオーストラリア連邦（Commonwealth of Australia）を形成するに至った（この後、1911年にはサウス・オーストラリアからノーザン・テリトリーが分離し、州に関する限りこの区分が現在まで存続している）。

　1901年をオーストラリアの事実上の独立とみなすこともできるかもしれないが、オーストラリアの立法機能がイギリス議会から独立したのは1942年、イギリスの法廷への上訴権の放棄など、司法制度上完全にイギリスから独立したのは1986年のことであり、独立が完成したのはつい最近のこととも言える。

　また、独立後も、現在までイギリス連邦の加盟国であり、イギリス（女）王を君主とし、ヴィクトリア女王の旗にもとづいて作られた国旗にも象徴されるように、イギリスとの関係は緊密である。1999年には立憲君主制を廃し、共和制へ移行するかどうかを問う国民投票が行われたが、否決されている。

最初期の「オーストラリア人」

　1788年に第一船団により1000人余りの人がオーストラリアに渡ったが、その4分の3は囚人であった。当時はちょうどアメリカ独立戦争の直後であり、その影響で、イギリスはかつてのように囚人をアメリカに送ることができなくなっていた。そのため、イギリス国内の刑務所の多くは定員超過の状態となっていた。そこで、オーストラリアが新たな流刑地とされ、囚人が多く送り込まれたのである。

[地図: オーストラリア — Torres Strait Islands, Northern Territory, Western Australia, Queensland, South Australia, New South Wales, Victoria, Sydney, Tasmania]

　当時、オーストラリアで刑期を終えた囚人がイギリスに帰国するのはほぼ不可能であった。つまりこの地に送られた囚人たちは、出所後もここに根付き、植民地の運営を支える労働力となることが期待されていたのである。このような植民地政策により、流刑地としての役目を終えるまでの約80年間にオーストラリアに送られた囚人は16万人以上に上るという。その当時（19世紀中頃）の人口が推定30万人から40万人程度であったことを考えると、(元) 囚人の人口に占める割合は非常に高かったと言える。実際、19世紀前半に、「オーストラリアの酒場で会った客のほとんどが元囚人だった」と書き残した人がいるほどである。

　オーストラリアが流刑地としての役目を終えつつあった19世紀中頃には、金鉱が見つかり、ゴールド・ラッシュの時代が来る。この地に多くの人が移住するようになり、その後10年間で人口は3倍にも膨れ上がったという。

　囚人として、あるいは一攫千金を狙ってイギリスから初

期のオーストラリアに移り住んだ人々は、労働者階級に属する人が多かった。そのため、この地に当初根付いた英語には、18世紀末以降のイングランド、特にロンドンを中心とする南東部の労働者階級の英語の影響が強いと考えられている。

　以下で見るように、オーストラリアの訛りには、ところどころイングランドの労働者階級の訛りに通じる特徴が認められるが、その背後には、このような初期オーストラリア植民の歴史が関係している。

3つの現代オーストラリア英語

　すでに見たように、オーストラリアに英語が根付いたのは18世紀末以降で、この地における英語の歴史は200年余りしかない。そのため、はるかに長い歴史を誇るイギリス英語に比べると地方ごとの訛りの違いは非常に小さい。

　オーストラリアの英語は、大別すると、洗練されたオーストラリア英語（Cultivated Australian English）、一般オーストラリア英語（General Australian English）、訛りの強いオーストラリア英語（Broad Australian English）の三種類に分類できるとされる。そしてこれは、地域的な差異というよりはむしろ社会的な要因に由来する差異である。

　いずれも18世紀末以降、「rの脱落」（88-89ページ）の起きた後のイギリス英語を母体とするこれら三種のヴァリエーションはみな、non-rhotic accentであり、bearやbeardに含まれるような、語末あるいは子音の前のrは発音されない。この点において、オーストラリア英語は、イギリス英語と同じ特徴を示す一方で、アメリカやカナダの英語とは顕著に異なっている。

洗練されたオーストラリア英語

　かつてオーストラリアでは、標準的なイギリス英語が規範とみなされ、20世紀中頃までは、テレビやラジオなどでも、

標準的な発音をするイギリス人、もしくはこの発音のできるオーストラリア人のアナウンサーしか起用されなかった。現在の洗練されたオーストラリア英語はこの伝統に由来するもので、より古くは標準的なイギリス英語を理想形とした、イギリスの容認発音に近い発音である。

　伝統的に、このヴァリエーションは社会的地位や教育・教養の高い階層の人々の間で使われ、話者の数はもともと多くなかった。20世紀後半以降、話者は減少傾向にあり、最近の若い世代ではその傾向が特に著しいという。その意味で、発音の上でもイギリスからの独立が完了しつつあると見ることができるかもしれない。この点において、オーストラリア英語は後に見るニュージーランド英語の場合とは少し違う傾向を示している。

一般オーストラリア英語

　現在のオーストラリアで最も広く使われているのは一般オーストラリア英語で、特に20世紀後半以降、話者が増えるにつれて、洗練されたオーストラリア英語に代わって標準語と捉えられるようになっている。

　洗練されたオーストラリア英語やイギリスの容認発音との顕著な違いは二重母音の発音に見られる。FACEの母音のように、容認発音で /ei/ と発音される二重母音は、一般オーストラリア英語ではしばしば「アイ」に近い音（[ʌɪ]）で発音される。また、PRICEの母音のように容認発音では /ai/ と発音される二重母音は「オイ」に近い音（[ɑɪ]）で発音される（母音の詳細については、特設ウェブサイトを参照）。

　次に見る訛りの強いオーストラリア英語にもこれと似た特徴が認められるが、これらはいずれもイングランド南東部の労働者階級の英語と通じる特徴でもある。初期のオーストラリアに根付いたイングランド南東部の英語の痕跡が留められていると考えてよいだろう。

一方、子音の発音についての目立った特徴として、waterに含まれるような母音間のtの有声音化（177-178ページ）、およびseventyに含まれるような、（直後に強音節の続かない）ntの中のtがnに同化して発音されなくなる現象（178-179ページ）が起こりがちである点が挙げられる。これらはいずれもアメリカやカナダの英語にも見られる特徴である。

　この他、一般オーストラリア英語では、疑問文の場合のみならず、平叙文でも文末を上がり調子で発音しがちである。これはhigh rising terminalと呼ばれる話し方で、アメリカおよびイギリスの方言にも時々見られるものであるが、オーストラリアとニュージーランドの英語に特に顕著な特徴である。

訛りの強いオーストラリア英語

　訛りの強いオーストラリア英語の話者は都市部よりも地方に多く、また社会階層としては労働者階級に多い。20世紀後半、一般オーストラリア英語が標準語とみなされるようになって以降、訛りの強いオーストラリア英語の話者は減少傾向にあり、若年層にはこの傾向が特に顕著である。

　一般オーストラリア英語の場合と同様、FACEやPRICEのような語に含まれる母音は、それぞれ「アイ」、「オイ」に近い音で発音される。ただし、訛りの強いオーストラリア英語では一般オーストラリア英語よりもよりはっきりと「アイ」（[ʌɪ]あるいは[ɑɪ]）、「オイ」（[ɒɪ]）に近い音で発音され、その点においてより強い訛りであると言える。

　訛りの強いオーストラリア英語はStrine（ストライン）と呼ばれることがある。これは訛りの強いオーストラリア英語におけるAustralianという語の発音に基づくものである。語頭および語末は弱音節ではっきり発音されないことに加え、強音節の母音が[eɪ]ではなく[aɪ]となっているところに訛りの強いオーストラリア英語の特徴がよく表されている。

南半球連鎖推移

南半球の英語圏(オーストラリア、ニュージーランド、南アフリカ)に共通して見られる発音上の特徴として、南半球連鎖推移(Southern Hemisphere Chain Shift)が挙げられる。その起源は定かでないが、南半球で使われる訛りの強い英語では、以下のように、前母音の調音位置が少しずつ上方にずれる傾向がある。

/æ/ → /e/ → /ɪ/ → /i/ (あるいは /ə/)

オーストラリアでも、強い訛りになればなるほどこの傾向は顕著になる。したがって、訛りの強いオーストラリア英語ではしばしば、happyは「ヘッピー」、penは「ピン」に近い音で発音される。

なお、fishなどに含まれる/ɪ/音については、南半球連鎖推移を経てオーストラリアでは/i/音になるのに対し、ニュージーランドや南アフリカではこれが/ə/音になる(これについては、216-217ページも参照)。

オーストラリア英語の綴り

当初、オーストラリアでは標準的なイギリス英語が標準とみなされていた。この伝統の名残は綴りにも見られる。

labour, centre, realiseのような単語に含まれる -our, -re, -ise はその典型的な例で、この種の綴りについてはイギリス綴りが好まれ、アメリカ綴り (-or, -er, -ize) は正しい(あるいは可能な)綴りとして認められない場合が多い。

同様に、catalogue「カタログ」、dialogue「対話」、grey「灰色」、cheque「小切手」、tyre「タイヤ」についても、アメリカ式のcatalog, dialog, gray, check, tireは好まれない。

program「プログラム」やjail「監獄」のように、単語によってはアメリカ綴りが広く一般に使われているケースもある

が、全体的な傾向としては、アメリカ綴りよりもイギリス綴りの影響下にあると言うことができる。

クリオールとアボリジニ英語

　植民をきっかけに、英語を話す入植者と現地語を話す先住民アボリジニとの間に様々なコミュニケーションが取られるようになると、アボリジニの間では、英語話者と意思疎通を図るためにある種のピジン英語（片言の英語）が使われるようになった（ピジン英語については、239-240ページを参照）。

　このピジン英語は、その後数世代にわたって使われていくうちに、文法や語彙が整備され、クリオール（Kriol）と呼ばれる言語へと発達していった（クリオールという名前は、「クレオール」（creole）に基づく。240-242ページを参照）。オーストラリアのクリオールは、3万人強の話者がいるとされ、この言語によって聖書の翻訳もなされている（208ページのコラムを参照）。

　なお、同様の経緯で、オーストラリア本土の北東沖に浮かぶトレス海峡諸島にもトレス海峡諸島クレオール（Torres Strait Creole）と呼ばれる言語が発達している。さらには、当初イギリスやドイツの植民地とされ、1905年から1975年まではオーストラリアの支配下にあったパプアニューギニアにも、トク・ピジン（Tok Pisin < talk Pidgin）というクレオール英語が発達している。トク・ピジンは、現在ではパプアニューギニアの公用語の一つとされ、この国で最も広く使われる共通語となっている。

　これらのクレオールは英語から発達したものの、もはや英語とは別物と理解すべきであるが、これとは別に、アボリジニの間に根付いた英語もある。これはオーストラリア・アボリジニ英語（Australian Aboriginal English）として知られるもので、様々なヴァリエーションがあるが、訛りの少ないものは一般オーストラリア英語に近く、訛りの強いものはその分独自の特徴が顕著になる。

アボリジニ英語の特徴をここで詳しく紹介することはできないが、一般的な傾向として、he-himのような代名詞の主格と目的格の区別が曖昧になっていたり、独特な語彙や語の意味が用いられたりすることが多い。発音に関しても、きつい訛りがある。ただし、仲間内で話す場合とそうでない場合とで、より標準的な英語ときつい訛りの英語を使い分けるというようなこともしばしば行われているようで、一口にアボリジニの英語といっても、実際には相当な幅がある。

　このように、アボリジニ英語は人種的要因に由来するオーストラリア英語のヴァリエーションの例である。この種のヴァリエーションとしては、他にも（人種的にはメラネシア系の）トレス海峡諸島の先住民の間に根付いた英語や、アジアからの移民およびその子孫によって使われる英語がある。

アボリジニの言語から借用された語彙

　英語がアボリジニの間で使われるようになる以前から、オーストラリアに入植したイギリス人たちの間ではアボリジニとの交流を通じ、彼らの言語からの語彙借用が行われ始めていた。最初期の借用語の一つであるkangaroo「カンガルー」に代表されるように、アボリジニの言語からの借用語の多くは、この地に特有の動植物の名前である。中でも特に、dingo「ディンゴ」、koala「コアラ」、wallaby「ワラビー」、wombat「ウォンバット」などは、オーストラリア以外の英語圏にもよく知られるようになっている。

　boomerang「ブーメラン」のようにアボリジニの文化と関連する語も借用されているが、この種の語彙で広く一般に使われるようになっているものは少ない。*OED Online*にはアボリジニの言語からの借用語が180語弱収録されているが、以下のように広くは知られていない語が大半である。

adjigo	ヤム芋の一種
barramundi	バラマンディ（淡水魚）
billabong	よどみ
bingy	腹
coolibah	ゴムの木の一種（特にユーカリ）
joey	子供のカンガルー
jumbuck	羊
kookaburra	ワライカワセミ（鳥の名前）
mia-mia	アボリジニの住む小屋
willy-willy	サイクロン、竜巻

　この他、オーストラリアの地名にはアボリジニの言語の影響が色濃く表れている。首都キャンベラ（Canberra）の名をはじめとして、オーストラリアの地名の3分の2はアボリジニの言葉に由来すると言われるほどである。ただし、キャンベラを除くと、シドニー、メルボルン、ブリスベン、アデレード、パースなど、主要都市の名前はいずれもヨーロッパ系の言語に基づくものであり、これらがイギリス系の入植者たちによって作られた都市だということを象徴している。

　一方、アボリジニの言語に由来する地名は、小規模な町や村などに見られ、ウォガウォガ（Wagga Wagga）、マラランダイ（Murrurundi）、ウィウォ（Wee Waa）のような独特な響きのものが多い。

オーストラリア英語独自の語彙

　アボリジニの言語からの語彙借用に加え、オーストラリアに英語が根付いてから200年余りの間に、この地には特に口語において独特の語彙、語の意味、言い回しが発達してきている。オーストラリアらしい語句や言い回し（Australianisms）は1万以上に上ると言われているが、ここではその例をいくつか紹介しておくことにする。

　日中、人に会った時、あるいは別れ際に使う挨拶の言葉

としては、good afternoonが一般的だが、オーストラリアではg'day (< good day) が極めてよく使われる。これは親しみを込めた呼びかけの言葉mateを伴うことが多く、訛りの強いオーストラリア英語ではこれが「グダイ・マイト」と聞こえる。イギリスでもくだけた会話ではmate「仲間、友達」がよく使われるが、good dayは通常使われない。

以下の表にまとめた語句も、オーストラリアで独自に発達したものであると言える。このうち特に dinkum/fair dinkumはオーストラリア独特の語句としてよく知られている。

amber fluid	ビール
billy	キャンプ用の湯沸かし器
dinkum/fair dinkum	本物の（の）、本当の（こと）
fair go	公平な扱い
jackaroo	牧場の見習い
outback	奥地（の）
sheila	（若い）女性

オーストラリア独自の意味を持つ語

単語それ自体は他の英語圏でも使われるものの、オーストラリアでは独自の意味で用いられる語も多くある。以下の表にその一例をまとめておく。

	一般的な意味	オーストラリア英語での意味
barrack	野次る	応援する
bush	茂み	僻地、奥地
cactus	サボテン	役に立たない、壊れた
footpath	小道	（自動車道路のわきの）歩道
grouse	ライチョウ；不平、不満	素晴らしい
gum tree	ゴムの木	ユーカリの木
hooray	フレー、万歳（掛け声）	さようなら

lay-by	（道路の）待避所	分割払い
Matilda	マチルダ（人名）	（路上生活者等の持つ）所持品袋
paddock	（囲いのある狭い）放牧場	平原
scrub	低木地帯、雑木林	奥地、僻地
station	駅	大牧場
swag	盗品、略奪品	（路上生活者等の持つ）所持品袋

オーストラリアの押韻俗語

　ロンドンの労働者階級の間で使われる下層方言コクニーの特徴に押韻俗語（rhyming slang）があるが（95-96ページを参照）、オーストラリアでも押韻俗語が使われる。

　例えば、loaf of breadは、後半要素のbreadと韻を踏むheadを意味するのに使われる。wifeを意味するtrouble and strifeや、dollarを意味するOxford scholarのように、コクニーの押韻俗語と全く同じものも多くある。一方、Sydneyを表すSteak and kidneyやarmsを表すWarwick Farmなどのように、オーストラリアで独自に作られたものもある。

　すでに見たように、訛りの強いオーストラリア英語におけるFACEやPRICEの母音の発音には、イングランドの労働者階級の訛りの影響が見られるが、オーストラリアに根付いた押韻俗語の伝統もまた、ロンドンの労働者階級の言葉がオーストラリア英語に影響を与えたことを示すもう一つの痕跡と言えるだろう。

よく使われる語の略形

　オーストラリア英語に見られるもう一つの特徴として、「語句の略形＋指小辞（-a, -o, -ie, -yなど）」の多用が挙げられる。「オーストラリアの」を意味するAussieは、Australianの略形Aus- に指小辞 -ie を加えて作られたもので、この種の略語の一例である。

イギリス英語でもtelevision「テレビ」をtelly, stomach「お腹」を（幼児語で）tummyと言ったりすることがあるが、オーストラリア英語ではこの種の略語が他の英語圏よりも遥かに多様で、広く使われている。以下の表にオーストラリアでよく使われる「略形＋指小辞」の一例を挙げておく。

略形＋指小辞 -a	元の形	意味
cuppa	cup of tea/coffee	一杯の紅茶・コーヒー
Maccas	McDonald's	マクドナルド
略形＋指小辞 -ie/-y		
barbie	barbeque	バーベキュー
brekkie	breakfast	朝食
rellies	relatives	親戚
kindy	kindergarten	幼稚園
略形＋指小辞 -o		
arvo	afternoon	午後
journo	journalist	ジャーナリスト
smoko	smoking break	休憩（本来は喫煙休憩）
略形のみ		
beaut	beauty	素晴らしいもの
enzed(der)	NZ（New Zealandの略）	ニュージーランド（人）
Oz	Australia	オーストラリア

ここに見られるように、「略形＋指小辞」の形は地名等の固有名詞にもしばしば用いられる。また、指小辞なしの純粋な略形が使われるものもある。このような「略形＋指小辞」はかなりの程度定着しているものだけでも5000以上あるとされている。

オーストラリアの英語には、イングランド南東部の英語の影響が見られたが、一方、オーストラリア英語自体は、次に見るように、ニュージーランドの英語に大きな影響を及ぼしている。

COLUMN
クリオール訳の聖書

　2007年にクリオール訳の聖書が出版された。旧約聖書および新約聖書の全編を訳したもので、29年間にわたる翻訳作業の末、完成したものであるという。以下はこのクリオール訳の旧約聖書「創世記」の冒頭部分である。

　Godやspiritのように、現代英語と同じ語もあるし、longtaim = long time, wen = when, ebrijing = everything, enijing = anything, eniwei = anyway, lait = lightなどのように、元になっている英単語が思い浮かぶものもあるが、全体としては意味を取ることが困難で、もはや英語とは別言語であるということがよく分かる。

　　Orait, longtaim wen God bin stat meigimbat ebrijing, nomo enijing bin jidan. Imbin jis eniwei, nomo garram enijing. Oni strongbala woda bin goran goran ebriwei, en imbin brabli dakbala, en det spirit blanga God bin mubabat ontop langa det woda. Brom deya God bin tok, "Lait!" En streidawei det lait bin kamat. En wen God bin luk det lait bin gudwan, imbin gudbinji.（「創世記」1:1-4）

COLUMN

オーストラリアの「非公式な国歌」

　オーストラリアの「非公式な国歌」として親しまれているWaltzing Matildaという曲がある。これは決まった家を持たず、Matildaあるいはswagと呼ばれる所持品袋を背負って放浪しつつ仕事をして生計を立てる労働者（swagman）の生活をうたったもので、その歌詞にはオーストラリア独自の語句や言い回しが多く見られる（以下の引用の下線部分）。

>　Once a jolly <u>swagman</u> camped by a <u>billabong</u>
>　Under the shade of a <u>coolibah</u> tree,
>　And he sang as he watched and waited till his <u>billy</u> boiled:
>　"Who'll come a-waltzing <u>Matilda</u>, with me?"
>
>　Waltzing <u>Matilda</u>, waltzing <u>Matilda</u>
>　You'll come a-waltzing <u>Matilda</u>, with me
>　And he sang as he watched and waited till his <u>billy</u> boiled:
>　"You'll come a-waltzing <u>Matilda</u>, with me."

　かつて陽気な放浪労働者が川のよどみの近く、
　クーラバーの木陰でキャンプをしていた。
　そして、やかんの水がゆだるのを見守りながら歌を歌った。
　「誰が一緒に放浪の旅についてくるのか？」

　放浪の旅、放浪の旅、
　お前は放浪の旅についてくる
　そして、やかんの水がゆだるのを見守りながら歌を歌った。
　「お前は放浪の旅についてくる」

ニュージーランド英語の歴史

ニュージーランドの「発見」と国名の起源

　すでに見たように、古代・中世のヨーロッパにおいては、南半球のことはよく知られておらず、この地に人が渡ることもなかった。ヨーロッパからニュージーランドに最初に到達したのは、オランダの探検家アベル・タスマンで、1642年のことである。彼らがニュージーランドに上陸を試みた際に、現地の人々は激しく抵抗し、探検隊の数人が殺されている。

　その後100年以上にわたってヨーロッパから再びこの地に向かう人はいなかったが、タスマンの探検によりこの地域のことが知られるようになると、オランダで地図が作られた。その際、ニュージーランドはオランダのゼーラント州（Zeeland＝Zee「海」＋land「土地」）にちなみ、(ラテン語で) Nova Zeelandia「新ゼーラント」と名付けられた。オーストラリアを表すNova Hollandia「新ホランド」と並び、ヨーロッパからこの地に最初に到達したのがオランダ人であったことが刻まれた国名である。

　タスマンの次にこの地に達したのはイギリスの探検家ジェームズ・クックで、1769年のことであった。彼はニュージーランドの海岸線をくまなく探検し、地図を作製し、その際、Nova Zeelandiaを英語に訳しNew Zealandとした。これが国名として今日まで使われ続けているのである。

　ジェームズ・クックはニュージーランド探検の後オーストラリアを探検し、ニューサウスウェールズをイギリス領と宣言した。これを受けて1788年からは実際に植民が行われたが、この際にイギリス領とされた範囲には、ニュージーランドの大半も含まれており、この時以来ニュージーランドはイギリス領とみなされるようになったと言える。

ワイタンギ条約から「独立」まで

　ニュージーランドには13世紀の後半からポリネシア系のマオリ（Maori）と呼ばれる人々が住んでいた。そして、17世紀以降ヨーロッパから渡った人々が出会ったのもこのマオリ族であった。マオリ族の土地に侵入していったヨーロッパ人たちは彼らの抵抗に遭うことが多く、両者の間には争いが絶えなかった。

　1840年には、そのような状況に終止符を打つべく、マオリ族とイギリスとの間で条約が結ばれる。このワイタンギ条約（Treaty of Waitangi）により、ニュージーランドはイギリス領とされ、マオリ族は英国臣民となり、イギリス人と同様の権利を持つと定められた。

　条約締結以前、ニュージーランドはイギリスのオーストラリア植民地（ニューサウスウェールズ）の一部とみなされていたが、条約締結を機にニュージーランドは独自の植民地と考えられるようになり、1841年に正式にオーストラリアとは別個の植民地とされた。1853年には自治の認められる英国植民地となり、1907年には英国自治領となり、1947年には独自の立法機能を取得し、これによりイギリスから完全に独立した。

　とはいえ、その後も現在まで、ニュージーランドはイギリス連邦の加盟国として英国君主を君主としている。1902年に制定された国旗も、イギリスを象徴する旗の一つであるブルー・エンサインに南十字星の図柄を加えたもので、イギリスとの緊密な関係性が表されている。

ニュージーランドに根付いた英語

　このような歴史を考えると、ニュージーランドに英語が根付いたのは19世紀以降のことであり、その歴史は200年に満たない。オートストラリアとは異なりニュージーランドは流

刑地ではなく、初期にイギリスからこの地に渡った人々はより高い社会階層の人が多かったと言われている。

イギリス本国からの移民に加え、ニュージーランドがオーストラリア植民地の一部とされていた1841年以前はオーストラリアから来た人が多かった。ゴールドラッシュの始まる1861年以降はさらに多くの人々がオーストラリアからニュージーランドへ移り住んだ。

そのため、この地に当初根付いた英語はイギリス英語や、イングランド南東部の英語から発したオーストラリアの英語であった。この他、アメリカ、インド、中国、およびヨーロッパの様々な国から移民が入っているが、今日に至るまで、ニュージーランド英語の主な基礎となっているのはイギリスとオーストラリアの英語であると言ってよい。

特に、発音や口語的な語彙に関しては、ニュージーランド英語はオーストラリア英語に大きな影響を受けている。一方、文法や綴りなどフォーマルな面に関しては、イギリス英語の影響が大きい。

「海外経験」とニュージーランド英語

ニュージーランドでは、教育や職業訓練の一環として、「海外経験」(OE = overseas experience) が盛んに行われている。これは、大学卒業後に1年かそれ以上にわたって海外で働きながら生活するというもので、近年では、例えば日本や韓国で英語を教えるなど、イギリス以外の国に行くケースも増えているようだが、特に1970年代頃までは大抵の人がイギリス（ロンドン）に行ったという。このこともまた、イギリス英語の影響が大きい一因であろう。

イギリス英語からの影響は特に綴りに顕著で、ニュージーランドでは基本的にイギリス綴りが用いられる。また、「海外経験」でイギリスに行った世代は、イギリスの容認発音を理想的な発音とみなす傾向がある。より若い世代の間では、

アメリカ英語の影響を受けた発音や語彙が使われることも増えているが、フォーマルな発音、綴り、語彙、文法等については依然としてイギリス英語からの影響が強い。

マオリ語からの影響

　ニュージーランドの英語に影響を与えたもう一つの言語に、先住民族のマオリ語がある。マオリ語はオーストロネシア語族に属し、インドネシア語、マレーシア語、フィリピン語（タガログ語）、サモア語、パラオ語、フィジー語、ハワイ語と同系統で、インド・ヨーロッパ語族に属する英語とは性質が大きく異なる。

　マオリ語は1987年以来、英語と並んでニュージーランドの公用語として認められており、ニュージーランドは、この言語による「アオテアロア」（Aotearoa）という名前でも知られている（これは「長く白い雲の土地」の意）。政府の各役所にはみな英語とマオリ語の名称が付けられ、国歌 God Defend New Zealandにも英語とマオリ語両方の歌詞がある。

　ジェームズ・クックがニュージーランドを探検して以来、英語話者とマオリ語話者との間には様々な交流が生まれ、その結果、ニュージーランド英語にはマオリ語からの借用語が多く入っている（*OED Online*には290語弱のマオリ語借用語が収録されている）。借用は最初期から始まっており、クックも航海記の中でマオリ語に由来する単語をいくつか使っている。

　マオリ語からの借用語は、ニュージーランド特有の動植物の名前やマオリの文化と関連するものが多いが、それ以外のより一般的な意味の語も借用されている。

aroha	愛
haere mai	ようこそ
haka	マオリの民族舞踊
iwi	部族

kai	食べ物
kia ora	こんにちは
kiwi	キウイ（鳥）
mana	影響力、名声
marae	宗教儀式のために集まる場所
pakaru	壊れた
Pakeha	マオリでない人（ヨーロッパ系の人）
piripiri	ピリピリ（植物）
puku	腹
tapu	神聖な；タブー
wahine	女、妻
waka	カヌー、船
whanau	家族

　マオリ語からの借用語は、ニュージーランド英語以外では通常使われないものがほとんどであるが、中にはkiwi「キウイ」のように広く知られるようになった語もある。キウイはニュージーランドを象徴する鳥であることから、この語は口語で「ニュージーランド人」や「ニュージーランドの」を意味する語として広く使われている（例えば、kiwi dollar「ニュージーランド・ドル」、KiwiRail「ニュージーランド鉄道」等）。ニュージーランドで初めて商業目的で栽培されるようになったとされるkiwifruit「キウイフルーツ」の前半要素もこの語に由来する。

独自の語や語の意味

　マオリ語からの借用語以外にも、ニュージーランド以外では広く使われることのない語句や語の意味が多くある。以下はその一例である。

bach	小さい別荘
chur	cheers の省略形
dairy	コンビニエンスストア

glide time	フレックスタイム
howdy	(< How do you do?) こんにちは
knackered	疲れ果てた
munted	壊れた；変な、変わった
Rattle your dags!	急げ
souvenir	盗む
stoked	嬉しい
togs	水着
tucker	食べ物
tramping	ハイキング
wee	少し

　スコットランドの方言に由来する wee の場合のように、必ずしもニュージーランドで独自に発達したものばかりではないが、いずれにしろ他ではごく限られた地域でしか使われないこれらの語句は、ニュージーランドらしい言葉（New Zealandisms）と捉えてよいであろう。

オーストラリア英語の影響下にある語句

　ニュージーランドは歴史的にも地理的にもオーストラリアと近い関係にあるため、ニュージーランド英語で使われる語句の中にはオーストラリア英語の影響を受けたものも多くある。

　例えば、オーストラリアで使われる挨拶の言葉、G'day, mate. や、dinkum「本当の」、jumbuck「羊」、Maccas「マクドナルド（ファストフード）」、station「大規模農場」などは、ニュージーランドでもよく使われる（204-205ページを参照）。

　すでに見たように、オーストラリア英語（口語）では、「語の略形＋指小辞」が頻繁に用いられるが、ニュージーランドでも、barbie「バーベキュー」や arvo「午後」など、特に指小辞 -ie や -o を伴う語がよく使われる（206-207ページを参照）。

ニュージーランド英語のヴァラエティと特徴

　英語が根付いてからの歴史がそれほど長くないこともあり、ニュージーランドも地方ごとの方言差は少ない。そして、地域的な訛りよりもむしろ社会的、人種的要因に由来する訛りのほうが顕著である。

　そのような観点から、ニュージーランド英語は、洗練されたニュージーランド英語（Cultivated New Zealand English）、一般ニュージーランド英語（General New Zealand English）、訛りの強いニュージーランド英語（Broad New Zealand English）の三種類に大別される。そしてこのいずれもが、イギリスやオーストラリアの英語と同様 non-rhotic accent である。

　これらのうち、洗練されたニュージーランド英語はイギリスの容認発音を理想形とするもので、これに非常に近いといえる。一方、一般ニュージーランド英語や訛りの強いニュージーランド英語は、オーストラリア英語とよく似ている。例えば、FACE や PRICE のような語に含まれる二重母音は、訛りが強くなるにつれ、それぞれ「アイ」、「オイ」に近い音で発音される。また、次に見るように、南半球連鎖推移が起きがちである点もオーストラリア英語と共通している。

　発話のイントネーションもオーストラリア英語と似た傾向があり、平叙文においても疑問文のように文末を上げて発音する high rising terminal がよく聞かれる。

ニュージーランドの南半球連鎖推移

　南半球の英語圏（オーストラリア、ニュージーランド、南アフリカ）には共通して南半球連鎖推移（Southern Hemisphere Chain Shift）と呼ばれる音変化が見られる（201ページも参照）。これは前母音の調音位置が、/æ/ → /e/ → /ɪ/ → /i/（あるいは/ə/）のように少しずつ上方にずれるというものである。

　一般に、ニュージーランド（および南アフリカ）の英語にお

いてはオーストラリア英語よりもこの傾向が顕著である。また、fishのような語に含まれる /i/ 音は、南半球連鎖推移を経てオーストラリアでは /i/ 音になるのに対し、ニュージーランドではこれが /ə/ 音になるという違いもある。

したがって、例えば、fish and chips は、オーストラリア英語では feesh and cheeps、ニュージーランド英語では fush and chups と綴ることができそうな発音となる。

南半球連鎖推移による音変化は、容認発音や一般アメリカ英語などの発音と比べて顕著な違いがあるため、時にはこれがもとで誤解が生じることもある。ある人がニュージーランドの知り合いの家に電話をした際に、電話口に出た娘に He's dead.「父は死にました」と言われてショックを受けたが、実は Here's Dad.「父に替わります」が南半球連鎖推移の影響でそう聞こえただけだったという有名な話がある（Dad /dæd/ は [ded] と発音される）。

南アフリカ英語の歴史

南アフリカの「発見」と初期の植民

　南アフリカには古くからコイコイ人やサン人などバントゥー系の民族が住んでいた。ヨーロッパ人が最初に南アフリカに到達したのは1488年のことである。この年、ポルトガルの探検家バルトロメウ・ディアスが、アジアへ通じる新たな航路を見つけるべくこの地を探検し、喜望峰（Cape of Good Hope）に達したのである。これに続き、1497-8年には同じくポルトガルの探検家バスコ・ダ・ガマ（Vasco da Gama, ?-1524）がヨーロッパ人で初めて喜望峰を回るルートを通ってインドにまで達している。

　このようにして、南アフリカ（喜望峰）経由の交易路は、15世紀末にポルトガルによって切り開かれ、その後1世紀ほどはポルトガルがこの航路を通じた交易の主導権を握った。喜望峰という地名もポルトガル人によって付けられたもので、この地を経由して行われる東洋の国々との交易が大きな利益をもたらしてくれるだろうという期待が込められたものである。

　17世紀初頭からポルトガルの海運力が衰え始めると、オランダやイギリスがこの地に進出した。この二国のうち、最初に主導権を握ったのはオランダだった。1652年にオランダ東インド会社が喜望峰に拠点を構え、また、ここを通る船に物資を供給する目的で、喜望峰の近くに植民を行ったのである。この町はやがて大きく発展し、現在のケープタウン（Cape Town）の基礎となった。

　オランダの植民地ができたことで、南アフリカにはオランダ語が根付いた。そして、この地に根付いたオランダ語はやがて独自の発達を遂げ、アフリカーンス語（Afrikaans）という新

たな言語へと発達していく。

イギリスからの植民の開始

フランス革命戦争（1792-1802）の中、1795年にフランスがオランダを占領すると、フランスと敵対していたイギリスは、ケープ植民地がフランスの支配下に置かれることを恐れ、この地に進軍しこれを手中に収めた。

1820年以降は、ケープ植民地にイギリスから本格的な植民が行われるようになり、英語がこの地に根付くことになった。1822年には英語がケープ植民地唯一の公用語と定められ、これを機に、この地に住んでいたオランダ語話者の間にも英語を普及させるためイギリスから教師や宣教師たちが多く送り込まれている。

この時代にイングランドから南アフリカに移住した人々の多くはイングランド南東部の労働者階級に属する人々であった。彼らのほとんどはイギリスに戻ることができず、この土地に永住することとなった。

オランダとの支配権争い

フランス革命戦争を機に、イギリスがオランダに代わって南アフリカの支配権を握るべくこの地に進出すると、その後約100年間にわたり、イギリスとオランダ系の人々との間で支配権をめぐる争いが続いた。

イギリスはまずオランダからケープタウンを奪い、これをケープ植民地（Cape Colony）とした。そのため、ここに住んでいたオランダ系の人々の多くは、ナタール地方へと移り住み、1839年にナタール共和国を築いた。

イギリスはナタール共和国にも侵攻し、1843年にはその領有を宣言し、これをナタール植民地（Natal Colony）とした。ナタール植民地には、特に1850年代にヨークシャーやラ

ンカシャーなど、イングランド北部から多くの人々が移住した。ケープ植民地の場合とは異なり、ナタール植民地に移住した人々の多くは中流階級の出身者で、時々イギリスに戻ることが可能な人も多く、そのため、ケープ植民地の人々よりもイギリス本国とのつながりを保つ傾向があったという。英語に関しても、彼らは本国における英語の特徴をよりよく留めている。

　ナタールがイギリスに奪われると、ここに住んでいたオランダ系住民たちは内陸へ移動し、1852年にはトランスファール共和国、1854年にはオレンジ自由国を建国している。これらの地方で1860年代にダイヤモンド、1880年代には金が発見されたことから、イギリスはこれらの地域にも進出し始める。その後、これら両国とイギリスとの間の二度の戦争（1880-81年の第一次ボーア戦争、1899-1902年の第二次ボーア戦争）を経て、1902年にはこれらの地域も、それぞれトランスファール植民地（Transvaal Colony）およびオレンジ川植民地（Orange River Colony）としてイギリス領となった。

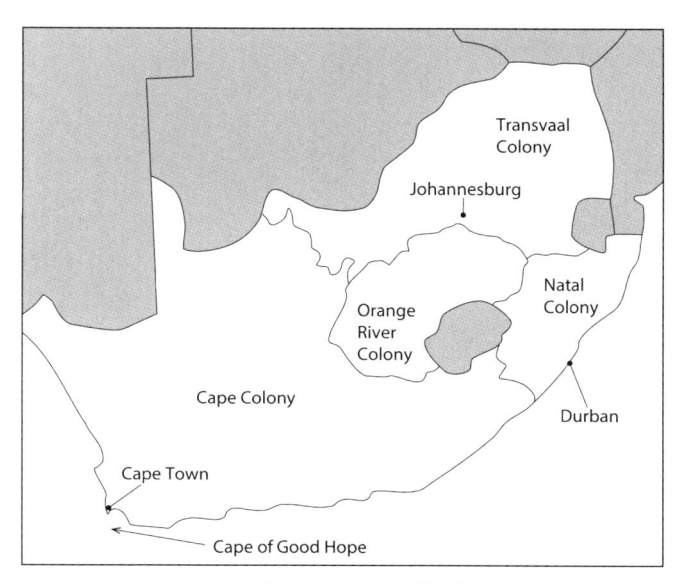

イギリスの南アフリカ植民地

南アフリカの歴史とアフリカーナー

　このように、南アフリカにおいては、イギリスとアフリカーナー（Afrikaner）と呼ばれるオランダ系住民とが20世紀初頭まで支配権争いを繰り広げていた。イギリスの勝利の後もアフリカーナーはこの地に残り、やがて間もなく再び南アフリカの歴史に大きな影響を及ぼすようになる。

　イギリスの南アフリカ植民地におけるアフリカーナーの存在感は、1910年に出された連合法にも反映されている。この年、ケープ、ナタール、トランスファール、オレンジ川の各植民地が一つに統合され、英国自治領、南アフリカ連邦（Union of South Africa）が成立した。その際に出された連合法において、アフリカーナーが使うオランダ語が英語と並んで公用語として定められたのである。

　第一次世界大戦後の1915年にはアフリカーナーを中心とする政党、国民党（National Party）が作られ、その9年後には早くも連立与党の一員として政権の一翼を担うようになる。1925年には、それまでオランダ語の南アフリカにおける方言とみなされていたアフリカーンス語が公用語として認められ、これによりアフリカーンス語は正式にオランダ語とは別個の言語と認識されるようになった。

　第二次世界大戦後の1948年に、国民党が単独で政権を担当するようになると、彼らはアパルトヘイト（apartheid）と呼ばれる人種隔離政策を推し進め、黒人を中心とする有色人種の権利を著しく制限し、彼らを酷く虐げた。アパルトヘイトはその後、1994年にネルソン・マンデラが大統領に選出されこれが廃止されるまで続いた。

　1961年には、イギリス連邦に加盟する国々からアパルトヘイトに対する批判が高まったことを受け、南アフリカ連邦はイギリス連邦を脱退し、共和制に移行し、これにより現在の南アフリカ共和国（Republic of South Africa）が成立した。なお、アパルトヘイトが廃止された1994年には共和制のままイギリス

連邦に復帰している。

このように、南アフリカはもともとイギリスの植民地だったものの、特に第一次世界大戦以降つい最近まで、主導権はオランダ系のアフリカーナーたちが握っていたのである。

南アフリカの言語事情

南アフリカではもともと土着の様々な言語が使われていた。オランダやイギリスがこの地に進出してからは、話者の少ないオランダ語（のちにアフリカーンス語）や英語が公用語に定められ、多くの人が使う土着の言語は非公式な言語という地位に甘んじるようになった。国民党が政権を担当し、アパルトヘイトが推進された時代には、アフリカーンス語の使用が奨励され、これが広く共通語として使われるようになった。

1994年にアパルトヘイトが廃止されると、アフリカーンス語と英語に加え、土着の9言語が公用語として認められ、公用語は合わせて11言語となった。新たに公用語として認められた9言語とは、ズールー語（Zulu）、コサ語（Xhosa）、北ソト語（North Sotho）、ツワナ語（Tswana）、南ソト語（South Sotho）、ツォンガ語（Tsonga）、スワジ語（Swazi）、ヴェンダ語（Venda）、南ンデベレ語（South Ndebele）である。これらはいずれもニジェール・コンゴ語族（Niger-Congo）に属するバントゥー系言語（Bantu languages）で、同系統の言語はアフリカの中部から南部に広く分布している。

2011年に行われた国勢調査によると、南アフリカの全人口の6割以上がこれらバントゥー系言語のいずれかを第一言語としている（内訳については右ページの円グラフを参照）。特にズールー語とコサ語の話者が多く、第一言語とする人口ではこれらが上位二位を占める。

ズールー語、コサ語に続くのがアフリカーンス語で、13％強の人がこれを第一言語としている。一方、英語を第一言語とする人は全体の1割弱で、第4位に留まる。

なお、アフリカーンス語は、上記のようにオランダ語から発達した言語である。ヨーロッパの多くの言語と同じインド・ヨーロッパ語族に属し、ゲルマン語派、西ゲルマン語、低地ドイツ語に分類され、系統的に英語と極めて近い。

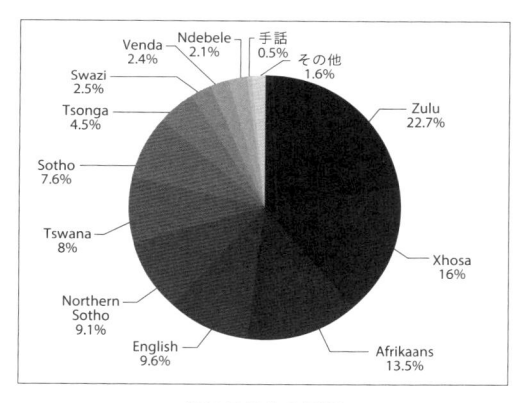

南アフリカの言語

アフリカーンス語と英語

南アフリカには多くの土着語が存在するため、一つの国として、別々の言語を話す人たちの間でのコミュニケーションのために共通語が必要とされるようになった。

アパルトヘイトを主導した国民党のアフリカーナーたちは、自分たちの言語であるアフリカーンス語を共通語として普及させようとし、アフリカーンス語を教育の言語として定めた。これにより有色人種を英語から遠ざけると同時に、彼らへの支配をより確固たるものとする目的もあった。英語が普及することを恐れ、1976年までテレビも導入されなかったという（日本でテレビ放送が始まったのは1953年）。

このような政策により、アフリカーンス語は南アフリカで共通語として広く使われるようになったが、その反面、アパルトヘイトとの結びつきから、多くの黒人たちの間ではこれに対する否定的な感情が育まれた。

アパルトヘイトが廃止された後は、先に見た11の言語が公用語とされたが、その中でも特に英語が教育、政治、経済をはじめとする多くの分野で主要な共通語になった。アフリカーンス語に染みついた、長年にわたるアパルトヘイトに由来する否定的な印象は拭い去り難く、また土着の言語は各土地の部族社会と密接に結びついており、その中の一言語を共通語とすることは、その言語を話す人々の優遇（裏を返せばそれ以外の人々の冷遇）と取られる恐れがあったからである。

　現在まで、南アフリカでは英語が最も広く一般的に使われる共通語としての地位を保っている（アフリカーンス語も英語に次ぐ共通語として広く使われている）。

アフリカーンス語からの借用語

　南アフリカの英語は、土着のバントゥー系言語やアフリカーンス語など、話者がより多い別の多くの言語と共存しているという点で、他の英語圏の英語と比べて特殊な状況に置かれている。南アフリカの英語はこれらの言語から様々な影響を受けているが、最も分かりやすい影響は語彙に見られる。

　アフリカーンス語は英語と並んで共通語として広く使われてきたことから、南アフリカにはこの両方を話す人も多くいる。そのため、南アフリカの英語にはアフリカーンス語（あるいは南アフリカのオランダ語）からの語彙が多数借用されている。Afrikaans「アフリカーンス語」やAfrikaner「アフリカーナー（オランダ系の白人南アフリカ人）」という言葉自体がアフリカーンス語からの借用語である。

　apartheid「アパルトヘイト」もアフリカーンス語からの借用語で、これは同語源の英語で置き換えればapart-hood「分け隔てられていること」というのが原義である。アフリカーンス語と英語とは、同じゲルマン系の言語のため、この場合のように、同じ語源にさかのぼるよく似た形の語（および語の要素）が少なからず見つかる。

*OED Online*には、アフリカーンス語や南アフリカのオランダ語からの借用語が300語強収録されているが、南アフリカ以外ではほとんど使われないものが大半である。しかし中には、以下の表にまとめた語のように、英語圏に知られるようになっているものもある。その多くはこの地に特有の動植物の名前だが、中にはtrekのように、より一般的な意味の語もある。

aardvark	ツチブタ（動物）
boomslang	ブームスラン（蛇）
meerkat	ミーアキャット（動物）
rhebok	リーボック（動物）
rooibos	ルイボス（植物）
spoor	（動物の）足跡、臭跡
springbok	トビカモシカ（動物）
trek	大変な旅；(徒歩で・苦労して)旅する、トレッキングをする
veld	（アフリカ南部の）草原
wildebeest	ヌー（動物）

　この他、他の言語に由来する語が南アフリカにおいてオランダ語あるいはアフリカーンス語に入り、それがのちに南アフリカの英語にも取り入れられたケースもある。

　すでに見たように、最初期に南アフリカ経由の貿易の主導権を握っていたのはポルトガルであったが、commando「奇襲部隊（員）、特殊部隊（員）」やkraal「（動物を入れる）囲い；（動物を）囲いに入れる」といった語は、ポルトガル語から南アフリカのオランダ語に入り、そこから英語に入ったものである。

バントゥー諸語からの語彙借用

　南アフリカの英語には、土着のバントゥー系言語からも語彙が借用されている。*OED Online*には南アフリカのバントゥー系言語からの借用語が150語弱収録されている。やはり

大半は南アフリカの英語以外では使われない語であるが、動植物の名前を中心に、以下の表にまとめた語のように、より広く英語圏に知られるようになったものもある。

gnu	ヌー（動物）
impala	インパラ（動物）
impi	（ズールー族の）戦士団
mamba	マンバ（蛇）
tilapia	ティラピア（魚）
tsetse	ツェツェバエ（昆虫）

南アフリカ英語のヴァリエーション

　南アフリカでは、英語を母語とする人は少数派である一方、バントゥー系の言語やアフリカーンス語を母語としながら、第二言語として英語を使う人が非常に多い。また、以下で見るように、「英語を母語とする人」も一枚岩ではない。そのため、南アフリカで使われる英語のヴァリエーションは非常に多様かつ複雑で、その全てについてここで紹介することはできない。ここではごく大まかな概要だけを見ておこう。

　南アフリカで使われる英語のヴァリエーションは、以下の五つに大別できる。

> ① 南アフリカ白人英語（White South African English）
> ② ケープ平原英語（Cape Flats English）
> ③ 南アフリカ・インド英語（Indian South African English）
> ④ アフリカーンス英語（Afrikaans English）
> ⑤ 南アフリカ黒人英語（Black South African English）

　これらのうち、①〜③は母語話者の英語、④、⑤は第二言語としての英語である。英語を母語とする人は全人口の一割に満たず、彼らが住んでいる地域も主にケープタウン周辺、ヨハネスブルク周辺、およびナタール地方のダーバン周辺と、か

なり限られている。

①はイギリス系の先祖を持つ白人が使う英語で、全人口の約3.1％がこれを使うとされる。イギリスの容認発音に近いものから訛りの強いものまで、社会的要因に由来するいくつかの変種がある。これについては、後でもう少し詳しく見ることにする。

②は19世紀にケープタウンを中心とするケープ植民地に入植した人々がイギリス南部からもたらした労働者階級の英語に端を発するもので、その後、人々の移動と共に他の地域にも広まった。「カラード」（coloureds）と呼ばれる混血の人々のうち、英語を母語とする人が使うのもこの種の英語で、全人口のうち約4.3％が使うとされる。

③は奴隷制廃止以降、奴隷に代わる労働力として19世紀にインドから南アフリカにやって来た人々の子孫が使う英語である。彼らの祖先は南アフリカに渡ってからもインドの言語を話していたが、その子孫のほとんどは現在までに英語を第一言語とするようになっている。現在では全人口の約2.2％が使っている。

④はアフリカーンス語を話す白人が第二言語として使う英語で、全人口の約5.3％の人が使う。

⑤は人口の約75％を占める土着の言語を母語とする黒人が第二言語として使う英語である。アパルトヘイトの廃止以降、南アフリカの黒人に英語が急速に広まり、現在では①～④よりも話者が多くなっている。発音、文法、語彙において、土着の言語の影響が強く見られる英語である。

これらのうち、②は地域的、社会的要因に由来する変種、③、④、⑤は人種的要因に由来する変種であるといえる。

南アフリカ白人英語（White South African English）

イギリス系の白人が使う「南アフリカ白人英語」は、オーストラリアやニュージーランドの場合と同じように、地域

差よりも社会的要因による差のほうが顕著だと言われている。このような観点から、南アフリカ白人英語は、洗練された南アフリカ英語（Cultivated South African English）、一般南アフリカ英語（General South African English）、そして訛りの強い南アフリカ英語（Broad South African English）に分類することができる。これらはいずれもイギリス英語から発達したもので、**non-rhotic accent**である（これに対し、アフリカーンス英語では、母語の影響により、この種のrがしばしば発音される）。

　洗練された南アフリカ白人英語は、高い教育や社会階層と結びつけられる変種で、イギリスの（時にやや古い）容認発音に近いが、最近では話者が非常に少なくなっており、すでにこの変種を話す人は事実上いなくなったと言われることもある。一般南アフリカ英語は、最も一般的な南アフリカ白人英語で、これが南アフリカ英語の標準形といえる。一方、訛りの強い南アフリカ英語は、南アフリカ英語的な特徴がよりはっきりと見て取れる変種である。

南アフリカ白人英語に見られる南半球連鎖推移

　オーストラリアやニュージーランドの英語と同様、訛りの強い南アフリカの英語にも南半球連鎖推移の影響が認められる（201ページも参照）。訛りの強い南アフリカ白人英語では、前母音の調音位置が /æ/ → /e/ → /ɪ/ → /ə/ と通常よりも少しずつ上にずれ、/ɪ/音に関しては、ニュージーランド英語の場合と同様、/ə/音になる傾向にある。

　ただし、/ɪ/ → /ə/ の変化については、音環境によって起こらない場合もある。つまり、big, gift, kit, lick, sing などのように、/ɪ/音が硬口蓋音あるいは軟口蓋音（/k, g, ŋ, ç/音など）と隣接している場合、hitのように /h/音に続く場合、innのように語頭にある場合、およびfishのように /ʃ/音の前にある場合の多くはこの音変化は起こらない。

　アクセントのない [ɪ] 音もまた [ə] 音に近い音になる傾向が

ある。例えば、この音変化を経ると、illusionとallusion, exceptとaccept, sourcesとsaucersのペアはそれぞれほとんど同じ発音になる。

その他の発音上の特徴

訛りの強い南アフリカ白人英語のさらなる発音上の特徴として、BATHに含まれる母音の発音が挙げられる。これは容認発音では/ɑ:/(「アー」)と発音されるが、南アフリカ白人英語ではこれがしばしば/ɒ:/(オー) に近い音で発音される。

二重母音の発音も容認発音や一般アメリカ英語とはかなり異なる場合がある。イギリスの容認発音における二重母音は、以下の表にまとめたように、訛りの強い南アフリカ白人英語では長母音やそれに近い音になることがある。ただし、これはあくまでも一つの傾向にすぎず、単語や音環境によって二重母音が保たれることもあれば、容認発音とは異なる音の二重母音になることもあり、また同じ単語でも人によって発音の仕方が異なることもある。しかしいずれにしろ、一般に、二重母音の二つ目の母音が弱まる傾向があるといえる。

	容認発音での発音	訛りの強いSAWEでの発音
near	/ɪə/	/ɪː/
cure	/ʊə/	/oː/
square	/ɛə/	/ɛː/ or /eː/
goat	/əʊ/	/ʌː/
price	/aɪ/	/aː/

COLUMN
南アフリカに伝わった「梅干し」

　南アフリカのオランダ語から英語に入った語の中には、日本語に由来するものもある。「梅干し」である。鎖国時代の日本は、ヨーロッパの国では唯一オランダとだけ、長崎の出島を通じて行き来があった。当時日本からオランダに輸出されたものの中には梅干しもあった。1673年に、6樽の梅干しがオランダ船で輸出されたという記録も残っている。

　こうして輸出された梅干しは、オランダの植民地であった南アフリカにももたらされた。南アフリカでは梅干しを真似た食べ物が作られるようになり、これがオランダ語でmebos（メーボス）と呼ばれるようになった。このmebosは「ウメボシ」の語頭と語末の母音が落ちたものに由来すると考えられる。見よう見まねで作られた南アフリカのmebosは砂糖漬け乾燥アンズで、（「塩漬け乾燥梅」とでも呼べる）梅干しとはだいぶ異なるが、それでもmebosという名前にも、その製法にも、梅干しとのつながりを見て取ることはできる（この種のmebosは現在でも南アフリカで製造・販売されている）。

　南アフリカにイギリスが進出するようになると、この地に定着したイングランド系の人々にもmebosが知られるようになり、英語でもmebosが（英語風に「ミーボス」という発音になって）使われるようになった。南アフリカ以外ではほとんど使われない語ではあるが、イギリス人の書いたものの中にも、特に日本と関連する旅行記の中に使われた記録が少なからず残っている。

第5章

英語から新たな言語へ

カリブ海地域

および

アフリカの英語

カリブ海地域の英語の歴史

カリブ海地域の植民地化と三角貿易

　15世紀末に西回りの航路でアジアに到達しようとしたコロンブス（Christopher Columbus, 1450頃-1506）は、カリブ海の島々（西インド諸島）、そして中米に達し、これにより期せずしてアメリカ大陸を「発見」した。

　この時、コロンブスはインドに到達したと勘違いし、カリブ海地域の島々を西インド諸島（West Indies）、そこに住む人々のことをインディアン（Indian）と呼び、これが定着したということはよく知られている。

　コロンブスの「発見」をきっかけにスペインやポルトガルが中米や南米に進出し始め、この地域の植民地化が進んだ。カリブ海地域を最初に植民地化したのはスペインで、イスパニョーラ（Hispaniola, 1493）、プエルトリコ（Puerto Rico, 1508）、ジャマイカ（Jamaica, 1509）、キューバ（Cuba, 1511）、トリニダード（Trinidad, 1530）に相次いで植民を行っている。

　彼らがこの地域で最初に出会ったのはカリブ（Carib）と呼ばれる人々で、これがこの地域の名前とされた。また、カリブ族の間では人肉を食べる習慣があったとされ、そこからカリブ族を表すスペイン語Caribalがcannibal「食人種」として英語に入っている（当初この語はしばしばcanibalと綴られたが、1611年頃に書かれたシェイクスピアの『あらし』（*The Tempest*）に登場するCalibanという半人半獣は、canibalのアナグラムだと言われている）。

　これらの土地にプランテーションが作られ大規模な農業が行われるようになると、そこでの労働力が必要となった。当初は土地の先住民たちが奴隷として使われたが、厳しい労働環境やヨーロッパからもたらされた流行病などのため、彼らの多

くが死に絶えてしまった。そこで、16世紀の初め以降はアフリカから多くの奴隷が連れてこられるようになった。

　17世紀に入ると、イギリス、フランス、オランダもカリブ海地域にそれぞれ植民を始め、綿花や砂糖を生産するプランテーションでの労働力としてアフリカからさらに多くの奴隷が連れてこられるようになった。

　こうして16世紀以降、カリブ海地域は、ヨーロッパ各地および西アフリカとの三角貿易（triangular trade）の一角を担うようになった。つまり、ヨーロッパから西アフリカへ武器、繊維製品、ラム酒などが輸出され、その売り上げで西アフリカでは黒人奴隷が仕入れられ、これがカリブ海地域にもたらされ、カリブ海地域ではプランテーションでできた砂糖や綿が仕入れられ、これがヨーロッパにもたらされるという貿易のパターンが確立されたのである。このような三角貿易は奴隷貿易が禁止される19世紀初めまで続いた。

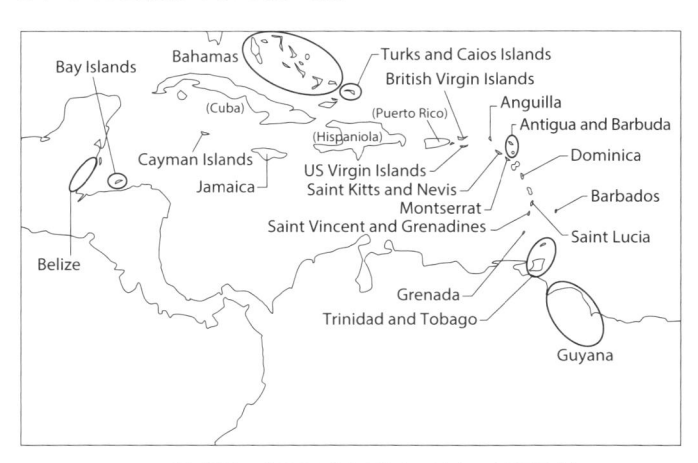

カリブ海地域の英語圏（括弧付きの地名は英語圏外）

カリブ海地域のイギリス植民地

　カリブ海地域へのイギリスからの植民は17世紀前半に始まり、18世紀末までに以下の島々および中南米大陸の一部が

植民地化された（下線が付された島は現在もイギリスの海外領土）。

セント・キッツ（1623）
バルバドス（1627）
ネヴィス（1628）
アンティグア（1632）
<u>モントセラト</u>（1632）
ベリーズ（1638）
<u>アンギラ</u>（1650）
ジャマイカ（1655）
セントルシア（1663）
<u>ケイマン諸島</u>（1670）
バージン諸島：<u>ブリティッシュ・バージン諸島</u>（1672）
　　　　　　　アメリカ領バージン諸島（1801）
バハマ（1718）
ベイ・アイランズ（1742）
ドミニカ（1763）
グレナダ（1763）
<u>タークス・カイコス諸島</u>（1783）
ガイアナ（1796）
セントヴィンセント・グレナディーン（1797）
トリニダード・トバゴ（1797）

（　）内は植民の年

　イギリスから植民が行われたことで、英語が根付き、カリブ海地域にも英語圏が生まれることになった。この他、地理的には少し離れているが、1612年に植民が始まったイギリス領バミューダ諸島でも英語が使われており、これもカリブ海地域の英語と同種のものとみなされる。

カリブ海地域の英語

　カリブ海地域にもたらされた英語は、本国イギリスの英語だった。また、この地域は地理的にアメリカと非常に近いこともあり、特に20世紀後半以降はアメリカ英語からの影響も

顕著である。

　一方、カリブ海地域には以下で見るような経緯で英語から発達したクレオール（English creoles）が広く使われている。そして、以下のガイアナ英語の例に見られるように、この地域の英語には、上層方言としての標準的な英語と下層方言としてのクレオール英語との間に様々なレベルの中層方言が存在する。

ガイアナ英語のヴァリエーション

```
I gave him          ↑ 上層方言
a geev him
a geev im
a geev ii
a giv him
a giv im
a giv ii
a did giv hii
a did giv ii        中層方言
a did gi ii
a di gii ii
a di gi ii
mi di gi hii
mi di gii ii
mi bin gi ii
mi bin gii ii
mi bin gii am
mi gii am           ↓ 下層方言
```

（Svartvik and Leech (2006), p. 177 に基づく）

　この表に見られるように、上層方言に近い中層方言では、発音以外は標準的な英語と同じであるが、中層方言の中間に近づくと、giv (= give) が過去形として用いられるなど、文法的にも標準から外れた用法が見られるようになる。さらにもう少し下層に近づくと、did giv や bin gi (= been give) のような過去形が用いられたり、mi (= me) が主語として使われたりと、標準的な英語との乖離がより顕著になる。

　このような様々なレベルのヴァリエーションが渾然一体となって使われているのがカリブ海地域の英語の現状である。

フォーマルな場面やこの地域以外の人と話をする場合には標準的な英語、仲間内などよりくだけた場面では中層方言や下層方言、といった使い分けをしている人も多いようである。

カリブ海地域の英語の特徴1：発音

　一口にカリブ海地域の英語といっても、それぞれの島や土地、地域によってヴァリエーションが非常に豊富で、また同じ土地でも上層方言から下層方言まで、ヴァラエティが非常に豊かである。そのような状況を踏まえた上で、ここでは、この地域で使われる中層方言から下層方言について、ある程度共通して見られる特徴をいくつか紹介しておこう。

　先に示したガイアナ英語のヴァリエーションの表にも見られるように、カリブ海地域の英語の発音上の一つの特徴として、下層方言に近づくにつれて、gi (< give)、hii (< him)、ii (< him) のように、語末の子音が落ちる傾向がある。特に /ft, st, kt, θt, ʃt, pt, tʃt/ などに含まれる語末の /t/ は落ちやすい。したがって、nest, left はしばしば /nɛs/, /lɛf/ と発音される。

　また、下層方言に近づくにつれ、この種の音の脱落は、単なる発音上の問題ではなくなり、音が落ちた形が本来の形と認識されるようになる。例えば、nest ではなく nes が本来の形と認識され、そのため、neses という複数形が用いられるのである。

　同じ理由から、pushed, stopped などの語尾の /t/ も落ちやすい。そして、これらの場合、/t/ が落ちてしまうと、発音上、現在形と過去形の区別がつかなくなってしまう。この地域のクレオール英語では、-ed を付けた過去形が使われない（過去の概念は他の方法で表される）が、その背景には、この場合のように発音上区別がつかないケースが多いということもあるのだろう。同様に、send や build のような語の /nd, ld/ に含まれる /d/ も落ちやすい。

　この他、訛りの強い変種になると、語頭の /h/ や語頭の

/st/, /sk/ 等に含まれる /s/ も落ちやすい。前節に示したガイアナ英語の場合も、him が im, ii, am などとなっている例が見られる。また、start は [ta:t]、skill は [kɪl] などと発音される。

　下層方言に特徴的な語頭の /h/ や /s/ の脱落は、好ましからざる発音とみなされることが多く、そのような発音をしないようにという意識が空回りして、過剰訂正 (85ページを参照) が起こることもある。例えば、egg や end のように母音から始まる語の前に /h/ をつけてしまったり、tuck が [stʌk] となったりすることがある。

　この他、標準的な英語における /θ, ð/ が [t, d] と発音されたり、/v/ が [b] や [w] で発音されたりする。その結果、faith と fate, breathe と breed が同じ音で発音され、river, love がそれぞれ [riba], [lʌb]、village が [wɪlɪdʒ] と発音されることがある。

　語末や子音の前の r を発音するかどうかという問題 (rhoticity) については地域によって異なり、カリブ海地域で統一は取れていない。バルバドスの英語は、この種の r が常に発音される rhotic accent であるのに対し、トリニダード、グレナダ、セントルシア、セントヴィンセント・グレナディーン、アンティグア、モントセラト、アンギラ、バハマなどの英語は non-rhotic accent である。ジャマイカの英語はこの種の r を発音したりしなかったりと一貫性がなく、semi-rhotic accent に分類される。

カリブ海地域の英語の特徴2：文法

　この地域の中層方言から下層方言には、文法的にも面白い特徴が多い。歴史的に、英語は複雑な語形変化の体系を失い、代わりに語の組み合わせによって様々なことを表現するタイプの言語へと性質を変えてきた。カリブ海地域の英語の中層・下層方言では、この傾向が一段と進んでいる。

　語形変化の体系が大きく衰退したとはいえ、現代英語でも例えば名詞の単数形と複数形とは、dog-dogs のように、語

形の上で区別される。一方、カリブ海地域の中層・下層方言ではこれが区別されず、名詞は基本的にみな単複同形である。複数であることを明示する必要がある場合は、dog dem（< them）のように複数であることを示す別の語との組み合わせが利用される。

　所有格の -'s もなく、したがって、主格・目的格と同じ形が所有格としても用いられる。例えば、dat man car で that man's car を意味する。このように、標準的な英語にはある名詞の語形変化が失われているのである。

　動詞に関しても似たようなことが言える。標準的な英語にはある動詞の人称変化や現在形と過去形の区別が、この地域の中層〜下層方言にはない。しかしそれと同時に、動詞の過去形の代わりになる新たな言葉遣いが発達していることが多い。つまり、ガイアナ英語にも見られるように、did、bin (< been) やその崩れた形を動詞と共に用いることで過去を表すことができるのである。この場合も語形変化が失われた代わりに別の語との組み合わせを利用した表現が発達したといえる。

　人称代名詞の用法についても、標準英語とは大きく異なる特徴がある。I-my-me, we-our-us のような変化形の使い分けがはっきりせず、me のような目的格形が主語として使われたり、主格形である we が目的格や所有格として使われたりする。he と she も区別されないことが多い。一方、標準的な英語では区別されない二人称単数と複数には、それぞれ別々の人称代名詞、you（単数）、unu（複数）があり、これが区別されている。

　この他にも、be 動詞がしばしば省略されたり、real sof (< soft) のように形容詞が副詞としても用いられたり、否定語（no, naa 等）が動詞の前に置かれたりするなど、標準的な英語とは異なる特徴が非常に多い。

カリブ海地域の英語の特徴3：語彙

　語彙に関しては、基本的に通常の英語語彙が用いられる

が、下層方言に近づくにつれて、アフリカ系の言語に由来する語など、一般的な英語では用いられない語が使われる頻度が増す。しかし、アフリカ系の言語に由来する語はそれほど多くはないようで、下層方言（クレオール）においても、全体の5％以下と言われている。

　例えば、ジャマイカン・パトワ（242-244ページを参照）で使われる、アフリカ系言語に由来する単語として、duppy「幽霊」、kaba-kaba「信用できない、価値のない」、nyam「食べる」、de「be動詞」が挙げられる。前節で見たunu「あなた方」もアフリカ系言語に由来するものである。

　この他、big-big「巨大な」やpicky-picky「好みのうるさい」のように、同じ語を二度重ねて使う言葉遣いもアフリカ系言語の（kaba-kabaのような語の）影響を受けたものと考えられている（この種の表現については、243-244ページで取り上げる例文も参照）。

ピジン英語の発達

　カリブ海地域で上層方言として使われる標準的な英語から最も離れた下層方言は、もはや英語の変種というよりも、英語から発達した別言語と捉えられるべきクレオール英語である。ここでは、この地域で用いられる下層方言がどのように発達したのかを見ておこう。

　イギリスの植民地政策で西アフリカから連れてこられた黒人奴隷たちは、アフリカの言語を母国語とし、もともと英語を全く解さなかった。彼らはアフリカからカリブ海地域へ船で運ばれたが、その際、白人たちは、船上で奴隷たちが結託して反乱を起こすことを恐れ、異なる言語を話す者同士を組み合わせて輸送したといわれている。

　プランテーションでも同じような状況に置かれた奴隷たちは白人の使う英語を少しずつ覚え、片言の英語で白人と、あるいは奴隷同士でコミュニケーションを取るようになっていった。こうしてこの地域の黒人奴隷たちの間でピジン英語が使わ

れるようになった。

　ピジン（pidgin）という言葉は、businessが訛ってできたものとされており、もともとは異なる言語の話者同士が商談などの際に使った、単語を羅列し、必要最低限の内容を伝えるための片言の言葉のことを指した。例えば、決まり文句として定着している Long time no see.「お久しぶり」などは、ネイティブ・アメリカン（インディアン）の使うピジン英語を真似て使われたのが最初のようだが、この場合のように標準的な文法・語法等にとらわれず、単語を並べただけの感があるのがピジンの特徴である。

　したがってピジンには母語話者はおらず、第二言語として使われる言語であるといえる。そして、英語を基礎にしたピジンはピジン英語（Pidgin English）と総称される。ピジン英語は、発音や文法・語法が通常の英語と異なることに加え、語彙もかなり限られており、また話者の母語（やその他の言語）の語彙が混ざり込むこともある。

　カリブ海地域の英語圏では、このようにしてピジン英語が使われるようになったが、この地域におけるスペイン、フランス、オランダの植民地では、同様の経緯でそれぞれの言語に基づくピジンが発達している。

カリブ海地域におけるクレオール英語の発達

　ピジンは本来母語話者のいない言葉である。一方、生まれながらにしてピジンに接し、これを母語として使い始めた人々の間に発達する言語のことをクレオール（creole）という。

　文法や語彙の体系が確立されておらず、拙い片言の言葉といった印象のピジンに対し、クレオールは文法や語彙の体系が整い、元の言語が崩れたものというよりは、元の言語から発達した新たな言語とみなすことのできるものである。

　カリブ海地域でピジン英語を使い始めた世代に次ぐ第二

世代は、生まれながらにしてピジン英語に接し、これを第一言語として用いるようになった。人間に備わる「言語本能」の働きにより、こうした人々の間では、元のピジン英語にはなかった文法・語法の体系が形成され、語彙も整備される。これにより、単なる片言の英語とは異なる新たな言語、クレオール英語が生まれたのである。

　カリブ海地域の英語圏では、早くも17世紀末頃にはクレオール英語が発達し始めたと言われている。ただし、イギリスの植民地が作られた島々にそれぞれのクレオール英語が発達したのであって、この地域全体に共通したクレオール英語があるわけではない。しかし興味深いのは、それぞれ別々に発達したにもかかわらず、これらのクレオール英語はかなりの程度似た特徴があるという点である。

　中でも、ジャマイカで発達したジャマイカン・パトワ（Jamaican Patois）は話者も多く、その存在が広く知られている（ジャマイカのクレオールには、「標準的でない言語」を意味する「パトワ」という呼称が使われることが多い）。

カリブ海地域におけるクレオール英語のその後

　20世紀以降、飛行機などの移動手段、およびテレビ、ラジオ、インターネットなどの通信手段が発達・普及したことにより、カリブ海地域のクレオール英語話者が標準的な英語に触れる機会は格段に増えた。

　その影響で、カリブ海地域のクレオール英語の多くは、脱クレオール化（decreolisation）の動きを見せるようになっている。つまり、英語とは別言語と捉えられるべきクレオール英語が、標準的な英語により近い性質を取り戻しつつある。ただし、後で見るスラナン語のように、脱クレオール化が起こりにくいほどに標準的な英語とは異なる性質を発達させたケースもあり、全てのクレオール英語に同じ傾向があるというわけではない。

　以下では、カリブ海地域のクレオール英語の例として、

ジャマイカン・パトワとスラナン語について、もう少し詳しく見ておくことにする。

ジャマイカン・パトワ（Jamaican Patois）

　ジャマイカはカリブ海地域の英語圏では最大の島で、英語話者の人口も最も多い。

　ヨーロッパから最初にこの島に到達したのはコロンブスで、1494年のことであった。コロンブスはこの島をスペイン領と宣言し、1509年以降は実際にスペインからの植民が行われている。これ以降、約150年にわたり、ジャマイカはスペインの植民地となった。

　1655年にはイギリスがこの地に進出し、スペインからこれを奪ったことで、ジャマイカはイギリスの植民地となった。それから約300年後の1962年にはイギリスから独立しているが、その後も現在までイギリス連邦に加盟しており、公用語も英語である。

　この地にはサトウキビのプランテーションが多く作られ、労働力として西アフリカから奴隷が多く連れてこられた。19世紀の初めに奴隷貿易が廃止される頃までには、白人よりも黒人のほうが圧倒的に多くなっていた。そして、彼らの間ではジャマイカン・パトワと呼ばれるクレオール英語が発達した。

　この言語は1960年代にジャマイカで生まれたレゲエ音楽（reggae）の歌詞にしばしば使われ、その存在が広く世界に知られるようになっている。ジャマイカン・パトワの特徴について、詳しくは扱えないが、以下に実際のテクストと多少の解説を付しておこう。

文章語としてのジャマイカン・パトワ

　1960年代までには、ジャマイカン・パトワに関する多くの研究書が出版され、ジャマイカン・パトワの地位が上がり、

これ以降、文学作品や映画などが盛んにこの言葉で作られるようになった。

2010年にはジャマイカン・パトワ訳の「ルカの福音書」が出版され、その2年後には、新約聖書全体の訳も出版されている。以下は、ジャマイカン・パトワ訳新約聖書に先立つ序文の一節である。これをもとにジャマイカン・パトワの主だった特徴について見ておくことにしよう。

> Jamiekan, we muos piipl kaal Jamiekan Kriyuol ar Patwa, a wan langwij we bilang tu Jamieka – a ya-so it kom fram. Bout 2.7 miliyan piipl liv ya, an outa aal a dem piipl de, iina evri onjrid, ieti-faiv a dem chat Jamiekan fos bifuo dem chat notn els. So it a dem fos langwij. Iina da konchri ya we wi kyan se av tuu langwij, a Jamiekan de rait saida Ingglish. Ingglish a di langwij we di govament pik an se fi yuuz iina wi kuot, skuul an fi aal dem sitn de. Wi av di tuu mien langwij dem, bot wi av uol iip a difrant difrant vorzhan a di tuu a dem iina di migl. Som komiin muo laik Ingglish dan som.
>
> ジャマイカン、つまり、我々のほとんどがジャマイカン・クレオールあるいはパトワと呼ぶ言語は、ジャマイカに由来し、ジャマイカに属する言語である。そこには約270万人が住んでおり、そのうちの85%が、他のいかなる言語でもなく第一にジャマイカンを話す。したがって、これは彼らの第一言語である。この国では、我々は二つの言語、つまり、ジャマイカンと英語を話す。英語は政府が、法廷、学校、およびその他特定の場所で使用するよう選んだ言語である。我々はこれら二つの主要言語を持ち、またそれらの間には、これら二言語の異形が非常に多く存在する。英語により近いものもあれば、そうでないものもある。

まず、文法上の特徴を見てみよう。tuu langwij 'two languages' や tuu mien langwij dem 'two main languages' に見られるように、名詞に複数形の語形がない。しかし、後者のように、代わりにdemを付すことで複数であることを示すことができる（demはthemに由来し、三人称複数の代名詞としても用いられる）。

dem chat 'they chat' や dem fos langwij 'their first

language'、あるいは、wi kyan 'we can' や wi kuot 'our court'（wi は we に由来）に見られるように、人称代名詞は格変化しない。

So it a dem fos langwij 'So it is their first language' のように a が be 動詞の代わりに用いられる。

difrant difrant 'different different' のように、形容詞を二重に用いて意味を強めることがある。

次に、発音上の特徴を見てみよう。

notn (< notihng)、dem (< them)、di (< the)、da (< that)、dan (< than) に見られるように、標準的な英語における /θ, ð/ はそれぞれ [t, d] 音になっている。

muos (< most)、an (< and)、fos (< first)、notn (< nothing)、da (< that) のように、語源となっている英単語と比較した場合、語末の子音が落ちていることがよくある。

bout (< about)、onjrid (< hundred)、av (< have)、iip (< heap) のように、語頭の音が落ちていることがよくある。

notn (< nothing)、difrant (< different) のように、語中の母音が落ちていることがある。

fos bifuo (< first before)、govament (< government)、fi (< for)、kuot (< court)、sitn (< certain)、muo (< more) のように、non-rhotic accent 的な特徴が優勢であるが、その一方で、vorzhan (< version) のように rhotic accent 的な特徴も見られる。

スリナムのスラナン語

現在のスリナムの辺りには16世紀から、フランス、スペイン、イギリスが進出し始め、17世紀にはイギリスとオランダが支配権争いをするようになった。この地を最初に植民地化したのはイギリスで、イギリスから渡った英語話者やそのもとで働く奴隷たちが住んでいた。この時代に英語やピジン英語が使われるようになった。

しかし、1667年に行われたイギリスとオランダとの間

の領土交換により、この土地はオランダ領ガイアナ（Dutch Guiana）となり、その後はオランダ語圏に組み込まれることになった。ちなみにこの時スリナムと交換されたのは当時ニューアムステルダムと呼ばれていた現在のニューヨークである（145ページ）。

　1975年に独立するまでの約300年間、スリナムはオランダの植民地であり続け、その間、教育、行政、商業その他多くのことがオランダ語で行われた。そのため、現在でもスリナムの公用語はオランダ語で、国民の60％ほどがこれを母国語としている。

　一方、この地の奴隷たちの間で発達したピジン英語はやがてクレオール化してスラナン語となった。現在スラナン語を母語とする人は人口の20％未満であるが、共通語としてスリナムの大部分の人が使っているという。

　スラナン語の語彙には、奴隷たちの言葉であったアフリカ系言語の語彙や、オランダ語の語彙も含まれているが、全体としては英語に基づく語彙が大半を占める。そのため、一般に、スラナン語はクレオール英語の一種と捉えられている。

　しかし、オランダ語圏になってから300年以上が経過しており、その間、英語との接触がかなり限られていたため、他のクレオール英語と比べても、スラナン語は英語と大きくかけ離れた性質を示すようになっている。他のクレオール英語には、脱クレオール化の動きが見られることが多いが、スラナン語にはこれがあまり見られない。それほど英語とは性質が異なる言語に発達したということである。

スラナン語によるスリナムの国歌

　スリナムの国歌は一番はオランダ語、二番はスラナン語になっている。以下は、スリナム国歌の二番の歌詞である。これを見ながら、スラナン語の特徴について少し見ておこう。スラナン語の右に付したのは、英語による逐語訳で、現代英語の

文法・語法にかかわらず、英語に対応語がある場合にはなるべくそれを使ってある。

Opo kondreman un opo!	Up, country-man, you up!
Sranangron e kari un.	Surinamese-ground calls you,
Wans ope tata komopo	wherever our ancestors come up.
Wi mu seti kondre bun.	We must set country right.
Strei de f'strei, wi no sa frede.	Strife be for strife, we not shall be afraid.
Gado de wi fesiman.	God be our first-man (i.e. leader).
Eri libi te na dede	Whole life until dead (i.e. death),
Wi sa feti gi Sranan.	we shall fight for Suriname.

まず、文法的特徴を見てみたい。最初の2行に二度使われているunは二人称複数の人称代名詞で、アフリカの言語に由来する借用語である（238ページ）。

kondreman, tataなどに見られるように、単数と複数を語形の上で区別しない（kondremanについては、二人称複数形のunと共に用いられていることから、複数の意味だということが分かる）。

wi no sa frede 'we shall not be afraid' のように、否定語 (no) はかかる (助) 動詞の直前に置かれる。

be動詞の代わりにdeが用いられる。また、be動詞に当たる単語はしばしば省略される。

発音上の特徴は次のようなものがある。

strei (< strife)、gron (< ground)、mu (< must) のように、語源となっている単語と比較した場合、語末の子音が落ちることがよくある。

frede (< afraid) のように、語頭の音が落ちることがある。

アフリカの英語

西アフリカの英語とクレオール英語

　三角貿易の一端を担った西アフリカでも16世紀末以降、イギリスやアメリカの植民地が作られると、カリブ海地域の場合と同様の経緯で英語が使われるようになり、そこからピジン英語やクレオール英語が発達した。

　そのような歴史的背景を持つ国には、リベリア（Liberia, 1847）、ガンビア（The Gambia, 1965）、シエラレオネ（Sierra Leone, 1961）、ガーナ（Ghana, 1957）、ナイジェリア（Nigeria, 1960）、カメルーン（Cameroon, 1960）がある（括弧内の数字は、イギリスまたはアメリカから独立した年号）。これらの国では、現在でも英語が公用語とされ、また多くの人がクレオール英語を使っている。

　これらの国々においては、（標準的な）英語はほとんどの人にとって第二言語であり、母語話者は非常に少ない。しかし、次のページの表に示したように、どの国にも土着の言語が数多く存在することから、英語は異なる言語話者の間での共通語として、行政や教育、メディアなどで広く使われている。

　一方、標準的な英語と並んで、英語から発達したクレオール英語も広く使われている。フォーマルな上層方言としての標準的英語に対し、クレオール英語は日常のインフォーマルな文脈で使われる下層方言である。そして、カリブ海地域と同様、上層方言と下層方言間に様々なレベルの中層方言がある（235ページの表を参照）。

　西アフリカで発達したクレオール英語も、黒人奴隷の間で発達したピジン英語に由来するものである。そして、語彙的にも文法的にも、標準的な英語とは大きく異なる性質を持って

いる。語彙にもアフリカの言語に基づくものが少なからず入っている。

　西アフリカで発達したクレオール英語には以下の表にまとめたようなものがある。

国名	土着言語数	クレオール英語
リベリア	30 以上	クレヨール（Kreyol）
シエラレオネ	25	クリオ（Krio）
ガンビア	10 前後	クリオ（Krio）
ガーナ	約 80	ガーナ・ピジン英語（Ghanaian Pidgin）、クル（Kru）
ナイジェリア	500 以上	ナイジェリア・ピジン英語（Nigerian Pidgin English）
カメルーン	230	カメルーン・クレオール英語（Cameroonian Creole）

西アフリカの国々における土着の言語の数とクレオール英語

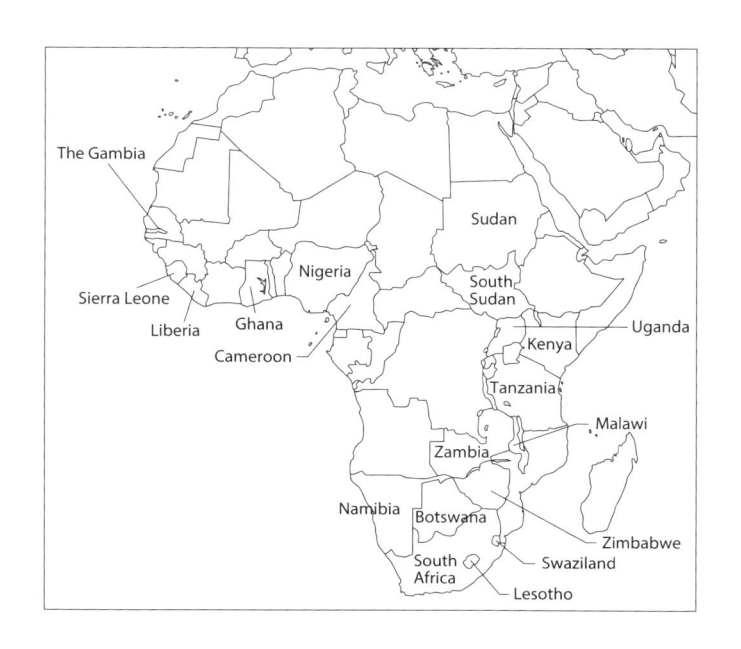

シエラレオネのクリオ

　シエラレオネの公用語は英語であるが、これと並行して、クレオール英語、クリオ (Krio) が全国を通じて、国民の97％ほどに日常の共通語として使われているという。この他、キリスト教の布教や移民などと関連して、ガンビア、カメルーン、赤道ギニアなどにもこの言語が伝わり、一部で使われている。
　ナイジェリア・ピジン英語やカメルーン・クレオール英語はこのクリオから派生したと言われており、いずれも類似した特徴を持っている。また、すでに見たジャマイカン・パトワやスラナン語など、カリブ海地域のクレオール英語とも似た特徴が多く見られる。このような類似は、これらのクレオール英語がみな英語を話す白人に支配された西アフリカ出身の黒人奴隷の間で発達したことに由来する。
　クリオは書き言葉としても使われることがあるようで、1985年には新約聖書の訳が、2013年には旧約聖書も合わせた聖書の全訳が出版されている。
　以下はクリオを教える際のマニュアル *Peace Corps: Sierra Leone Krio Language Manual*（1985）の中に収録された文章からの一節である。これを見ながらクリオの主だった特徴をいくつか見ておくことにしよう。

> Mista Lehpeht, Mista Taiga ehn Mista Wulf, we na tri padi dehm, bin disaid foh go ohntin. Na Mista Lehpeht nohmoh bin geht gohn; so dehn gri. Wan foh yus dis gohn ehn pas an to in kohnpin. Doht bad lohk foh Mista Lehpeht, we i tehst dis gohn ya so, di triga no gri wok; ivin di katrij sehf noh gri faia. Dehn ohl dohn meleju. (p. 167)
>
> レパード氏、タイガー氏、ウルフ氏の3人は友人同士で、狩りに出かけることに決めた。レパード氏が銃を持っていたので、彼らは同意した。（彼らは）この銃を使いたかった。そして一緒に出かけた。ところが、この銃を試そうとしたレパード氏に不幸なことが起こった。引き金が動かず、弾薬それ自体すら火を噴こうとしなかったのである。それらはみな、カビに埋もれていたのである。

まずは文法の特徴を見てみよう。

tri padi dehm 'three friends' に見られるように、名詞は単数形と複数形を語形の上では区別しない（padi「友人」は単数形も同じ形である）。この場合のように、複数であることを明示するために、dehm (< them) のような別の語が付加されることがある（ジャマイカン・パトワでも複数を表すのに dem が用いられる）。

bin disaid 'decided' や dehn gri 'they agreed' の場合のように、動詞は語形の上では現在形と過去形を区別しない。過去を表すのには、前者のように bin (< been) など別の単語との組み合わせが使われることがある（ジャマイカン・パトワでも過去を表すのに did や bin などが使われる）。

Wan foh yus dis gohn '(They) wanted to use this gun' のように、主語が省略されることがある。

di katrij sehf noh gri faia 'the cartridge itself did not agree to fire' のように、否定語（noh）は動詞の直前に置かれる（ジャマイカン・パトワでも否定文は同様の方法で作られる）。

Dehn ohl dohn meleju 'They (were) all down in the mildew' のように、be 動詞に当たる動詞はしばしば省略される。

次に発音上の特徴を見てみると、まず Mista (< mister)、Lehpeht (< leopard)、foh (< for)、nohmoh (< no more) に見られるように、non-rhotic accent の特徴を示す。

tri (< three)、dis (< this) に見られるように、語源となっている語と比較した場合、/θ, ð/ が [t, d] になっている。

ehn (< and)、ohntin (< hunting)、gri (< agree)、wan (< want)、kohmpin (< companion) に見られるように、語源となっている語と比較した場合、語頭や語末の音が落ちていることがよくある。

アメリカのAAVE（黒人英語）

アメリカ合衆国において、黒人たちの間で使わる、「黒人英語」と呼ばれる英語がある。これは Black English, African

American Vernacular English, Ebonics など、様々な名称で呼ばれることがあるが、最近では二番目に挙げた名称が（しばしばAAVEと略されて）使われることが多い。AAVEも、その起源を辿ると、カリブ海地域や西アフリカの場合と同様のクレオール英語に由来するものと考えられている。アフリカの話ではないが、関連するので少し寄り道しよう。

奴隷貿易により、西アフリカからはアメリカ南部へも多くの奴隷が送られた。反乱を恐れ、異なる言語の話者同士で輸送された奴隷たちは（248ページの表に見られるようにアフリカには非常に多くの言語があることから、このようなことも可能だったのだろう）輸送された先でも異なる言語の話者たちが共に生活することが多く、カリブ海地域の場合と同様のプロセスで、彼らの間にもピジン英語やクレオール英語が発達した。

AAVEを標準とは異なるところの多い英語と見るべきか、それとも英語から派生した別言語と見るべきかに関しては議論がある。また、「黒人英語」と言っても、実際には一枚岩でなく、ガイアナの英語のヴァリエーション（235ページ）のように、標準英語に近いものから、大きくかけ離れたものまで様々な段階がある。

例えば、長年白人社会とは隔絶された土地で使われていたために初期のAAVEの特徴をよく留めていると言われるガラ語（Gullah）と呼ばれる変種のように、確かにもはや英語とは言い難いものもある（254-256ページを参照）。

一方、白人社会の中、あるいはこれと近いところで生活する人々の使うAAVEは、標準的な英語の影響下で、多かれ少なかれ脱クレオール化（decreolisation, 241ページ）が進んでいる。

AAVEは白人社会では否定的に見られることが大半で、立身出世や豊かな生活を考えた場合には、標準的な英語を身に付ける必要がある。したがって、AAVE話者の中には、カリブ海地域の英語話者と同じように、時と場合に応じて標準英語とAAVEとを使い分ける人もいる。

AAVEの特徴1：文法

　AAVEにはしばしば、カリブ海地域や西アフリカのクレオール英語と似た文法的特徴が認められる。一般的な傾向として、動詞、名詞、形容詞の語形変化および用法の簡略化、一般化あるいは混乱が目立つ。

　例えば、名詞の複数形は「単数形+ -s」に一般化され、wifes, knifes や foots, womans のような形が用いられる（ジャマイカン・パトワなどと同様、「単数形+ dem」で複数を表すこともあり、恐らく複数語尾 -s の使用は脱クレオール化によるものであろう）。

　動詞の語形変化の簡略化の例としては、三単現の -s の不使用が挙げられる。このため、現在形の動詞は無変化である。doesn't も使われず常に don't が用いられる。同様に、be動詞（および have）の否定形には、人称や数にかかわらず常に ain't が用いられる。習慣や常に見られる性質を表す場合に用いられるbe動詞も語形変化せず、He be angry.「彼はいつも怒っている」のように、常に be が用いられる。

　There is/are 構文では主語が単数か複数かにかかわらず、動詞は常に is/was が用いられる。さらに、この構文ではしばしば there の代わりに it が用いられる。また、He had went のように、動詞の過去形は過去分詞形としても用いられる。be動詞の仮定法過去形には were ではなく was が用いられる（ただし、これは標準的な英語にもしばしば見られるようになっている）。

　語形変化の混乱もある。例えば、me のような目的格の人称代名詞を主語として用いるのはその典型である。また、himself, themselves の代わりに、myself, yourself などとの類推に基づいた hisself, theirselves が使われる。これらはジャマイカン・パトワをはじめとするクレオール英語にもよく見られる特徴である。

　形容詞にも語形変化の混乱に由来すると思われる言葉遣いが見られる。つまり、more big や regularest のように、一般には比較級・最上級を作る際に -er/-est を使う語に more/most

を使ったり、逆にmore/mostを使うべき語に -er/-estを使ったりすることがよくある。

さらに、more better や most happiest のように、二重比較級・最上級も一般的である。同様に、否定文で否定語を二度かそれ以上重ねて使う二重否定（多重否定）も一般的である。

この他、be動詞の省略もAAVEに特徴的である。特に次に名詞句、形容詞句あるいは場所を表す句が続く場合に、be動詞は省略される。例えば、He a teacher.「彼は教師だ」、They busy.「彼らは忙しい」やShe at home.「彼女は家にいる」などのような要領である。同様に、現在進行形の際のbe動詞も省略される。

ここに挙げたのは、AAVEに最も典型的な特徴の一例であり、この他にも標準的な英語とは異なるところが非常に多くある。

AAVEの特徴2：発音

AAVEの発音上の特徴としてよく知られているのは、標準的な英語の /θ, ð/ が [t, d]（あるいはコクニーの場合と同様 [f, v]）と発音されるということや、語末の子音が落ちがちなことである。これらはいずれもカリブ海地域のクレオール英語にも共通する。

語末に子音が続く場合には、末尾の子音が落ちやすい。例えば、testはしばしば [tes] となる。また、下層方言に近づくにつれ、末尾の子音が落ちた形がこの語の本来の形とみなされるようになり、これに基づいた複数形 teses が用いられる傾向がある（同様の現象はカリブ海地域のクレオール英語にも見られる。236ページを参照）。askが音位転換により /aks/ と発音されるのもAAVEに典型的な発音として知られている。

また、黒人奴隷が使われたのはアメリカ南部であったことから、アメリカの南部訛りの影響と思われる特徴も認められる。例えば、特にかつての南部方言と同様、AAVEは基本的に語末や子音の前のrを発音しないnon-rhotic accentである。ま

た、南部訛りに特徴的なサザン・ドロール（Southern drawl, 169ページ）の影響で、二重母音 /ai/ は /a:/ と発音されがちである。

AAVEの影響

　AAVEは、特に語彙の面で、アメリカやその他の国々の口語英語に影響を与えている。AAVEでは、標準的な英語で通常用いられない独特な語句や語の意味が用いられることがよくある。それらのうちのいくらかは、特にジャズやその他の音楽を演奏する黒人ミュージシャンの影響から、一般に広まるようになっている。

　例えば、本来とは逆の意味で使う形容詞の用法、bad「素晴らしい、魅力的な」、mean「素晴らしい、上手い」、wicked「すごく良い、効果的な」などは、いずれもAAVEに起源を持つ。今では広く使われているcool「格好良い」もAAVEに由来するものである。

　他にも、例えば、以下のような表現は、AAVEの影響で使われるようになったものである。

```
chill out「落ち着く」
gig「仕事」
Catch you later.「バイバイ、また後で」
Get out of my face.「放っといてくれ」
get real「現実に目を向ける」
```

初期AAVEの特徴を留めたガラ語（Gullah）

　サウス・カロライナ州やジョージア州沿岸のシー・アイランズ（Sea Islands）に住む約25万人の人々によって使われるガラ語は、初期のAAVEの特徴をよく留めていると言われる。

　以下は2005年に出版されたガラ語訳新約聖書の中の「マタイの福音書」からの一節である。これを見ながら、ガラ語の

特徴について少し見ておくことにしよう。

> Now dis yah wa happen wen Jedus Christ bon. Jedus modda Mary been gage fa marry Joseph. Bot, fo dey git marry an Joseph cyaa um fa lib wid um, dey find out dat Mary been speckin. An dat been de powa ob de Holy Sperit wa mek dat happen. Now Joseph wa been gage fa marry Mary, e been a man wa waak scraight wid God, an e ain been wahn fa see Mary come ta no open shame. So Joseph mek op e mind fa paat wid Mary an keep um hush op.（「マタイの福音書」1.18-19)
> さて、これがイエス・キリストの生まれた時に起きたことである。イエスの母マリアはヨセフと結婚する約束をしていた。しかし、彼らが結婚し、ヨセフが彼女と一緒に住む前に、彼らはマリアが身ごもっていることに気づいた。そして、これは、このことを生じさせた聖霊の力によるものであった。今や、マリアと結婚する約束をしていたヨセフは、神と真っ直ぐ向き合う男であり、恥を表ざたにしないため、マリアとはもう会いたくないと思った。そこでヨセフはマリアと別れ、（このことについて）黙っていようと決心した。（括弧内は筆者の加筆)

まず、文法上の特徴を見てみよう。

Jedus Christ bon 'Jesus Christ was born' に見られるように、be動詞はしばしば省略される。

been gage 'engaged' や been wahn 'wanted' のように、「been + 原形」で過去を表す。

git marry 'get marry (= got married)' に見られるように、原形動詞が過去形や過去分詞形として用いられる（動詞が無変化)。

ain been wahn 'did not want' に見られるように、否定文は「否定語（ain）＋動詞」によって作られる。

umは（語源にかかわらず）、目的格の人称代名詞として、him, her, it, themの意味で使われる。一方、eは主格の人称代名詞としてhe, she, itの意味で用いられる。

次に、発音上の特徴を見てみよう。

bon (< born)、modda (< mother)、fo (< before)、powa (< power)、paat (< part) に見られるように、non-rhotic accentの

特徴を示す。

　dis（< this）、modda（< mother）、dey（< they）、wid（< with）、dat（< that）、de（<the）に見られるように、元になっている語と比較した場合、/ð/ が [d] と発音される。引用文中には該当例がないが、同様に、/θ/ は [t] と発音される。

　lib（< live）、ob（< of）に見られるように、標準的な英語の /v/ は [b] と発音される。

　gage（< engage）、fo（< before）、an（< and）、um（< him）、ain（< ain't）、wahn（< want）のように、語頭や語末の音が落ちがちである。

東アフリカの英語

　東アフリカにもかつてイギリスの植民地だった国々がある。その詳細については紙面の関係上ここでは扱えないが、ごく簡単に、この地域における英語の使用状況について見ておこう。

　東アフリカにおいて英語を公用語としている国には、ケニア、タンザニア、ウガンダ、スーダン、南スーダンの5ヵ国がある。以下の表にあるように、これらの国々には土着の言語が多く存在する。そのため、広く通用する共通語が必要とされ、かつての植民地支配の「遺産」である英語が共通語の一つとして使われているのである。

　ウガンダでは2005年まで英語が唯一の公用語であった。一方、スーダンでは2005年までアラビア語が唯一の公用語であったが、それ以降、英語が公用語に加えられている。2011年にスーダンから独立した南スーダンは、独立以来現在まで、英語が唯一の公用語である。

　西アフリカとは異なり、これらの国々では、クレオール英語は発達しなかった。奴隷貿易禁止以降の19世紀後半にイギリスの植民地となったこれらの国々は、奴隷や奴隷貿易とは関わりがなく、また、英語が共通語として使われるようになる

以前から、スワヒリ語やアラビア語が共通語として機能していた。クレオール英語が発達しなかったのは、このような事情によるものと考えられる。

国名	英語以外の公用語	言語の数
ケニア	スワヒリ語	68
タンザニア	スワヒリ語	100以上
ウガンダ	スワヒリ語	40
スーダン	アラビア語	約70
南スーダン	―	60以上

アフリカ南部における英語

　最後にアフリカ南部に位置する国々の英語を見ておこう。すでに見た南アフリカを除き、アフリカ南部の国々で英語を公用語としている国には、マラウイ、ザンビア、ジンバブエ、ナミビア、ボツワナ、スワジランド、レソトの7ヵ国がある。これらの国々にも、土着の言語が複数あり、ほとんどの人々は土着の言語を母語としている。英語を第一言語とする人は非常に少ないが、異言語話者間の共通語として広く使われている。

　ザンビアは1964年にイギリスから独立したが、その際、英語が国語に指定され、現在でも唯一の公用語として、特に教育やビジネスの世界で広く用いられている。ただし、これを第一言語にする人は人口の2％程度と言われている。

　ジンバブエには16の公用語があり、英語はそのうちの一つである。英語は最も広く使われる共通語であり、特に公務には英語が用いられるのが伝統である。最近では学校教育もほとんど英語で行われているらしい。

　ナミビアでは、南アフリカから独立する1990年まで、英語、ドイツ語、アフリカーンス語が公用語とされていた。独立を機に、英語が唯一の公用語とされ現在に至っている。英語を第一言語とする人は、2001年の段階では人口の1.9％だったが、

2011年には3.4%になっており、依然として少数派ではあるものの、増加傾向にあるようである。

　ボツワナでは、人口の大半をツワナ語話者が占めるが、他に20前後の言語が使われており、共通語として使われる英語が唯一の公用語とされている。

　スワジランドでは英語がスワジ語と並んで公用語に指定されており、特に教育、ビジネス、メディアで広く使われている。レソトでも同様に、土着のソト語と並んで英語が公用語とされ、公的な場面では英語が使われる。

　このように、かつてイギリスの植民地であったアフリカの国々の多くでは、植民地時代の名残で、現在でも英語が公用語に指定されている。その背景には、土着の言語が多くあり、共通語が必要だという事情がある。また、それに加え、英語が国際的に広く通用し、なおかつ富と権力とに結びつく言葉であるということも大いに関係しているものと思われる。

COLUMN

日本人の使ったピジン英語、
日本語を基礎にしたピジン

　日本でも戦後、沖縄の米軍基地内で働く人など、米兵と日常的に接していた日本人の間にはピジン英語が発達したという（これはBamboo Englishなどと呼ばれることがある）。また、日本からハワイに渡った移民の間にもピジン英語（Hawaiian Japanese Pidgin English）が発達したと言われている。

　小笠原諸島でも、かつてピジン英語が使われていた。まだ日本領になる以前の1827年に、イギリスが小笠原諸島の領有を主張し、1830年には父島にアメリカの植民地が置かれ、その後ヨーロッパの様々な国から人が移り住み、それぞれ異なった言語を使う彼らのコミュニケーションの手段としてピジン英語が発達した。1862年に日本領となって以降は、この地に移住した日本人たちの間でもこのピジン英語が使われ、やがてこれがクレオール化するに至っている。クレオール化したこの言語はボニン英語（Bonin English）として知られている（ボニンとは小笠原の英語による旧名）。

　一方、日本語を基礎にしたピジンもある。開国後間もない19世紀後半に、横浜付近に住んだ外国人が使った言葉がそれで、横浜ピジン日本語（Yokohama Pidgin Japanese）と呼ばれている。また、1930～40年代の満州では、協和語（Kyowa-go）と呼ばれる日本語に基づくピジンが使われた。少し古い漫画などには、「私中国人アルヨ」などという言葉遣いが見られるが、この「～アルヨ」は協和語に基づくものだと言われている。

第6章

アジアに伝わった英語

南アジア

および

東南アジアの英語

アメリカへの植民が始まった頃から、イギリスは貿易目的でインドを中心とする南アジアにも進出した。そして、同地に進出した他の国々との支配権争いを優位に進め、徐々に現地での実権を握るようになり、19世紀中頃までにはインド全土を植民地化するに至った。

　イギリスはまた、19世紀以降、東南アジアにも進出し、マレーシアを支配するようになった。一方、19世紀終わり頃には、アメリカがフィリピンを植民地化し、これらの地域にも英語が根付くこととなった。

　このようにして、アジアにも英語圏が形成されたが、本書の最後に、アジアの英語について見ておくことにしよう。

南アジアの英語

インドの歴史と言語事情

　　インドに栄えた文明としては、紀元前2500年以降に花開いたインダス文明が有名であるが、この時代にインドに住んでいたのは、恐らくドラヴィダ語族に属する言語を話す人々であった。彼らの言語は、インド南部に分布するタミル語、テルグ語、マラヤラム語、カンナダ語として現在まで存続している。

　　紀元前2000年頃からは、インド・ヨーロッパ語族の一派がドラヴィダ系言語を話す人々を南部に押しやる形でインド北部に入り始めた。彼らの言語はインド・ヨーロッパ語族の中のインド・イラン語派に属する言語で、彼らの住んだ地域にはこの言語が根付いた。ヴェーダ（Vedas）と呼ばれるサンスクリット語で書かれたバラモン教の聖典を書き残したのも彼らである。ちなみにサンスクリット語には非常に古い時代の記録があり、インド・ヨーロッパ祖語の特徴をよく留めた言語の一つとして、印欧語比較言語学においては最重要言語の一つである。

　　13世紀には、インドはイスラム教徒の支配を受けるようになり、16世紀から19世紀までは、同じくイスラム系のムガール帝国の支配を受けた。これにより、彼らの言語であるペルシア語もインドに根付いた（ペルシア語もインド・ヨーロッパ語族、インド・イラン語派に属する言語である）。のちにイギリスがインドに進出した際にも、この地を支配したイギリス東インド会社のインドにおける公用語は当初ペルシア語であった。

　　現代のインドには約780の言語があるとされているが、そのほとんどはこのような経緯でこの地に根付いた、ドラヴィダ語族あるいはインド・ヨーロッパ語族のインド・イラン語派に属する言語である。

インドで使われるインド・イラン語派に属する言語には、例えば、ヒンディ語、ベンガル語、ウルドゥ語、パンジャーブ語、アッサム語などがあって、これらは中部から北部にかけて分布しており、インドの人口の約75.3％がこの語派に属する言語を母語としている。一方、タミル語、テルグ語など、ドラヴィダ語族に属する言語は南部に分布しており、人口の約22.5％の人が母語としている。

　この他、シナ・チベット語族やオーストロネシア語族に属する言語を母語とする人もいるが、これらはいずれも少数民族の言葉で、それぞれ人口の1％程度しか母語話者はいない。

　英語を母語とする人の数は、これら少数民族よりもずっと少なく、せいぜい数十万人程度で、これは人口の0.03％程度である。それにもかかわらず、英語は約2億人の母語話者がいるとされるヒンディ語と並んでインドの公用語に定められており、様々な言語が混在する社会の中で、共通語の一つとして使われている。そして、母語話者が極めて少ないにもかかわらず、英語が共通語として使われるようになった背景には、やはりイギリスの植民地支配が大きく関係している。

イギリスのインド進出と植民地化

　1498年にポルトガルのバスコ・ダ・ガマ（Vasco da Gama, ?-1524）は南アフリカの喜望峰を回るルートでインドに到達することに成功した。これを受け、ポルトガルはインドの数ヵ所に貿易の拠点を設け、インドとの直接貿易を始める。

　17世紀初めには、オランダ、フランス、デンマーク、そしてイギリスもインドに貿易の拠点を構えるようになった。イギリス東インド会社がムガール帝国皇帝よりインドでの貿易の許可を得たのは1617年のことで、これ以降、初期は特にインド東部のコルカタ（旧カルカッタ）に拠点を置き、ベンガル地方で勢力を拡大した。度重なる戦いの末、イギリス東インド会社は1764年にはベンガル地方全域の統治権を獲得し、この地方

の貿易を独占するようになる。この頃になると、イギリスから渡った宣教師たちが各地にミッション・スクールを作り、そこで英語による教育が行われるようにもなっていた。

　イギリス東インド会社はその後もオランダやフランスとの主導権争いを優位に進め、その支配力を強めていった。そして1850年代までには、パキスタンやバングラデシュを含むインドのほぼ全域を支配するようになった。

　1857年には、インド大反乱（セポイの乱）が起きたが、これはすぐに鎮圧され、これを後押ししたとしてムガール帝国最後の皇帝が追放され、すでに非常に弱体化していた帝国は消滅した。また、反乱の鎮圧を機に、イギリス東インド会社に代わり英国王がインドを統治することになり、これ以降1947年の独立まで、90年にわたりインドはイギリスの植民地となった。

インドにおける英語の普及

　イギリス東インド会社が勢力を拡大した18世紀から19世紀にかけて、彼らはインド人の教育をも司るようになっていった。その際、インドの言葉で従来のインド風の教育をすべきか、それとも英語でイギリス（西洋）風の教育をすべきか、ということが問題となった。

　長い間の論争の末に定まった方針は、トマス・マコーレー（Thomas Macaulay, 1800-59）が1835年に出した「教育に関する覚書」（Minute on Education）の中の次のような考え方に従ったものであった。

> 我々の限られた手段を考えれば、全ての人々を教育しようとしてもそれは無理である。現時点では、我々と我々の統治する何百万もの人々との間の通訳となるような階級に属する人々を養成することに全力を投じなければならない。つまり、血統や肌の色はインド人でも、感覚、意見、道徳、知性においてはイギリス人というような一群の人々を養成する必要がある。

マコーレーはここで、一部の人々に対し、英語でイギリス風の教育を行うことで、イギリス人と同様の感覚を持つエリート層を養成し、一般大衆の教育はこのエリート層を通じて行うことを提案している。このような考え方に従い、1857年には、ロンドン大学に倣って、ムンバイ（旧ボンベイ）、コルカタ（旧カルカッタ）、チェンナイ（旧マドラス）に英語で教える大学が作られている。

　このようにして、インドにおいて英語はエリート層の使う言葉となり、富と権力に結びついた言葉となった。それに伴い、英語で教える学校が各地に作られ、英語の普及が大いに促進された。

　1947年の独立までにはすでに、エリート層の共通語としての英語の地位は揺るぎないものとなっており、独立後もこれが使われた。1950年に制定された憲法には、1965年以降、英語の公的な使用を停止する旨が記されているが、1963年には議会によって、上記の期限以降も英語の公的な使用を続けるという議決がなされている。その後も現在まで、英語はヒンディ語と並んで公用語としてインドで広く使われ続けている。

　そのため、母語話者は極めて少ないにもかかわらず、インド国内で出版される本は、英語によるものが最も多く、また、100年以上の伝統を誇る大手新聞7紙のうち4紙までが英字新聞である。インドはアメリカ、イギリスに次ぎ、英語の出版物を世界で3番目に多く発行している国でもある。

　1997年の調査によれば、国民の3人に1人が英語を解するとされ、近年ではエリート層だけでなく、特に都市部を中心に、英語を使う人が増えてきている。

インド英語の特徴1：発音

　インド英語と一口に言っても、実際には、何語を母語とするか、どのような教育を受けたかなどの条件によって、様々な変種があり、その特徴もだいぶ異なる。上層方言はイングラ

ンドの標準的な英語に準ずる特徴を示すが、ここでは母語などの違いにかかわらず、インド英語の中層から下層方言にある程度広く見られる特徴について見ておくことにしたい。

　一部の上層方言話者を除けば、一般に、インドの英語話者の多くは、発音においても、その他の側面においても、イギリスやアメリカの母語話者が使う英語を真似ようとするのではなく、インド独自の（母語の影響を強く受けた）英語を使いがちである。そして、発音にはこれが特に顕著である。

　標準的な英語における /d, t/ が反り舌音 [ḍ, ṭ] で発音されるというのは、インド英語の典型的な特徴である。これを言葉で表現するのは難しいが、これらの音は通常よりもこもって不明瞭な音に聞こえる。

　インド英語は、大抵の場合、語末や子音の前のrが発音されるrhotic accentの特徴を示す。しかしこのr音は、アメリカ、カナダ、アイルランド、スコットランドなどの場合とは異なる音で、はじき音 [ɾ] に近い音である。いずれにしろ、これは「ル」に近い音に聞こえるため、例えば、orderはしばしば「オルデル」のように聞こえる。

　これとも少し似たところがあるが、インド英語では綴り字発音が目立つ。例えば、過去・過去分詞形の -ed は、hopedやadvancedのように、/t/ と発音されるべきものもしばしば [d] と発音される。複数形や三単現の -s についても、dogsやlovesの場合のように /z/ と発音されるべきものもしばしば [s] と発音され、mechanismなどに含まれる -ism も [ɪsm] と発音される。Wednesdayが「ウェドネスデイ」のように発音されるなど、より「大胆な」綴り字発音が見られることもある。

　弱音節の母音についても似たようなことがいえる。標準的な英語では弱音節に当たり、曖昧母音で発音される母音が、インド英語ではよりはっきりした（綴り字に現れるのと同じ）母音で発音されがちである。例えば、introduce [ɪntrodjuːs], different [dɪfrent], arrive [æraɪv]（下線部）などのような要領である。同様に、Indiaやsofaに含まれるような語末の曖昧母音もしばしば

[a] と発音される。

　これは、綴り字発音に加え、インドの言語の影響に由来するものと考えられる。土着の言語の影響で、インド英語は(英語風の強勢拍リズムではなく)音節拍リズムで発音されがちで、強音節と弱音節の差が小さい。そのため、弱音節の曖昧母音もより強くはっきりと発音されがちになるのである。なお、日本語も音節拍リズムであり、日本人の英語にも似たような現象が見られる。

　強音節の母音については、スコットランド英語の場合と同様 FACE や GOAT の母音が単母音 [e], [o] として発音されるところが特徴的である(母音の発音の詳細については、特設ウェブサイトを参照)。

　語のアクセントの位置も、土着の言語の影響により、標準とは異なることがよくある。necéssary, atmósphere, actúally, readinéss などがその例である。

　この他、特にウルドゥ語話者は、語頭に /sk, sp, st/ などのように子音が連続する場合、その前に [ɪ] を入れて発音しがちである。これはウルドゥ語には語頭に子音が連続することがあまりないからで、speak は [ɪspɪk]、start は [ɪstɑrt] のように発音される。

　一方、同じ環境において、パンジャーブ語話者は二つの子音の間に曖昧母音 [ə] を入れて発音しがちである。したがって、speak, start はそれぞれ [səpɪk], [sətɑrt] のように発音される。

インド英語の特徴2：文法

　インド英語の文法上の特徴としてまず挙げられるのは、不可算名詞が可算名詞と同じように使われる点である。例えば、標準的な英語では不可算名詞として扱われる advice, information, luggage, furniture, staff は、インド英語では、a good information「良い情報」や many luggages「多くの荷物」のように、不定冠詞を付けたり複数形にしたりして使われる。

また、動作動詞と状態動詞の区別がなされない。つまり、have, know, belong などの状態動詞は通常進行形では使われないが、インド英語では I am knowing him.「私は彼を知っている」や He is belonging to our team.「彼は我々のチームに所属している」のように、これが進行形で使われることがよくあるのである。

　現在完了と過去の区別も曖昧になっていることがあり、I have been to London years ago.「何年も前にロンドンに行った」のように、過去を表すのに現在完了形が用いられることがある。

　名詞の複数形の作り方が簡略化されることもよくあり、wife, knife, leaf, life のような名詞にもしばしば規則的な変化が当てはめられ、wifes, knifes, leafs, lifes とされることがある。

　インド英語では、冠詞の用法も標準的な英語と異なることがよくある。例えば、catch the cold (= catch a cold)「風邪をひく」、get the toothache (= get a toothache)「歯が痛む」のように通常は括弧内に示したように不定冠詞を使うところに定冠詞を使ったり、main reason for … (= the main reason for …)「～の主な理由」、best player (= the best player)「最高の選手」のように、通常は定冠詞を使うところが無冠詞になったりすることがよくある。同様に、不定冠詞を使うべきところが無冠詞になったり、無冠詞とすべきところに定冠詞や不定冠詞が使われたりすることもままある。

　同じ文の中の文法的呼応関係が無視されることもよくある。例えば、付加疑問文には、主語や動詞に関係なく isn't it? が使われる。あるいは、the house which I was born in に含まれるような、関係代名詞節の最後に来る前置詞は、I was born in the house という文が基底にあるので通常は省略できないが、しばしば省略される。

　疑問文や間接疑問文の語順にもしばしば混乱が見られる。What you are doing? のように、5W1H を使った疑問文で平叙文と同じ語順が使われ、逆に間接疑問文では、I am wondering what is she doing. のように、疑問文と同じ語順が用いられることがある。

　主語や目的語になる代名詞が省略されることもよくある。例えば、Do you have tickets? という疑問文に対する返答では、No, (I) sold (them) already.「いいえ、もう売ってしまいました」のように、括弧に入れた主語や目的語として機能する代名詞を省略することが可能である。

　以上のようなインド英語の特徴は、英語を母語としない人々が、それぞれの母語の影響を受けつつ、英語を不完全に習得したことに由来するものと思われる。

インド英語の特徴3：語彙

　インド英語では通常の英語語彙に加え、インドの言語からの借用語が多く使われる。例えば、数を数える際、1万までは標準的な英語と同じであるが、10万以上の数については、しばしばインドの言語に由来する語が用いられる。つまり、10万は one lakh, 100万は ten lakh, 1000万は one crore ということがよくある。

　インドの文化と関連した語彙や、その他一般的な意味の語彙もまた、インドの言語から多く借用されている。kurta「クルター（シャツの一種）」、chai「チャイ（ミルクティの一種）」、goonda「フーリガン」、dacoit「強盗、追剥」、pucca/pucka「質の良い」はその一例である（中には広く英語圏で一般に使われるようになっているものもあるが、それらについては次節で見る）。「〜人」を表す要素 wallah もインドの言語に由来する。この要素は、例えば、Congresswallah「国民会議派に属する人」、Delhiwala「デリー出身の人」などのように使われる。この他、英語に基づくが、インドに独特な語句も多い。cracker「花火」、copy-book「ノート」、co-brother「妻の姉妹の夫」、codaughter-in-law「夫の兄弟の妻」、shoe-bite「靴擦れ」、eveninger「夕刊」、schoolgoer「小学生」、cooling glasses「サ

ングラス」、finger chips「フレンチフライ」などである。

インド英語には、時にイギリスやアメリカなどでは使われなくなった古い言葉が残っていることもある。例えば、comely「(女性が)魅力的な」、furlong「ハロン(長さの単位)」、frock「ドレス」、bioscope「映画(館)」、talkies「映画(館)」などである。

インドの言語からの借用語

前節で見たように、インド英語にはインドの言語からの借用語が多く入っている。*OED Online*には、インド・ヨーロッパ語系およびドラヴィダ語系の両方を含めたインドの言語からの借用語が1300語以上も収録されている。

イギリス東インド会社がムガール帝国皇帝から貿易の許可を得て、コルカタに拠点を構えて貿易を始めた17世紀前半には語彙借用が盛んに行われた。語彙借用がピークに達するのは18世紀後半から19世紀にかけて、英語による教育が行われ始め、エリート層を中心に、英語話者の人口が急激に増えた時期である(詳しくは、特設ウェブサイトに掲載した語彙借用の推移のグラフを参照)。

インドの言語から借用された語の中には、インド英語だけでなく、英語圏で広く使われるようになっているものもある。以下はその一例である。

```
avatar「化身、アバター」
bungalow「バンガロー」
guru「教祖」
juggernaut「不可抗力的なもの」
khaki「カーキ色」
loot「戦利品」
pundit「専門家」
pyjamas「パジャマ」
```

南アジアのその他の国々における英語

　ここまでインドの英語について詳しく見てきたが、インド以外にも南アジアには英語が広く使われている国がある。

　パキスタンではウルドゥ語（Urdu）と並んで英語が公用語とされており、政府や公的機関において、また、法的契約の際に用いられている。2007年からは、全国の学校で英語による教育が義務化されている。

　スリランカでは土着のシンハラ語（Sinhalese）とタミル語（Tamil）が公用語であるのに対し、英語は「連結語」（link language）とされ、教育、科学、商業といった分野で広く使われている。

　バングラデシュでは国民のほとんどが母国語とするベンガル語（Bengali）が公用語であるが、特に中流・上流階級の人々は第二言語として英語を使っている。高等教育や法律においても英語が使われる。特に法律に関しては、1987年までは全て英語であった（それ以降はベンガル語と英語の両方で書かれるようになっている）。

　これらの国々には、英語を母語とする人は移民を除いて基本的にいないものの、植民地時代の名残を留める形で英語が使われているのである。

東南アジアの英語

東南アジアの英語とクレオール英語

　東南アジアにも、フィリピン、マレーシア、シンガポールのように英語が広く使われている国々がある。

　マレーシアとシンガポールは16世紀にはポルトガルに、17世紀中頃からはオランダに支配され、1824年からはイギリスに植民地支配されるようになった。一方、フィリピンは16世紀後半にスペインの統治下に置かれ、1898年からはアメリカの支配を受けるようになった。

　これらの国々でもともと使われていたのは、タガログ語（Tagalog）やマレー語（Malay）など、オーストロネシア語族に属する言語であった。しかしイギリスやアメリカの植民地となったことで、これらの地に英語が根付いたのである。いずれの国でも、もともと複数の異なる言語が使われていたこともあり、独立後も共通語として英語が広く使われ続けた。現在でも英語は公用語の一つとして認められている。

　これらの国々においては、上層方言としてイギリスあるいはアメリカの英語に基づく標準的な英語が用いられる一方、下層方言として、英語と土着語とが結びついたクレオールが使われている。

　マレーシアの下層方言は、マングリッシュ（Manglish）と呼ばれるクレオール英語で、英語の他にマレー語、福建語、標準中国語、広東語、タミル語、マラヤーラム語などの語彙が混ざって使われる。

　シンガポールの下層方言は、シングリッシュ（Singlish）と呼ばれ、これもやはり英語に基づくクレオールである。英語語彙の他、マレー語、福建語、潮州語、広東語、タミル語などの

273

語が使われる。

　フィリピンの下層方言は、タグリッシュ（Taglish）と呼ばれ、英語とタガログ語が混ざった言葉である。英語の文法に準じたものと、タガログ語の文法に準じたものがあるようだが、英語の文法に準じたものはクレオール英語の一種とみなすことができるだろう。

シンガポール英語とシングリッシュ

　東南アジアの英語使用の例として、ここではシンガポールの場合について見ておこう。

　シンガポールで本格的に英語が使われ始めたのは、1824年に始まるイギリスの植民地支配の時代からである。イギリスの植民地支配は（第二次世界大戦中しばらくの間日本軍により阻まれたが）、1963年にマレーシアの一部として独立するまで続いた。その2年後にはマレーシアからも独立し、シンガポール共和国となったが、その後も現在までイギリス連邦に属している。このような歴史からも分かるように、シンガポール英語はイギリス英語を母体とするものである。

　シンガポールには、人口の約3分の1を占める英語を母語とする人々の他、マレー語、タミル語、中国語を話す人々が住んでいる。特に中国語を母語とする人は全体の5割程度で、最も多数派である。

　これらの言語はいずれも公用語とされているが、それぞれ全く別の言語であり、異なる言語話者同士は、共通語がない限り互いにコミュニケーションを取ることができない。そのような状況で、英語はシンガポールの第一言語として、行政、教育、ビジネス、メディアの分野で広く使われている。

　一方、民衆の口語英語からは、シングリッシュというクレオール英語が発達している。これは英語を基礎にしつつ、複数の言語の語彙が混ざって使われる言葉であり、あとでも見るように、語彙的にも文法的にも標準的な英語とは異なるところ

が多くある。

シンガポール英語を母語とする人の多くは、改まった場面では英語、くだけた場面ではシングリッシュといった使い分けをしているようだが、母語話者以外には、シングリッシュは使えるが標準的な英語は使えない人も多く、日々のコミュニケーションのツールとしては、シングリッシュが好まれる傾向にある。

シングリッシュをめぐる二つの動き

シングリッシュの人気が高まり、テレビやラジオでも使われるようになり、ますます一般的になると、これに危機感を覚える人が出てきた。彼らは標準的な英語を使うことを推奨する運動を始め、その運動は現在まで続けられている。

シングリッシュの人気の高まりに対する危機感を公的な場で最初に述べたのは、初代首相で、「建国の父」として知られるリー・クアンユー元首相（Lee Kuan Yew, 1923-2015）であった。彼は1999年の建国記念祝賀会の席で、人々がシングリッシュだけでやっていけると思い始めると、特に教育を十分に受けられない（普通にしていては標準英語が身に付けられない）階級の人々には不利益になると述べている。

第2代首相のゴー・チョクトン（Goh Chok Tong, 1941- ）も、シンガポール内でしか通用しないシングリッシュの普及は国際競争力の低下につながるとし、2000年から「正しい英語を話そう運動」（Speak Good English Movement）を始めている。'Speak Well, Be Understood'（きちんと話し、世界の人々に分かってもらおう）をモットーとするこの運動は、標準英語の普及と、シングリッシュの排斥が目的とされている。

この運動の一環として、学校では文法教育に重点が置かれるようになり、シングリッシュの誤りを指摘しこれを正すことを目的とした『文法は大事』（Grammar Matters）という本のシリーズも出版されるようになっている。

このような動きが活発化すると、それに反発して、シングリッシュの使用促進を目指そうとする人々も出てきた。今やシングリッシュは、シンガポール文化の一部であり、自分たちのアイデンティティの一部を成すものと感じる人が多く、シングリッシュ擁護運動も、そのような人々に支えられて現在なお続けられている。

コクスフォード・シングリッシュ・ディクショナリー

　「正しい英語を話そう運動」に対抗し、シングリッシュの使用を促進しようとする人々が、活動の一環として、2002年にシングリッシュの辞書、*The Coxford Singlish Dictionary* を出版している。このタイトルは、権威ある *Oxford English Dictionary* をもじったものであるが、同時にシングリッシュ使用促進運動の中心で、この辞書編纂を主導した talkingcock.com というウェブサイトの名と、下層方言としてシングリッシュと通じるところのあるコクニーとが意識されているようである。

　以下は、シングリッシュで書かれたこの辞書の序文の一節である。この中には、「正しい英語を使おう運動」の主導者、ゴー・チョクトン元首相の名も言及されている。これを見ながら、シングリッシュの特徴を検討しておくことにしよう。

　　At first I thought, aiyah what lah, you publish book and want to sell, easy only what, sell cheap price lor. Don't make the book so thick, put big big letters inside, give free gift, sure sell like sio bak chang.
　　But you all ah, I tell you, better watch out, I think our Prime Minister Mr Goh Chok Tong not happy you all go and give publicity to Singlish. Wait outside people think our population donno how to speak English properly, then like that how to cho seng lee with others.
　　最初は、本を出版してそれを売りたいなら、全く簡単だ、安い値段で売ればいいんだと思った。あまり分厚くしないで、すごく大きな文字を使って、おまけをつければ、熱いちまきみたいに売

> れること間違いなしだってね。でもみんな、いいかい、気をつけたほうがいいぜ。我らが首相ゴー・チョクトン氏は君たちがシングリッシュを好んで使い、これが注目されることを良く思ってないみたいだぜ。でも外人さんたち、俺たちが英語を正しく話せないとは思わないでくれ。また、まともに商売ができないとも思わないでくれよ。

まず、語彙的特徴を見てみると、aiyah what lah, what, lor, ah のような独特な間投詞や付加疑問文が用いられる。特に福建語に由来するという lah は、日本語の「頑張ってね、大丈夫さ、何とかなるよ」に含まれる「ね、さ、よ」のような働きをするもので、非常に頻繁に用いられることから、カナダ英語で文末に付される eh のように、シングリッシュに典型的な言葉と捉えられている。

さらに sio bak chang「熱いちまき」や cho seng lee「商売をする」のような、福建語をはじめ現地で使われる他言語の語彙が多く使われる。なお、この辞書によると、シングリッシュには日本語からも語彙が入っている。その語とは「バカ野郎」で、シングリッシュでは bakero という形らしい。

次に文法的特徴を見ると、まず標準的な英語では必要とされる接続詞や前置詞等が落ちることが多い。上の一節では、全ての文においてこの特徴が見られる。

また、Prime Minister … not happy「首相は…不快に思っている」のように、be 動詞が省略されることがよくある。

big big letters「すごく大きな文字」のように、形容詞を重ねた強調表現が用いられる。

最後に発音上の特徴を見てみよう。

先ほどの例文では発音を反映した綴り字が採用されていないことから、発音上の特徴に関してはこれを読んだだけではよく分からない。しかし一般に、シングリッシュには以下のような発音上の特徴が認められると言われている。

標準的な英語の /Θ, ð/ はそれぞれ [t, d] となりがちである。

語末の摩擦音は無声音で発音されがちである。したがって、belief と believe, cease と seize, race と raise はそれぞれ [bilif], [sis], [res] といったように、しばしば同じ音で発音される。

　語末に子音が続き、最後が /s/, /t/, /d/ の場合、これらは落ちがちである。例えば、relax, test, lend はそれぞれ [rilɛk], [tɛs], [lɛn] といった発音になる。

　下層方言に近づくにつれ /l/ と /r/ の区別があまりつかなくなる傾向がある。

　インド英語の場合と同様、弱音節の /ə/ は、曖昧母音ではなく（綴り字発音的な）よりはっきりした母音の音になりがちである。例えば、maintenance, presentation, control はそれぞれ [mentɛnəns], [prisɛnteʃən], [control] のように発音される（下線部が該当箇所）。

おわりに

　エーゲ海の南端辺りにアンティパロスという人口1200人ほどが暮らす小さい島がある。アテネからフェリーを乗り継いで5、6時間のところにあるこの島は、本土との隔たり具合や規模的に、例えば、東京都の三宅島と比較できるかもしれない。

　アンティパロスは都会の喧騒とは無縁で、自然豊かで、いくつもの美しいビーチがあり、のんびりした時間の流れる島で、夏にはヨーロッパ各地からの観光客で賑わう。ギリシア領であるこの島の住人たちは、ギリシア語を使って生活しているが、It's Greek to me.「(ギリシア語のように) ちんぷんかんぷんだ」という言葉があるぐらいで、外国からここを訪れる観光客のほとんどはギリシア語を全く解さない。

　そこで、観光客相手に商売をするこの島の人々は、客とコミュニケーションを取る言語として英語を使っている。観光業はこの島の主要な産業であり、夏の書き入れ時に収入の多くを得ている人が多いため、英語ができるかどうかは、島民にとって生活に直結する大問題である。そのようなわけで、島民の多くは英語を流暢に話す。

　観光客のほうも、島の人や、言葉の違う国から来た観光客と話をするのに英語を使っている。英語圏からの観光客が多数派というわけでは必ずしもなく、ギリシア国内、ドイツ、オーストリア、ノルウェー、イタリアなど、英語圏以外の国々から来る人も非常に多い。開放的でのんびりした雰囲気の中、たまたま知り合った観光客同士でビールを飲む光景もよく見られるが、そんな際にも、互いの言葉が違う場合、何の違和感もなく自然と英語で話すようになる。

　英語が世界の共通語と言われるほど普及して久しいとはいえ、例えば、パリ、ミュンヘン、バルセロナ、ブエノスアイレスのような国際的によく知られ、外国人も多く暮らす大都市ですら、英語が通じず（そして、こちらは先方の言葉を理解せず）、

言葉の壁を痛感したことのある身としては、ギリシアの片田舎の小さな島で、どこに行っても言葉の壁をほとんど全く感じることなく生活できるというのは、不思議であり新鮮な感じがした。例えば銀座や新宿でも、英語が満足に通じるとは言い難いが、三宅島ではどこに行っても英語で何不自由なくやっていけたとでもいうような、そんな驚きを感じる体験だった。

　しかしこれはアンティパロスだけに限った話ではなく、世界中から人が集まる観光地では多かれ少なかれ同じようなことが起きている。そのような場所で英語が使われるのは、英語圏からの観光客が多数を占めるからでは必ずしもなく、英語が国際的に最も広く一般に知られている言語だからである。つまり、観光地で日常的に英語が使われるのは、英語を母語とする人々とのコミュニケーションのためというよりもむしろ、異なる言語を話す様々な国の人々とのコミュニケーションのためであり、その意味で、英語はもはや母語話者だけのものではなくなっている。

　現代における英語の影響力の大きさは、まさに英語のこのような性質と表裏一体の関係にある。英語は母語話者がその場にいなくとも使われるほど、世の中に浸透しており、母語話者と直接付き合うことがあるかどうかにかかわらず、様々な場面で役に立ちあるいは必要とされる言語となっているのである。

　さらに英語は、その発達の仕方においても母語話者の手を離れたところがあり、言語研究という観点からすると、これもまた非常に興味深い。カリブ海地域や西アフリカで発達したクレオール英語、インドの英語などはその最たる例である。しかし、母語話者の手を離れ、各地で勝手に発達していくのかというと、必ずしもそうはならず、多くのクレオール英語に見られるように、標準的な英語の影響下で、脱クレオール化が進んでいる場合も少なくない。世界の英語が今後どうなっていくのかも、一筋縄では予測がつかない。

　世界の英語というテーマはあまりにも大きく、中世英語英文学を専門とする私一人で扱えるようなものでは本来ない。

しかし、多くの書籍を参考にするとともに、知人の助けを借りながら、何とか形にすることができた。

　特にオクスフォード大学のキャンピオンホールのメンバーや世界各国からここに滞在された方々には、本書を書くに当たり貴重な情報やサンプルを提供していただいた。キャンピオンホールには大学院時代に留学して以来、長年お世話になっているが、非常に国際的な場所で、世界各国から人が集まっている。本書のために世界中を取材してまわることはできなかったが、オクスフォードにいながらにして、あちこち取材に行ったのにも近い情報が得られたのは大変ありがたかった。キャンピオンホールでお会いして、本書のために協力してくださった全ての方々に感謝いたします。

　2013年3月9日に東北大学でイギリス国学協会主催の英語史と関連するシンポジウムが行われ、その席で、パネリストの一人として、「「新しい英語史」とその可能性」という話をさせていただいた。本書はその時話題にした「新しい英語史」を具体的な形にしたものである。シンポジウムで話をする機会を与えてくださり、本書につながる着想を間接的に与えてくださったイギリス国学協会会員の方々に感謝します。また、同協会会長で、学生時代以来現在まで、いつも知的刺激と励ましとをいただいている渡部昇一先生にも感謝いたします。

　最後に、本書の原稿を仕上げる作業に辛抱強く付き合っていただいた、亜紀書房の内藤寛編集長にも感謝いたします。

　なお分量の関係で本書には含めることができなかった情報や、画像・音声資料などを集め、本書の内容に即した特設ウェブサイトを作成しました。そちらも合わせて参照していただければ幸いです。

2016年1月1日

唐澤一友

本書関連サイト：

http://karasawa.karakasa.com/makingofworldenglishes.html

参考文献

英語文献

Algeo, J. *British or American English? A Handbook of Word and Grammar Patterns.* Cambridge UP, 2006.

Baugh, A. C. and T. Cable. *A History of the English Language.* 6th ed. Pearson, 2013.

Crystal, D. *The Stories of English.* Penguin Books, 2004.

Fisher, J. H. *The Emergence of Standard English.* University Press of Kentucky, 1996.

Fisher, J. H., M. Richardson and J. L. Fisher. *An Anthology of Chancery English.* University of Tennessee Press, 1984.

Jones, R. F. *The Triumph of the English Language: A Survey of Opinions Concerning the Vernacular from the Introduction of Printing to the Restoration.* Oxford UP, 1953.

Knowles, G. A. *Cultural History of the English Language.* Arnold, 1997.

Melchers, G. and P. Shaw. *World Englishes.* 2nd ed. Hodder Education, 2011.

Mencken, H. L. *The American Language: An Inquiry into the Development of English in the United States.* One-volume abridged ed. Knopf, 1974.

Svartvik, J. and G. Leech. *English: One Tongue, Many Voices.* Palgrave Macmillan, 2006.

Wells, J. C. *Accents of English.* 3 vols. Cambridge UP, 1982.

日本語文献

乾隆『ジョン万次郎の英会話』Jリサーチ出版、2010年。

堀田隆一『英語史で解きほぐす英語の誤解 納得して英語を学ぶために』中央大学出版部、2011 年。

宮脇正孝「5文型の源流を辿る ── C. T. Onions, *An Advanced English Syntax* (1904) を越えて」『専修人文論集』90 号、2012 年、437-65 ページ。

渡部昇一『英文法史』研究社、1965 年。

渡部昇一『英文法を知ってますか』文春新書、2003 年。

索引

あ

アイルランド 2, 9, 11, 44, 82, 86, 89, 99, 106, 114-124, 127, 129, 130, 136, 170, 189, 267

アイルランド・ゲール語 11, 114

アフリカーンス語 218, 221-227, 257

アボリジニ 149, 194, 202-204

アメリカ 2, 73, 74, 82, 86, 88, 89, 93, 99, 111, 117, 131, 135-137, 139, 141, 142, 144-150, 153-166, 168-179, 181-183, 185, 186, 188-192, 196, 198, 200-202, 212, 213, 217, 232, 234, 240, 247, 251, 250, 253, 254, 259, 262, 266, 267, 271, 273

アルフレッド大王 17, 20, 22, 52, 114

アングロ・サクソン人 9, 11, 12, 16, 17, 19, 22, 24, 103, 106, 123, 138,

イギリス 2, 11, 24, 25, 30, 33, 51, 69-71, 73, 74, 81, 82, 87, 88, 92, 97, 99-100, 109, 114, 117, 119, 129, 136, 139, 141-147, 151, 153-161, 164-167, 169-180, 183-192, 195-205, 207, 210-213, 216, 218-222, 227-230, 233, 234, 239, 241, 242, 244, 247, 256-259, 262-267, 271, 273, 274,

一般アメリカ英語 89, 90, 110, 167-169, 190, 217, 229

イングランド 2, 7, 9-12, 15-21, 24, 26-28, 31, 32, 34, 35, 37, 38, 40, 42, 44-47, 52, 73, 82, 83, 86-88, 90, 92, 94, 96-109, 112, 115-117, 119, 123-126, 130-134, 136, 137, 142, 144, 149, 168-170, 190, 195, 198, 199, 206, 207, 212, 219, 220, 230

インド 8, 184, 212, 213, 218, 223, 226, 227, 232, 262-272, 278, 280

ヴァイキング 16-18, 20, 24, 25, 52, 129, 130, 183

ウィクリフ、ジョン 48, 53, 54

ウェブスター、ノア 157-163, 181

ウェールズ 10, 11, 82, 120, 123-129, 136

ウォーカー、ジョン 83-85, 88, 91, 92

英語アカデミー 68, 70

284

エドワード1世　123, 130
エドワード3世　25, 35, 36, 130
エリザベス1世　103, 116, 117, 141, 142
押韻俗語　95, 96, 206
オーストラリア　94, 96, 139, 149, 178, 193-207, 209-212, 215-217, 227, 228
オランダ　4, 8, 9, 51, 58, 74, 79, 111, 136, 140, 145, 151-153, 194, 210, 218-225, 230, 233, 240, 244, 245, 264, 265, 273

か

河口域英語　93, 96, 97
過剰訂正　85, 86, 237
カナダ　127, 135, 139, 148, 178, 183-192, 198, 200, 267, 277
ガラ語　251, 254
カリブ海地域　139, 231-242, 247, 249, 251-253, 280
ガワー、ジョン　36, 41, 46, 48, 53, 54
ガーンジー島　129, 131, 133, 134
基層言語　119, 120, 149
北アイルランド　115, 118
キャクストン、ウィリアム　40-42, 46, 48
ギリシア語　45, 55-58, 60, 79, 89, 279
近代英語　9, 44, 105, 110, 119, 146, 147
クリオ　248, 249
クリオール　202, 208
クレオール　18, 202, 235, 236, 239-243, 245, 247-249, 251-253, 256, 257, 259, 273, 274, 280
ケルト語（ケルト系言語）　8-11, 26, 103, 114, 119, 123, 149
ゲール語　103-105, 110, 111, 114-123, 129, 130
古英語　9, 10, 12-15, 17-19, 21, 22, 25, 26, 39, 44, 50, 52, 60, 63, 64, 85, 86, 98, 100, 105, 106, 109, 110, 112-114, 119, 165-167
黒人英語　93, 167, 226, 250, 251
コクニー　84, 91-98, 206, 253, 276
古ノルド語　17-19, 25, 26, 39, 58, 60, 79, 110, 113

さ

シェイクスピア、ウィリアム　48, 55, 64, 65, 72, 77, 232
ジェームズ1世　103, 107, 117, 142, 143, 156,
ジャージー島　129, 131-134, 145
ジャマイカン・パトワ　239, 241-243, 249, 250, 252
上層言語　119
ジョン王　26, 27, 132

285

ジョンソン、サミュエル 70-73, 84, 153, 160, 161
シングリッシュ 273-278
スウィフト、ジョナサン 69, 70
スケルトン、ジョン 46-48, 51
スコッツ語 44, 98, 105-108, 110-113, 118
スコットランド 2, 31, 43, 44, 82, 86, 89, 98, 99, 103-112, 114, 118, 120-124, 127, 130, 136, 137, 154, 187, 189, 215, 267, 268
スコットランド・ゲール語 11, 103, 104, 118
スペイン語 58, 79, 136, 149, 150, 232
スラナン語 241, 242, 244, 245, 249
声門閉鎖音 92, 96

た

大母音推移 43, 44, 98, 112
チャネル・アイランズ 129, 131-134
チャンセリー 37-43, 45, 49, 50, 64
中英語 9, 15, 18, 19, 25, 26, 30, 32, 33, 35, 36, 40, 42-45, 54, 57, 62, 64, 67, 85, 86, 98, 100, 105, 109, 112, 119, 165, 167
チョーサー、ジェフリー 33, 36, 38, 41, 46, 48, 53, 54
綴り字改革 42, 65-67, 71, 160, 162
ディケンズ、チャールズ 74, 84
デフォー、ダニエル 69
デーンロー 16-19
東南アジア 3, 139, 261, 262, 273, 274
トク・ピジン 202
ドライデン、ジョン 33, 68, 69
トレビーサ、ジョン 35, 36, 48, 54

な

西アフリカ 139, 233, 239, 242, 247-249, 251, 252, 256, 280
二重語 28
二重否定 73, 100, 101, 253
日本語 8, 41, 59, 75, 79, 92, 154, 230, 259, 268, 277
ニュージーランド 3, 92, 93, 111, 139, 193, 194, 199-201, 207, 210-217, 227, 228
ネイティブ・アメリカン 147-150, 240
ノルマン征服 24-26, 28, 29, 32, 37, 47, 64, 106, 107, 115-117, 123, 132

は

パストン書簡 38
バーンズ、ウィリアム 108
東アフリカ 256
ピジン 18, 140, 202, 239-

241, 244, 245, 247-249, 251, 259
ビートルズ　89, 98, 101
福沢諭吉　140, 181
フランス語　24-32, 35-37, 39, 45-48, 51, 57-62, 68, 79, 85, 104, 107, 131-134, 137, 138, 140, 167, 185-188
ベーコン、フランシス　55, 67
ヘンリー2世　27, 115
ヘンリー5世　37
ヘンリー8世　46, 58, 116, 124
ボニン英語　259

ま

『マイ・フェア・レディ』　84, 92, 94
マオリ語　213, 214
マリー、リンドリー　73-75, 100, 160
マン島　11, 121, 122, 129-131
南アフリカ　3, 139, 193, 201, 216, 218, 219-230, 257, 264
南アジア　3, 139, 261-263, 272
南半球連鎖推移　201, 216, 217, 228

や

容認発音　85-91, 93-98, 102, 109, 110, 112, 119, 190, 199, 212, 216, 217, 227-229

ら

ラウス、ロバート　72-75, 100, 160
ラテン語　22, 24, 25, 32, 36-38, 45-47, 51-63, 67-69, 72, 75, 79, 106, 113, 114, 137, 145, 174, 187, 194, 210
リドゲイト、ジョン　41, 45, 46, 48
ルネサンス　51, 54-57, 60-65, 67, 77

H Dropping　84, 92, 119
L Vocalisation　93, 113
non-rhotic accent　88, 89, 95, 102, 126, 169, 198, 216, 228, 237, 250, 253, 256
NT Reduction　178, 179, 182, 190
OED Online　9, 10, 19, 20, 29, 47, 52-56, 79, 128, 148, 186, 203, 213, 225, 271
rhotic accent　89, 99, 100, 109, 119, 126, 190, 237, 244, 267
Th Fronting　93, 97
T Voicing　177, 178, 182, 190
Yod Coalescence　93
Yod Dropping　179, 180, 182, 192

287

唐澤一友（からさわ　かずとも）

1973年、東京生まれ。上智大学大学院博士後期課程満期退学。博士（文学）（上智大学）。駒澤大学教授。2014年、オクスフォード大学（キャンピオンホール）客員研究員。
著書に『アングロ・サクソン文学史：韻文編』（2004年）、『アングロ・サクソン文学史：散文編』（2008年）、『多民族の国イギリス 四つの切り口から英国史を知る』（2008年）、『英語のルーツ』（2011年）、*Old English Metrical Calendar (Menologium)*（2015年）、翻訳に『中英語ロマンス イポミドン伝』（2009年）、共著書に、『「ベーオウルフ」とその周辺』（2009年）、*Multiple Perspectives on English Philology and History of Linguistics*（2010年）、『アイスランドの言語、神話、歴史』（2011年）、*From Beowulf to Caxton: Studies in Medieval Languages and Literature, Texts and Manuscripts*（2011年）、*Secular Learning in Anglo-Saxon England*（2012年）、『イギリス文学入門』（2014年）他がある。

世界の英語ができるまで

2016年4月5日　第1版第1刷発行
2024年4月11日　　　　第4刷発行

著者　　　唐澤一友

発行所　　株式会社 亜紀書房
　　　　　〒101-0051 東京都千代田区神田神保町1-32
　　　　　電話 03-5280-0261
　　　　　振替 00100-9-144037
　　　　　http://www.akishobo.com

装丁・レイアウト　矢萩多聞
装画　　　　　　　たけなみゆうこ
DTP　　　　　　　コトモモ社

印刷・製本　　　　株式会社トライ
　　　　　　　　　http://www.try.sky.com

©2016 Kazutomo Karasawa All Rights Reserved
Printed in Japan ISBN978-4-7505-1469-7 C0082
乱丁本・落丁本はお取り替えいたします。
本書を無断で複写・転載することは、著作権法上の例外を除き禁じられています。

The Indo-European

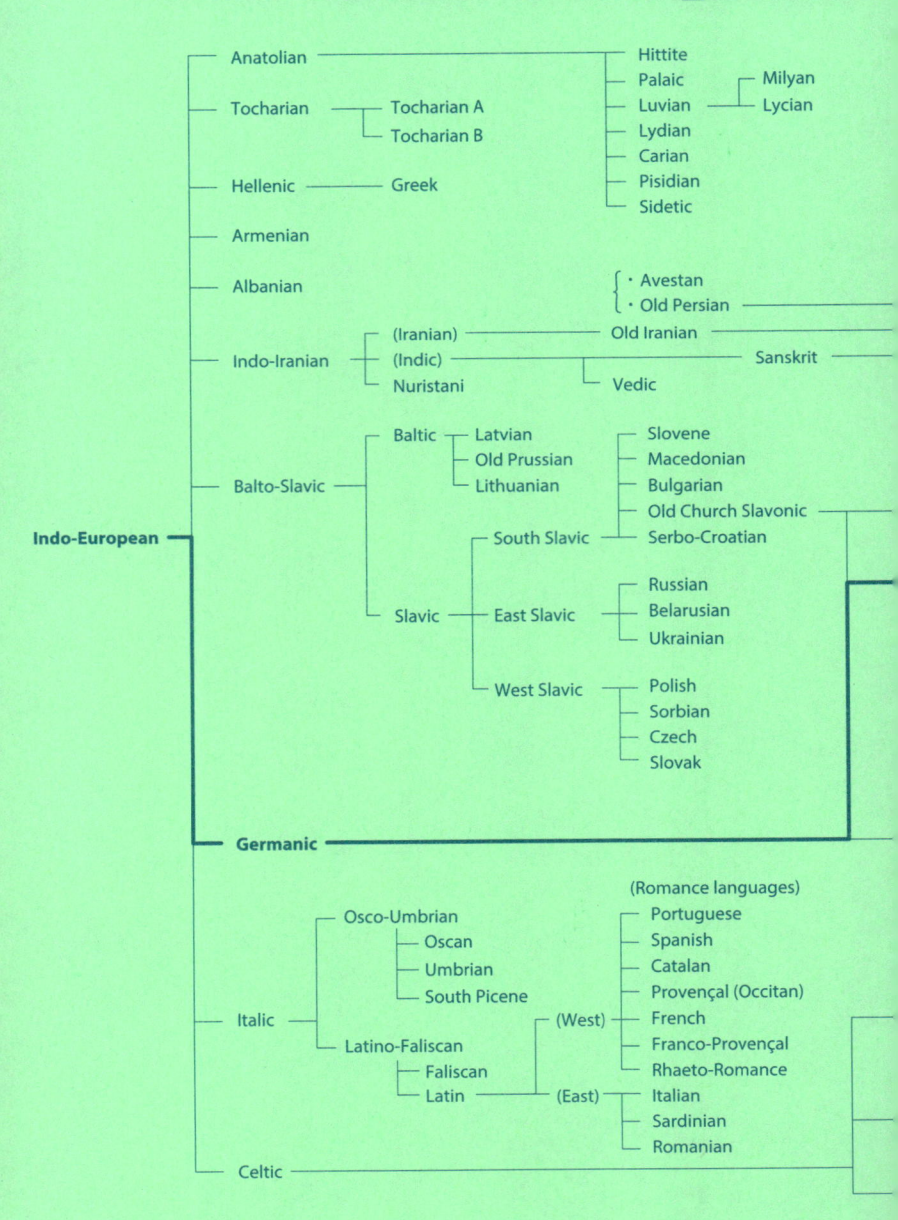

- **Indo-European**
  - Anatolian
    - Hittite
    - Palaic
    - Luvian
      - Milyan
      - Lycian
    - Lydian
    - Carian
    - Pisidian
    - Sidetic
  - Tocharian
    - Tocharian A
    - Tocharian B
  - Hellenic — Greek
  - Armenian
  - Albanian
  - Indo-Iranian
    - (Iranian)
      - Old Iranian
        - · Avestan
        - · Old Persian
    - (Indic) — Sanskrit
    - Nuristani — Vedic
  - Balto-Slavic
    - Baltic
      - Latvian
      - Old Prussian
      - Lithuanian
    - Slavic
      - South Slavic
        - Slovene
        - Macedonian
        - Bulgarian
        - Old Church Slavonic
        - Serbo-Croatian
      - East Slavic
        - Russian
        - Belarusian
        - Ukrainian
      - West Slavic
        - Polish
        - Sorbian
        - Czech
        - Slovak
  - **Germanic**
  - Italic
    - Osco-Umbrian
      - Oscan
      - Umbrian
      - South Picene
    - Latino-Faliscan
      - Faliscan
      - Latin — (Romance languages)
        - (West)
          - Portuguese
          - Spanish
          - Catalan
          - Provençal (Occitan)
          - French
          - Franco-Provençal
          - Rhaeto-Romance
        - (East)
          - Italian
          - Sardinian
          - Romanian
  - Celtic